卓越教师 教学主张丛书

厦门市卓越教师培育项目成果
西南大学教育学"双一流"学科建设实践成果
总主编 陈 珍 朱德全

悦语文
——小学语文教学新境

钟振裕 著

西南大学出版社
国家一级出版社 全国百佳图书出版单位
·重庆·

图书在版编目(CIP)数据

悦语文：小学语文教学新境 / 钟振裕著. -- 重庆：
西南大学出版社, 2024. 12. -- (卓越教师教学主张丛书
). -- ISBN 978-7-5697-2816-3

Ⅰ. G623.202

中国国家版本馆CIP数据核字第2024GD3190号

悦语文——小学语文教学新境
YUE YUWEN——XIAOXUE YUWEN JIAOXUE XINJING

钟振裕　著

责任编辑	钟小族
责任校对	徐庆兰
封面设计	闻江文化
版式设计	散点设计
排　　版	张　祥
出版发行	西南大学出版社(原西南师范大学出版社)
	地址:重庆市北碚区天生路2号
	邮编:400715
	市场营销部电话:023-68868624
印　　刷	重庆亘鑫印务有限公司
成品尺寸	170 mm×240 mm
印　　张	17.25
字　　数	310千字
版　　次	2024年12月　第1版
印　　次	2024年12月　第1次印刷
书　　号	ISBN 978-7-5697-2816-3
定　　价	52.00元

编委会

总主编
陈　珍　朱德全

副总主编
洪　军　刘伟玲　庄小荣　潘世锋　罗生全　周文全

执行主编
范涌峰　魏登尖

编委（以姓氏笔画为序）
王天平　王正青　牛卫红　艾　兴　叶小波　朱德全
庄小荣　刘伟玲　陈　珍　陈　婷　范涌峰　罗生全
周文全　郑　鑫　赵　斌　侯玉娜　洪　军　唐华玲
　　　　　　　　　　　　韩仁友　潘世锋　魏登尖

总序

习近平总书记在2024年全国教育大会上指出,要实施教育家精神铸魂强师行动,加强师德师风建设,提高教师培养培训质量,培养造就新时代高水平教师队伍。《中共中央 国务院关于弘扬教育家精神加强新时代高素质专业化教师队伍建设的意见》指出,要加强中小学学科领军教师培训,培育一批引领基础教育学科教学改革的骨干。强化中小学名师名校长培养。

厦门市历来重视名师队伍的培育培养工作,根据教师专业成长规律,经二十年探索,逐步形成了"骨干教师—学科带头人—专家型教师—卓越教师"的金字塔式名师阶梯成长体系。自2021年起,厦门市教育局与西南大学开展战略合作,共同推进厦门教育高质量发展和教师队伍建设。"厦门市首期卓越教师培育项目"是由厦门市教育局与西南大学教育学部联合倾力打造的精品培训项目,也是厦门市迄今为止最高层次的教师培训项目。该项目旨在打造一支具有教育情怀、高尚师德,富有创新精神,具有鲜明教育教学思想和教学主张,在教育教学和教育科研上发挥领军作用的高层次教育人才队伍。项目以产出导向为理念,坚持任务驱动,通过个人自学、高端访学、课题研究、讲学辐射、挂钩帮扶、发表论文、出版专著、提炼教育思想、推广教学主张等方式优化培育过程。

三年琢磨,美玉渐成。通过三年的探索,围绕成为"有实践的思想者"这一核心目标,每一位卓越教师培育对象形成了特色鲜明、理念前沿的教学主张,并以教学主张为中心形成了一本专著,从而汇集成目前呈现在大家面前的"卓越教师教学主张丛书"。本丛书,既是"厦门市首期卓越教师培育项目"三年实施成果的沉淀,是每一位卓越教师培育对象思想的结晶,也是西南大学教育学"双一流"学科建设的实践成果。

仔细阅读本丛书,可以欣喜地看到,卓越教师培育对象们不仅能敏锐地捕捉到教育教学领域的难点、热点问题,揭示其中的本质规律,还能结合本地教学实际智慧地提出解决方案。总体来说,本丛书有以下三个方面的特点。

一是有较浓厚的学术气息。29位培育对象中有获得国家、省级基础教育教学成果奖的教师,有正高级教师,有省特级教师,但他们还在不断突破,追寻对教育教学本质的理解,追寻从实践到思想的蝶变,追寻高水平的专业表达。他们从实践中提炼出主张,再用主张引领实践,他们在书稿中融入了理论的阐释,学会了建构模型,并借助模型简洁地表述自己的教育教学思想,读起来不生涩也不单调。

二是有较强的系列探索味道。《义务教育课程方案(2022年版)》提出,应做好学段间的教育教学衔接。29位培育对象中,既有教育科研专职人员和学校的管理者,也有班主任、一线教师等,研究成果覆盖了小学、初中和高中的大部分学科,最终形成了29本培育对象教学主张的专著和1本全景式呈现卓越教师培育的经验和初步成效的论著。因此,本丛书既有基于教育者几十年教学实践的思想提炼,又有深入课堂的案例剖析,可以"用眼睛来读",作为教师专业发展的自读文选;也可以"用行动去做",作为教学范例直接进入课堂实践,在行动研究中孵化、创生;也适合专门研究者或管理人员参阅,从中窥探从小学到高中的教育教学重点与发展脉络。

三是有鲜明的课程育人特色。本丛书的撰写以学科课程为载体,以学科课程核心素养为目标,积极探索新时代背景下的育人方式变革,寻求育人最佳路径,以德施教,立德树人。因此,单看每本专著,已能感受到其中鲜明的课程育人特色,综合丛书来看,这一特色更加明显。

期盼厦门市首批卓越教师培育对象大力弘扬践行教育家精神,追求卓越的步伐永不停留,不断完善、应用和推广自己的教学主张和教学成果,为厦门教育做出更多更大的贡献。也期盼本丛书能为广大中小学教师深化教学改革提供参考,为教育学"双一流"学科服务教育实践提供借鉴。

是为序。

陈 珍

(中共厦门市委教育工委书记、厦门市教育局局长)

朱德全

(西南大学教育学部部长、西南大学教育学一流学科建设"首席责任专家"、国家重大人才工程特聘教授、国务院学位委员会学科评议组成员)

序

悦语文有大境界

十多年前,我就认识了钟振裕老师。

钟老师年纪不大,肚子不小,乐于自嘲,逢人便自我介绍"钟胖是也"。

一直以来,他都以"悦"为他从教的追求。

平日里和学生相处,他总能保持亦师亦友的关系;课堂上,他总能做到妙趣横生、令人捧腹;日常待人接物,也总是用热烈的情绪、细致的关注和暖人的行动让人如沐春风。

无论是在闻名遐迩的海岛鼓浪屿上、同安乡下的边远学校,还是在城区学校,他都不改初衷,如同一把熊熊燃烧的火炬,释放着他独特的光和热。

前段时间听他说,即将写成个人专著《悦语文——小学语文教学新境》,我期望他的著作能给老师们带来"悦"的感受。完稿后,他用微信将书稿发给我。我迫不及待地在动车上读了起来,好一幅"悦"语文的图景!让我驻足兴叹,差点误了下车。

回到家后,我终于可以在电脑上静静地品读。悦语文有大境界,促使小学语文教学步入新境,让师生共同成长渐入佳境,将教育本真引入更高境界。

悦语文由持续求索而来。教学主张是教师实现自我超越的专业生长点。钟老师的悦语文教学主张,是在吸纳、判断、甄别、实践和反思的基础上,对小学语文教学的自我理解,进而内化为他所秉持的教育理念。他先探古今中外教育智慧结晶,次探古籍里"悦"字的多层含义,再探心理、哲学、教育等多个维度的理论支撑。在不断的求索中,悦语文成了他的教学主张。

悦语文蕴含多元价值。"悦"以增"信":具化为"悦"以进深,"悦"以传承,"悦"以激情,"悦"以壮行;"悦"以促"用":具化为"悦"创语境,"悦"导语用,"悦"引表达,"悦"培语感,"悦"纳个性;"悦"以提"思":具化为"悦"以激趣,"悦"以启思,"悦"以思辨,"悦"以推行,"悦"以存异;"悦"以维"美":具化为"悦"以造境,"悦"以知美,"悦"以促创,"悦"以创美。一"悦"激起千层浪,核心素养培养就在其中悄然落地。

当我看到悦语文的理论模型后,深感悦语文是多维融通的。悦语文从四个层面来达成:人本主义视域下的育人目标,即身悦(安全感)→心悦(舒适感)→灵悦(幸福感);积极心理学视域下的教育认知,即全程激趣、全面鼓励、全人悦纳;过程最优化视域下的教学管理,即调整状态、调控过程、调谐评价;建构主义视域下的课堂实施,即情境愉悦、实践丰悦、质量和悦。

悦语文教学主张的最大价值在于它的寻求过程。在这个过程中,钟老师主动学习、积极实践、深度反思,不断挑战并超越自我;在这个过程中,钟老师从教学经验走向教学理论,从教学思考走向教学思想,从小学语文教学走向大语文教学。

掩卷沉思,我看到了一位新生代语文教师幸福成长的最美姿态,我悟出了研究型教师的成长路径,我见证了一位青年教师可以达到的教学高度。

教育理想高于天,落地方有百草园。教育理想从产生到实现,究竟路有多远?怎样才能逼近理想的教育?也许悦语文就是一种可行之道。钟老师就是那位穿越在理想和现实之间的行者,他矢志不渝地"用教育理想追求理想教育"。

悦语文有大境界。教育需要这种大境界!

任勇

(厦门市教育局原副局长、巡视员,曾任厦门双十中学副校长、厦门一中校长,特级教师,享受国务院政府特殊津贴专家,获评"中国当代教育名家"称号)

目录

第一章　悦语文教学的产生背景及现实意义

第一节　语文教育的重要性 003
第二节　当前小学语文教育的现状和挑战 011
第三节　悦语文教学的意义和价值 014

第二章　悦语文教学的理论建构

第一节　悦语文教学的历史渊源 025
第二节　悦语文教学之概念界定及内涵 032
第三节　悦语文教学模型建构 037

第三章　悦语文教学的现实依据及理论思辨

第一节　悦语文教学之现实依据 045
第二节　悦语文教学的理论思辨 053

第四章　悦语文教学的策略选择

第一节　"三全"策略——悦语文教学综合指导策略…………087

第二节　"三调"策略——悦语文教学课堂实施策略…………109

第五章　悦语文教学的要素特征分析

第一节　悦语文教学的内容与目标……………………………145

第二节　悦语文教学的方法选择………………………………149

第三节　悦语文教学的保障机制………………………………190

第六章　悦语文教学案例举隅

第一节　基本指导策略教学案例……………………………… 217

第二节　具体实施策略教学案例……………………………… 237

参考文献………………………………………………………254

后记……………………………………………………………260

第一章

悦语文教学的产生背景及现实意义

第一节 语文教育的重要性

语文教育作为母语教育的载体,其重要性不言而喻。在立德树人的时代背景下,如果我们的母语教育不能获得应有的成效,中华优秀传统文化的传承将会面临巨大问题。因此,语文教学能否赢取学生的心?语文能否成为学生喜爱的一门学科?语文教育是否在立德树人中取得了应有的成效?这些问题,值得每一位一线语文教育工作者深思。

一 从国际文化竞争的趋势看语文教育的重要性

21世纪以来,国际文化竞争愈演愈烈。母语教育涉及国际文化竞争的诸多方面,逐渐成为国际竞争中的重要因素。

(一)国际文化竞争是国际竞争的重要组成部分

在全球化背景下,国家之间的竞争不仅仅局限于经济和科技领域,文化竞争也越来越受到关注。

国际竞争是国际文化竞争的基础。一个国家的经济和科技实力是其文化的重要支撑。只有具备了强大的经济和科技实力,文化产业发展才能得到足够的支持和保障。因此,国际竞争的激烈程度直接影响到国际文化竞争的态势。

国际文化竞争是国际竞争的重要方面。中华优秀传统文化作为我国的软实力,反映在社会主义核心价值观、文化传统、艺术形式等多个方面。在国际竞争中,一个国家的文化实力越强,其影响力就越广泛,越能在国际舞台上发挥积极的作用。同时,文化竞争也是经济和科技竞争的重要辅助手段,能够为国家的经济发展和科技创新提供精神动力和智力支持。

国际文化竞争与国际竞争相互促进。一方面,国际文化竞争能够提升国家的软实力,增强国际竞争能力;另一方面,国际竞争能够促进国家的文化创新、文化传播和文化产业发展,进而提升文化竞争能力。因此,国际文化竞争与国际竞争是相辅相成的。

(二)当前国际文化竞争日益激烈

当前,文化竞争已经成为各国关注的焦点之一。例如,好莱坞电影在全球范围的热映,其实质是通过电影这一媒介向全球输出美国文化和价值观;又如,2024年中国第一款真正意义上的3A游戏——西游题材单机动作角色扮演游戏《黑神话:悟空》正式上线,打破了长期以来欧美国家在此领域的垄断,增强了中国文化在全球的竞争力。国际文化竞争主要体现在以下方面:

第一,文化软实力成为国家核心竞争力的重要组成部分,包括文化影响力、文化创新力、文化传播力等。各国政府纷纷制定文化发展战略,加强对本国文化的保护和推广,提高文化软实力,以应对国际竞争的挑战。

第二,文化产业成为经济增长的重要引擎。文化产业是集创意、技术、制作、传播于一体的新型产业形态。各国都通过颁布文化产业政策,加强对文化产业的支持和管理,推动文化产业的发展,以提升本国的整体实力。

第三,文化资源成为国家发展的战略资源。文化资源是一个国家或地区在长期的历史发展中积累下来的精神财富,是国家发展的战略资源。各国纷纷加强对本国文化资源的保护和开发利用,以促进本国经济的可持续发展。

第四,文化交流与合作成为各国共同发展的重要途径。文化交流与合作可以增进各国之间的了解和友谊,推动不同国家和地区之间的经济合作和文化交流。各国纷纷加强文化交流与合作,推动文化外交和文化贸易的发展,以实现共同发展的目标。

国际文化竞争中既存在机遇,也潜藏着风险和挑战。

从机遇来看,国际文化竞争促进了各国文化多样性和独特性的发展,推动了不同文化之间的交流与互动,为各国提供了展示自身文化魅力的机会,促进了各国文化产业的创新和发展,有助于推动各国文化产业的技术进步和产业升级。国际文化竞争也推动了各国之间的文化交流与合作,必将促进不同国家和地区之间的经济合作和文化交流。

机遇与挑战总是并存的。国际文化竞争也会带来以下风险:

一是文化同质化和文化侵略的威胁。国际文化竞争可能导致文化的同质化和单一化,使一些小国的文化受到大国文化的侵蚀和威胁。同时,一些大国可能通过文化输出进行文化侵略,试图颠覆他国的文化传统。

二是对文化产业安全的挑战。国际文化竞争加剧了文化产业安全面临的挑战。各国需要加强对本国文化产业的安全保护,防止外来文化的冲击和侵蚀,同时也需要加强对本国文化产业的扶持和管理,以提升其国际竞争力。

三是对文化资源保护和可持续发展的挑战。各国需要加强对本国文化资源的保护和合理利用,推动文化产业可持续发展,以实现经济、社会和环境的综合效益。

总之,各国既要抓住机遇,又要积极应对挑战,制定相应的政策和发展战略,实现本国文化的发展和繁荣。

(三)语文教育应该为增强国际文化竞争力而主动作为

作为语文教育工作者,我们要充分认识到,国家的国际竞争力越强,文化竞争力就越强;同样,国家的文化竞争力越强,国际竞争力就越强。因此,我们要在当前国际文化竞争中做出应有的贡献。

1.文化创新

语文教育是文化创新的基础,应该从以下维度促进文化创新的发展:

第一,语文教育应注重培养学生的创新思维,通过阅读、写作、讨论等方式,引导学生从不同的角度审视文化现象,激发他们的创新思维,鼓励他们对传统文化进行深入思考和探索,发现新的内涵和价值。

第二,语文教育应为学生提供各种创新平台,如文学创作、戏剧表演、朗诵吟唱等,让学生有机会展示自己的创新成果,并与其他同学交流和分享。这样的平台有助于激发学生的创造力,推动文化创新的发展。

第三,语文教育应鼓励学生参与文化创新,如参加文化活动、组织文学社团、开展社会调查等。通过实践,学生可以深入了解文化的内涵和价值,发现新的文化需求和问题,提出创新的解决方案。

第四,随着数字技术的发展,语文教育可以借助更多的媒体和网络资源来促进文化创新。例如,可以通过在线课程、社交媒体等,让学生接触到更广阔的文化资源,激发其创新灵感。

2.文化传播

文化传播是国际文化竞争的重要手段。通过有效的文化传播,一个国家可以将自己的价值观念、历史传统、艺术形式等传播到全球,从而增强国际影响力。语文教育应进行以下方面的努力:

一是要积极培养学生的文化意识。语文教育要帮助学生深入了解各种文化现象,引导学生更好地理解和欣赏不同文化。

二是要向学生推广优秀文化。语文教育有责任传承和弘扬民族文化,同时也应该引导学生接触和了解世界各地的优秀文化。通过阅读、写作和讨论,学生可以深入了解各种文化的内涵和价值,从而学习和借鉴各种优秀文化。

三是要为学生搭建文化传播平台。学校可以组织各种文化活动,如讲座、展览、演出等,为学生提供展示和交流的平台。这些活动可以将学生的作品和思想传播给更多的人,进一步推动文化的传播。

3.文化产业

文化产业包括影视、音乐、出版、表演等多个领域。这些领域的发展和繁荣,除了能为国家带来经济利益外,还能大大增强文化的世界影响力。文化产业除了需要政府的大力支持和企业的积极参与外,和语文教育的关系也颇为紧密。

第一,语文教育通过培养学生的阅读、写作、表达等能力,使他们具备基本的文化素养。这不仅有助于他们理解和欣赏文化产品,还为他们打下参与文化产业创新和发展的基础。

第二,文化产业的发展离不开对文化遗产的保护和传承。语文教育通过教授传统文化知识,引导学生了解和尊重文化遗产,为文化产业的发展提供重要的人才支持。

第三,语文教育鼓励学生进行文学创作和艺术表达,有助于激发他们的创意潜能。文化产业需要源源不断的创意支持,语文教育正好可以提供这样的土壤。

第四,语文教育不仅教授语言知识,还注重跨文化交际能力的培养。这有助于打破文化隔阂,促进文化产业在不同文化背景下的发展。

第五,语文教育在培养学生对文学、艺术等方面的兴趣和审美能力时,也在无形中培养了文化产业的市场需求。当学生对文化产品产生兴趣和需求时,自然会促进文化产业的发展。

4.文化遗产保护

在语文教育中,文化遗产保护是极为重要的任务。文化遗产是一个国家的历史和文化的载体,保护好文化遗产对于维护国家的文化认同和民族自豪感具有重要意义。

语文教育通过解析文化遗产的内容和价值,可以帮助学生了解文化遗产的重要性,有效增强学生对文化遗产的认同感和保护意识。

经典诗词、文化典故等是文化遗产的重要组成部分。通过学习和传承这些文化遗产,学生能够更好地理解并尊重我国的文化传统,深入了解中华优秀传统文化的独特性和价值,培养文化自信,逐步明确自己在文化遗产保护中的责任,并转化为保护和弘扬文化遗产的自觉行动。

5.跨文化交流与合作

跨文化交流与合作是国际文化竞争的重要趋势,各个国家相互了解、相互学习、相互借鉴,能够促进文化的多样性和包容性。建立在母语教育基础之上的语文教育承担着培养跨文化交流与合作人才的重任,其重要性不言而喻。

在跨文化交流中,良好的语言能力有助于更好地理解对方的文化和观点。因此,语文教育要特别注重培养学生的语言技能(如阅读、写作、口语和听力等)和沟通技巧(如倾听、表达和谈判等)。这些技能技巧在跨文化交流中非常重要。

培养文化敏感性和文化包容性,提升适应陌生文化的能力,是跨文化交流与合作的重要准备工作。在语文教育中,教师可以通过介绍不同国家文学作品所反映的历史背景和社会现象,帮助学生了解其他国家的文化。

语文教育还可以通过模拟国际合作项目、国际交流活动等形式,培养学生的团队合作精神和国际视野,为未来的跨文化交流与合作打下基础。在条件许可的情况下,可以通过开展国际交流项目、组织文化节等形式,为学生提供与不同文化背景的人接触和交流的机会,提高跨文化交流与合作能力。

二 从人的未来发展看语文教育的重要性

语文教育特别是母语教育,应为学生未来的学习、工作和生活打下基础。不管未来的社会形态如何发展,语文教育的首要功能仍然是培养人们成为母语的掌握者和传播者。人们想要获得更好的发展,应该关注语文教育尤其是母语教育。语文教育不仅仅是语言和文字的学习方式,更是思维训练、情感培养和文化传承的重要方式。

首先,语文教育是文化传承的重要途径。语言和文字是文化传承的载体,通过语文教育,人们可以学习到人类历史上的文化精髓。这不仅能培养个人的文化素养和审美情趣,还能为人类文明的进步和发展提供强大的精神动力。

其次,语文教育对人的思维训练具有重要作用。语言和文字是思维的工具,通过语文教育,人们可以提升自己的语言表达能力、阅读理解能力和写作能力。这些能力对于个人的思考、判断和创造都具有重要作用,能够帮助人们更好地应对未来的挑战。

最后,语文教育能够培养人们的情感和价值观。语言和文字具有情感表达功能,通过语文教育,人们可以深入了解文学作品中的情感世界和价值观念,培养自己的情感共鸣和道德判断力;还可以熟练地借助语言文字,适时、得体地表达自己的态度、情感和价值观。这对于人际交往和社会发展都具有积极的影响。

总之,人们想要在未来获得更好的发展,就应该关注语文教育。语文教育在文化传承、思维训练和情感培养等方面具有不可替代的作用。通过不断创新和发展语文教育,我们可以更好地应对未来的挑战,推动人类社会的持续发展。

三 从新高考的角度看语文教育的重要性

新高考背景下,语文教育的重要性日益凸显。在教育领域之所以有"得语文者得天下"的说法,除了当前评价体系中语文学科的分值占比高以外,更在于语文作为基础性工具学科对于其他学科的支撑功能。随着教育改革的不断深入,语文教育越来越受到重视。

(一)新高考的主要变革

一是取消文理分科:新高考取消了传统的文理分科,学生可以根据自己的兴趣和能力选择科目进行考试。这一变化有助于促进学生的全面发展和个性发展,避免只注重某一领域而忽略其他领域的情况。

二是采取"3+3"或"3+1+2"的考试模式:新高考采用"3+3"或"3+1+2"的考

试模式。这种模式给了学生更多的选择权,减轻了学生的考试压力。学生可以根据自己的兴趣和能力进行选择。

三是学业水平考试分为合格性考试和选考科目:新高考将学业水平考试分为合格性考试和选考科目,合格性考试在高二、高三期末各组织一次(含补考),作为高中毕业的依据;选考科目的考试时间为高考结束之后,选三科考试计入高考总成绩。这种做法既保证了学生的基本素质要求,又给了学生更多的选择权和自主权。

四是综合素质评价成为重要参考:新高考将综合素质评价作为重要参考,强调学生的全面发展。这种做法有利于改变单一的分数评价方式,促进学生综合素质的提升。

五是招生录取方式改革:新高考对招生录取方式进行了改革,实行基于统一高考和高中学业水平考试成绩的综合评价录取机制。这种做法有利于实现考试与录取的分离,促进公平、科学选才。

总的来说,新高考在多个方面进行了改革,注重学生的全面发展和个性发展,给予学生更多的选择权和自主权,促进公平、科学选才。这些变革对于推进教育改革、提高教育质量和促进学生的全面发展都具有重要意义。

(二)新高考背景下语文教育的重要性日益彰显

在新高考背景下,语文教育的重要性越来越凸显,主要体现在以下方面:

首先,语文是高考中分数占比较高的学科,也是历来高考的第一门科目,对考生的整体成绩有着至关重要的影响。语文考试对后续科目的考试心理状态有着很大的影响,考好语文科目,有助于学生在后续科目的考试中保持良好的心态。

其次,具备较好的阅读理解和表达能力,对其他科目的考试有着重要作用。文科科目如历史、政治等,需要考生具备一定的阅读理解和分析能力;理科科目对学生的阅读理解速度和准确表达能力也提出了更高的要求,这些都与语文教育息息相关。

最后,语文教育承担着培养学生人文素养和思想素养的重要任务。通过语文教育,学生可以掌握语言文字的运用,提升自身的文化素养和思想素养,这对于学生的全面发展有着重要的意义。

综上,在新高考改革中,语文教育的重要性越来越凸显。我们要重视语文教育的教学质量,注重培养学生的阅读理解能力、表达能力、文化素养和思想素养,以适应新高考的要求和人才培养的需求。

(三)新高考背景下语文教育应有的变革

新高考是一个重要的方向标。语文教育作为基础性工具学科,做出调整以适应新的考试要求和人才培养需求是必然的。

第一,注重提升阅读能力。新高考注重对学生阅读能力的考查,在各个学科都有所体现。因此,语文教育应注重培养学生的阅读能力。在课堂上,教师可以引导学生进行各种形式的阅读,包括课文阅读、名著阅读以及其他各种文本的阅读,尤其要注重阅读方法的指导和阅读能力的培养。

第二,强化思维能力的训练。新高考注重考查学生的思维能力,因此在语文课堂上,教师应引导学生进行深度思考,通过提问、讨论、写作等方式,培养学生的思维能力,尤其是批判性思维和创造性思维。

第三,强化表达能力的训练。新高考也注重对学生表达能力的考查,因此教师在课堂上应进行口头表达和书面表达训练,通过发言、演讲、写作、辩论等方式,有效提升学生的表达能力。

第四,注重综合素质的培养。新高考强调对学生的综合素质的考查,因此在课堂上,教师应引导学生了解各种文化、思想、价值观等,全面培养学生的文化素养、人文素养和思想素养等。

第五,关注学生的个性化发展。新高考给予学生更多的选择权和自主权,语文教育也应关注学生的个性化需求。教师可以根据学生的兴趣、特长和需求,采用具有差异性的教学策略,促进学生的个性化发展。

综上所述,语文教育应该根据新高考政策,注重学生阅读能力、思维能力、表达能力以及综合素质的培养,同时关注学生的个性化需求,通过变革教学方式和教学策略,更好地适应新高考的要求,提高语文教学质量。

第二节 当前小学语文教育的现状和挑战

一 当前小学语文教学中存在的诸多问题

作为一门如此重要的学科,语文却在相当长一段时间内承受着"繁难偏怪,少慢差费"这样的评价。这反映出语文教育在过程和结果上均存在偏差,值得我们反思。

时至今日,部分小学语文教师在教学观念上依然相当落后。他们以书为本、以师为本、以智为本甚至以考为本、以分为本,把学生当作知识的容器,当作被动的接受者,当作教师管理的对象。在教育过程中尤其是课堂上,他们依然固执地认为教师应当有绝对的权威,强调发挥教师对教学过程的绝对支配作用,在课堂教学中忙于"走教案"。更令人不安的是,尽管中央屡屡提出"破五唯"的政策,要求五育并举,全面发展学生的综合素养,但在许多人的观念中,分数依然是最重要的,固守着"分数第一,过好今天"的想法。这些观念忽视了小学生作为学习主体在情感情绪上的需求,导致包括教师、学生及家长在内的教育过程参与者把"头悬梁,锥刺股""书山有路勤为径,学海无涯苦作舟"等奉为圭臬,过度强调"苦学"在学习中的价值和功用。然而,学习过程体验的优劣以及由此产生的好恶,将对学习本身产生极大的影响。

我们必须认识到,学生在学习中不仅受结果评价的引导,也会追求情感上的愉悦。所以,只有当语文教育成为一种令人愉悦的活动时,它才能获得学生的关注和喜爱,学生的学习才能生机勃勃,语文课堂才能生机勃勃。

当下的语文课堂上,仍然存在着两种不合理的现象——满堂灌和满堂练。

一种是满堂灌。不少教师罔顾实际学情,被多媒体课件"绑架",按照既定的设计和课件,按部就班地播放着PPT;还有的教师不顾学生对学习形式的需求,固守"一根粉笔一张嘴",滔滔不绝地讲解不休。

另一种是满堂练。随着标准化试题评价模式往小学的延伸，许多语文课堂教学被满堂练所代替。笔者在日常教学工作中发现，一些老师不管学段特征，采用机械的重复练习；一些老师不管学生差异，采用无差别的集体练习；一些老师忽视教材文本的典型范例价值，直接脱离教材，以练代学，拼命抓应试技巧。

二 小学语文教学存在问题的原因剖析

不论满堂灌还是满堂练，都是视学习者为工具、容器的教学观。究其原因，主要有如下几点：

一是教师未能及时把握《义务教育语文课程标准（2022年版）》（以下简称"2022版新课标"）"育人为本"的理念，导致教学方法使用不当。在《义务教育课程方案（2022年版）》（以下简称"2022版新课程方案"）中，我们看到"育人"一词出现的频率极高，如"优化学校育人蓝图；细化育人目标；推动育人方式变革""强化了课程育人导向""增强内容与育人目标的联系""把育人蓝图变为现实""坚持全面发展，育人为本""明确育人主线，加强正确价值观引导"，等等。"2022版新课程方案"整体构建了"育人为本"的理念体系，指出义务教育课程对落实立德树人根本任务的关键作用，特别强调义务教育课程必须立足"培养什么人、怎样培养人、为谁培养人"的根本立场。这为新时代我国义务教育深化课堂教学改革定下了基调，指明了方向。因此，深化课堂教学改革必须高扬"育人为本"的旗帜，彰显"育人为本"的理念，将"育人为本"融入课堂教学全过程。然而，部分教师过于注重知识传授和考试成绩，经常采用讲授为主的教学方法，导致课堂教学单调乏味。这种行为忽视了学生的主体地位和个性发展需求，必将陷入事倍功半的泥潭。

二是教学内容过于单一和枯燥。小学语文教学内容的选择是教学过程中十分重要的一项工作。这项工作的质量，取决于教材内容、集体备课、教师解读、班级学情等因素。就现行的小学语文教材而言，尽管有了单元导语、要素提示、课文范例、语文园地、习作交际、读书吧等板块，但依然有优化的空间。在教师解读、集体备课时，部分教师因解读不深或集体备课流于形式，未能整合集体智慧达到共创共赢的效果，导致教学内容单一化，使语文教学缺乏趣味性和生动性，难以激发学生的兴趣。

三是语文课堂教学环境缺乏活力。2022版新课标对当前的语文学习情境提出了具体的要求:在真实的语言运用情境中,通过积极的语言实践,积累语言经验,体会语言文字的特点和运用规律,培养语言文字运用能力;义务教育语文课程实施从学生语文生活实际出发,创设丰富多样的学习情境,设计富有挑战性的学习任务,激发学生的好奇心、想象力、求知欲,促进学生自主、合作、探究学习,等等。然而,目前的小学语文课堂上存在着"虚假情境"(脱离学生真实生活)"片面情境"(只顾本堂课、本学科或者某一特定需求)甚至无情境等现象。"虚假情境"由于无法兑现而难以持久;"片面情境"经常与学生的思维逻辑产生冲突,往往会在教学过程中或教学后被揭穿;至于无情境的课堂教学,由于学生和教师之间缺乏互动,直接导致课堂教学单调乏味。

在上述因素的影响下,学生的主体地位仍没有得到应有的重视,学习的积极性和主动性不可避免地被抑制、被削弱。学生在课堂上只能被动接受知识,缺乏主动参与和思考,导致课堂缺乏生机、活力,学生的潜能没有得到唤醒,极大地助长了"睡觉课堂""看戏课堂""游离课堂"等现象的发生。

还有一种现象也应该引起我们的重视。

在课堂上充分凸显学生的主体地位固然是对的,不过,有些教师过分强调学生的主体地位,过度弱化了教师的教学主导作用,导致一些课堂乱象的出现。比如,学生争先恐后举手发言、合作交流热热闹闹等场面屡见不鲜,但很多时候这些行为的背后并没有学生的主动意识和独立思考。再如,有些课堂教学过分强调小组合作学习、过分追求创设生活化情境,导致学生学习活动的固化和学习过程的虚化,课程内容本质的淡化和课程文化价值的退化,以及学生思维能力的钝化和教师教学智慧的僵化。

当前小学语文教学中存在的这些问题,让我们不得不思考教学内容与目标、策略与方法、形式与手段、监测与评价等诸多方面的调整与变革。悦语文教学正是笔者所进行的一种有效尝试。

第三节 悦语文教学的意义和价值

悦语文教学旨在让小学语文教学回归课程育人本位,培养合格的社会主义建设者和接班人。

一 以"悦"为底色的教学是育人之根本

当今世界各国的竞争,归根到底是科技与人才的竞争。这是一种共识,更是一种共同追求。新时代所需要的人才,必须德才兼备。党的二十大报告指出,培养造就大批德才兼备的高素质人才,是国家和民族长远发展大计。一方面,知识水平应当成为衡量人才的重要标准。党中央号召"破五唯",根本目的就是纠正以"帽子"取人的不良风气,保证有真才实干的人脱颖而出。另一方面,道德品行也是优秀人才的必备要素。才者,德之资也;德者,才之帅也。人才只有德才兼备,方堪重任。

(一)育人育才的根本在于立德树人

人才培养是育人和育才相统一的过程。育人是培养社会发展所需要的人才的前提和基础;坚持立德树人,关键在于抓住育人这个根本,下大力气培养和提升青少年的思想道德修养,引导广大学生努力成为符合社会发展、知识积累、文化传承、国家存续、制度运行要求的优秀人才。

当前,义务教育阶段育人的根本任务是立德树人,重点在于培养有理想、有本领、有担当的时代新人。教育主管部门和学校应该注重学生的综合素质培养,确保他们成为德智体美劳全面发展的社会主义建设者和接班人。有理想、有本领、有担当是对时代新人的基本要求:有理想是指要有崇高的理想信念,有志于从事有意义的事业,有正确的世界观、人生观和价值观;有本领是指要具备扎实的专业知识和技能,能够胜任自己的工作和生活,有独立思考和解决问题的能力;有担当是指要勇于承担责任,关心社会和国家的发展,为他人和社会的利益贡献自己的力量。

在学生的成长过程中,起始阶段的情绪情感体验对其一生的发展都有重要影响。我们培育有理想、有本领、有担当的时代新人,不仅要培养"能"(能力、技能、才能),更应该培养"愿"(意愿、志愿、愿望)。因此,在义务教育阶段,以教师为代表的施教群体要给学生提供以"悦"为底色的教育环境、教育氛围、教育活动、教育体验,使学生通过自己的努力能够获得愉悦的过程感受和结果评价,乐于成为有理想、有本领、有担当的社会主义建设者和接班人。

(二)以"悦"为底色才能培养出高质量人才

根据我国颁布的《中共中央 国务院关于进一步加强人才工作的决定》《关于深化人才发展体制机制改革的意见》等文件,以及联合国教科文组织发布的《教育2030行动框架》等报告,我们可以对新时代的高质量人才进行如下描述:

第一,具有高度的社会责任感。高质量人才应该具有高尚的道德品质和良好的社会责任感,自觉为社会做贡献,为推动社会的进步而努力。

第二,具备扎实的专业知识和技能。高质量人才需要具备扎实的知识基础、过硬的专业技能和实践能力,胜任工作岗位的要求,并且不断提高自己的能力和素质。

第三,具有创新精神和创新能力。新时代需要具有创新精神和创新能力的高质量人才来应对各种复杂的情况和问题。他们应具备创新意识、创新思维和创新能力,能够开拓新的领域和市场。

第四,具有良好的沟通能力和合作精神,能够与他人进行有效的交流和协作,共同完成任务。

第五,具备国际视野和跨文化沟通能力。随着全球化的深入发展,高质量人才应了解不同国家和地区的文化、风俗、习惯,能够适应不同的工作环境和文化背景。

这样的人才胸怀天下,责任心强,积极创新,乐于沟通,专业扎实。为了培养出这样的人才,教育工作者要营造人与人之间相互理解、相互信任、相互尊重、相互接纳、相互珍惜的教育氛围,那就是以"悦"为基础的教育场。只有在愉悦的氛围中,学生才能充满安全感,充分、自主地与他人沟通,毫无保留、个性化地表达自己的见解,心无芥蒂地倾听别人的见解。只有这样的教育氛围,才能让学生自由、专注地投入学习过程。只有以"悦"为底色,才能培养出高质量人才。

二 以"悦"为基础的教学是减负提质之必需

(一)减负:基础教育领域响亮的号角

新中国成立以来,减负工作一直是我国基础教育领域关注的问题。教育部门多次出台减轻学生过重课业负担的文件和措施,以促进学生的全面发展。20世纪五六十年代,学生课业负担过重的问题日趋严重。教育部出台了一系列措施,如调整学生日常学习及生活时间等,以缓解学生过重的课业负担。20世纪八九十年代,针对学生课业负担加重的问题,教育主管部门又出台了一系列政策,如精简教学大纲、推行素质教育等,以减轻学生的负担。

然而时至今日,基础教育的突出问题之一依然是中小学生负担太重。其原因主要有如下几点:

第一,办学规模不匹配导致的教育结构失衡和科举制度残余思想在社会层面被放大,导致学生负担过重。20世纪60年代中期以来,我国初中毕业生人数远远多于高中招生人数,而高中毕业生人数又多于高校招生人数,导致不同层级教育规模的发展匹配度不够,升学压力增大,这是中小学生学业负担过重最主要的成因。而科举制度残余思想在当今依然颇有市场,且有愈演愈烈之势,如对"省状元""市状元"的追捧与炒作屡禁不止,民众更是津津乐道,给学生带来了很大的压力。

第二,重点学校入学竞争引发了"择优""争优"焦虑,使中小学生的学习压力剧增。长期以来,重点学校、名牌学校、优质学校的竞争压力,是造成中小学生学业负担过重的重要原因。这些学校通常有更高的学习要求,如更高的分数、更难的课程。这导致学生面临更大的学习压力,他们需要付出更多的努力才能达到这些要求。

第三,学校课程设置和教学管理不科学,学法指导不足,教学效率不高,是导致中小学生学业负担重的又一重要原因。尽管各级各类中小学校都在积极进行课程改革,但总体而言,我国中小学课程设置依然不够丰富,无法满足学生根据自己的兴趣爱好和人生规划来选择课程的需求,无法满足青少年学生个性化发展的需要。很多学生都在学习自己不感兴趣甚至厌恶的课程。当前,不少中小学在教学方法方面也存在亟待解决的问题,如死记硬背、机械重复、题海战术使用过多,理解和运用较少等。这些现象的存在,极大降低了中小学生的学习效率,低效学习、无效学习大量存在。

第四,学校过度追求政绩使得教育改革失范。初高中学校的考试成绩和升学率,尤其是高考本科录取率、"双一流"高校录取率、清华北大录取率等已经成为评价政绩的重要数据。在这样的压力之下,"减负"沦为口号在所难免。这种情况在当下绝非个别现象。由于党和国家极为重视中小学生的减负问题,少数地方政府领导和教育部门负责人拿着"减负"制造虚假政绩。在这种政绩观之下,"减负"效果往往是镜花水月,甚至出现越减负担越重的情况。

(二)以"悦"为基础,开创新时代减负提质的新路子

1.新时代基础教育的减负工作有了新举措

2021年7月,中共中央办公厅、国务院办公厅印发《关于进一步减轻义务教育阶段学生作业负担和校外培训负担的意见》,其目标在于全面贯彻党的教育方针,落实立德树人根本任务,着眼建设高质量教育体系,强化学校教育主阵地作用,深化校外培训机构治理,坚决防止侵害群众利益行为,构建教育良好生态,有效缓解家长焦虑情绪,促进学生全面发展、健康成长。

应该说,"双减"政策有效压缩了校外培训机构尤其是学科类培训的空间和时间,把学校教育主阵地的功能和地位凸显出来,这为学校特别是中小学做好进一步的改革打开了新的局面。尽管目前学生减负在教学评价、主体观念和社会共识几个方面还是存在无法同步调整的现实困境,减负政策与实践之间依然存在着这样那样的矛盾,但是,在这样的政策背景之下,一线教育工作者可以从优化课程设置、改变学习模式、提高课堂教学效率等方面来实施减负增效的行为,把"减负"落到实处。

2."悦"教学在减负新形势下大有可为

从当前中小学教育的实际情况来看,并不是所有学生都认为自己的课业负担过重。有的学生因为对某些课程或任课教师特别感兴趣,在该学科上付出很多的学习时间也不感到负担过重;而有些学生由于对课程或任课教师不感兴趣甚至反感,即使只用了很少的时间来学习该课程,也感觉负担极其沉重。这里面的微妙反差给我们带来一个启示:当教学活动处于学生自愿学习的"悦"状态时,学生对学习负担的承受力是可以增强的,他们的学习持续时间、负载质量、目标达成等多项指标也会随之上升,这必将带来学生的最优化发展。

因此,笔者相信"悦"教学在减负新形势下是大有可为的。

（1）"悦"教学有利于改变学生被动学习的状态，使其成为学习的主人。

"悦"教学强调让学生在轻松愉悦的氛围中学习，通过多种手段激发学生的学习兴趣和内在动力，使学生乐于学习，主动参与学习过程。"悦"教学的方法包括游戏教学、合作学习、探究学习等。通过这些方法，教师可以创造积极的学习环境，让学生感到学习是有趣的。"悦"教学还可以提高学生的自我认知能力和自我调节能力，帮助学生建立积极的学习态度和良好的学习习惯。这不仅可以提高学生的学业成绩，还有利于学生的全面发展。

（2）"悦"教学有利于促进课堂教学组织的优化，有效提升课堂教学效率。

"悦"教学注重引导学生深入思考和探究，促进学生深度学习。当学生在愉快的学习环境中学习时，他们的专注度更高，思维更加活跃，更容易理解和掌握知识。"悦"教学尤其关注师生之间的良好互动，这有助于创造民主、平等、和谐的学习氛围。这种氛围有助于学生积极参与学习过程，师生、生生合作亲密无间，教学效率将获得极大的提升。"悦"教学还注重学生的个性发展，根据学生的个体差异，为学生提供多种形式的学习体验。这使得每个学生都能开展独具特色的学习活动，并取得进步。

（3）"悦"教学有利于构建新型教学生态，逐步实现"会学、好学、乐学"的教育新样态。

"悦"教学鼓励教师拓展教学内容和方式，将知识与生活实践相结合，采用多种教学手段，使学生乐于学习。这有助于打破传统的教学模式，推动教学内容和方式的变革。"悦"教学注重教学评价的多元化，不仅关注学生的学业成绩，还关注学生的个性、兴趣、态度、情感等方面的表现。这有助于为学生提供更合适的学习支持和指导，推动教学评价的改革和创新。"悦"教学还注重培养学生的自主学习能力和自我调节能力，引导学生学会学习、学会思考、学会创新。这有助于增强学生的自主学习能力，适应终身学习的需求，推动学习方式的变革和创新。

总而言之，以"悦"为指向的教学有利于改变学生被动学习的状态，引导学生成为学习的主人；有利于促进课堂教学的优化，有效提升课堂教学效率；有利于推动新型教学生态的构建，逐步实现"会学、好学、乐学"的教育新样态。应该说，这是从学生学习状态的改变发起的改革，是深入学生个体的根本性变革。

三 以"悦"为指向的教学是强学强教之要义

(一)厌学——强学强教的拦路虎

当前,厌学情绪是导致中小学教学改革成效低下的一个重要因素。主要原因有如下几个方面:

首先,从学校的教学管理层面来说,当下的课程科目之多、考试之频繁,让不少中小学生感到过度疲劳,认为自己无法达到这些要求,从而失去学习的兴趣和动力。他们无法确定哪些学科重要,因而无法平衡各个学科的学习。这导致大部分学生无法判断学习重点,不能有效分配学习精力。同时,由于被强制要求学习不感兴趣的内容,学生无法发挥自己的优势和兴趣。这导致学生缺乏个性化发展,并对学习产生厌烦感。

其次,从教育教学来说,教师教学方法单一,重视机械灌输,忽视实践活动。机械灌输式教学强调教师的主导作用,往往采取单向的讲授方式,缺乏师生互动,学生无法发挥主动性和创造力,只是被动地接受知识。这样的教学模式忽略了引导学生思考、探究、创新的重要性,导致学生无法真正掌握知识的本质和内涵。同时,这种教学方式注重统一传授,忽略了学生的差异化需求,学生无法感受到学习的乐趣和价值。与这样的教学相伴的往往是师生关系不和谐。教师对学生的需求缺乏了解和关注,学生无法理解教师的教导和要求,也得不到应有的支持和鼓励,无法达到学习目标,逐渐失去了学习的兴趣和动力,进而产生厌学情绪。

最后,从学生的主体发展需求来说,学习目的不明确、学习生活枯燥也是个大问题。如果不明确自己的学习目的,对学习的价值和意义感到迷茫,学生就会缺乏学习动力,无法积极主动地参与学习,容易受到外界的干扰。遇到学习困难时,他们会感到困惑和无助,对学习缺乏自信心,认为自己无法取得成功。他们无法感受到学习的乐趣和价值,认为学习是一种强制性任务,从而对学习产生消极态度,厌学思想由此而生。

(二)解决厌学问题的重点在于处理好人际关系

方丹对北京市H区的44所小学8730名小学生和67所初中13818名初中生进行了学业负担测评,结果显示:首先,不论小学生还是初中生,学生的校内学习体验越好,其主观学业负担越轻;其次,对于义务教育阶段的学生来说,人际关系(如师生关系、亲子关系和同伴关系等)和主观学业负担呈显著负相关,小学阶段的亲子关系、同伴关系对主观学业负担影响更大,初中阶段的师生关系对主观学业负担影响最大;最后,对于义务教育阶段的学生而言,提高学习品质(如学习方法、学习态度和学习意志力等)有助于降低主观学业负担,培养学生良好的学习品质是一条有效的减负路径[①]。

在校内学习体验上,师生之间的互动需要双向奔赴、彼此适应。只有课堂教学活动达到和谐,师生彼此适应并感到愉悦时,学生对学校的认同程度才可能提升,才会觉得当下的学习负担是可以接受的。在人际关系特别是师生关系中,教师和学生互相理解、互相尊重、互相配合,形成目标和过程协同一致的愉悦氛围,非常有利于提高学生对学习负担的耐受度。在学习品质方面,学习方法的习得、学习态度的端正、学习意志力的培育,都需要师生在教学活动中"心甘情愿"地讲授和学习。这些都是"悦"的具体体现。

由此,加强学生对教学内容和方式的适应度、对学校的认同度,优化师生关系,提升学习品质,对于减轻学生的学习负担感、消除厌学情绪意义重大。

(三)"悦"教学是解决厌学顽疾的有效良方

新课程实施以来,大部分教师都能积极创设引导学生主动参与的教学情境,努力营造民主、和谐、宽松的教学氛围,激发学生学习的积极性、主动性、创造性。在教学中,他们能够充分尊重学生人格,关注学生个体差异,尽量满足不同学生的学习需求。尤其是在对问题的探讨上,教师能够激发学生发现问题、提出问题、解决问题的积极性,鼓励学生紧扣教材提出新问题、发表新见解、做出新尝试。许多教师学会了欣赏和赞美学生,欢迎学生质疑,欢迎学生争辩,欢迎学生否定教师的观点;允许学生出错,允许学生改正错误,允许学生保留不同的意见。这些尊重学生的态度获得了良好的回应,有利于学生的健康发展,带来了师生关系的和谐,使教学过程真正实现师生友好互动、教学相长。

"悦"教学要求教师重视学生的学习状态。轻松愉快的学习氛围,有利于调动学生学习知识的兴趣和欲望,帮助他们形成良好的心理体验,保持快乐与充实感。

---

① 方丹.精准助力学校改进:中小学生学业负担测评及其应用[J].中小学管理,2020(2):54-57.

在小学开展"悦"教学有着特殊的意义。这种教学特别符合小学生的认知规律。小学生的思维特点是以形象思维为主,对具体、形象、生动的学习内容感兴趣。如果借助多媒体的声、光、色、影来施教,使抽象变形象,使复杂变简单,使深奥变浅显,使枯燥变生动,就能激发小学生的学习热情。小学生有强烈的表现欲,好胜心非常强,好动、好玩,适合将游戏活动引入教学活动中。针对这种心理特征,教师可以设置问题情境,让他们置身于虚拟的或真实的情境之中,设身处地地去思考、探究,并采取小组合作的方式来解决问题。"悦"教学就是要用各种令人身心愉悦的活动来刺激小学生的头脑,使教学活动按照美的规律运转起来,让教学更具形象性、活动性、表演性、对话性。

总而言之,面对日益激烈的国际文化竞争,面对未来的社会生活,面对新高考,小学语文教学应以"悦"为基调,打造极具国际视野、极具人性关怀的教育环境,为培养适应新变革、新竞争、新社会的高质量人才做出贡献。

第二章

悦语文教学的理论建构

第一节 悦语文教学的历史渊源

关于"悦"教、"悦"学的理论和实践探索,在古今中外的教育史上都可谓源远流长。

一 中国教育史上的"悦"教"悦"学

在我国五千年文明史上,诸多先贤对"悦"教、"悦"学的研究和体会如璀璨明星,闪闪发光。

《礼记·学记》是世界上最早专门论述教育和教学问题的文献,一般认为是战国晚期的作品。据学者考证,其作者是孟子的学生乐正克。文章系统地阐明了教育的目的及作用,教育的制度、原则和方法,教师的地位和作用,教育过程中的师生关系以及学生之间的关系,比较全面地总结和概括了先秦时期的教育经验。对于"悦"教,《学记》中写道:"善问者如攻坚木;先其易者,后其节目;及其久也,相说以解。不善问者反此。"①意思是说,善于提问的人,就像在劈坚硬的木材时,先劈容易劈开的地方,再劈有节疤的地方;时间长了,问题就愉快地解决了。其中,"相说以解"中的"说"读作"悦",意思可以理解为"喜悦、愉悦"。这样的教学境界在《学记》中屡见不鲜:"夫然后安其学而亲其师,乐其友而信其道,是以虽离师辅而不反也。"②"亲其师""乐其友"皆有"喜爱,喜悦"的意味。这些记载充分体现了先秦教育家们十分重视以"悦"为基调进行教学。师生情感相"悦",教学有章有法,持之以恒,学业竟成。这种教学景象是十分令人向往的。

荀子在《劝学》中提出:"故君子不傲、不隐、不瞽,谨顺其身。"③意思是说:君子不可浮躁,也不可怠慢,更不可盲目,要谨慎地对待每位前来求教的人。这句

---

① 礼记[M].胡平生,张萌,译注.北京:中华书局,2017:707.
② 礼记[M].胡平生,张萌,译注.北京:中华书局,2017:701.
③ 荀况.荀子[M].安小兰,译注.北京:中华书局,2007:15.

话强调了有学问的人面对求教者时应该具备的态度:"不傲"是指不高看自己,要保持谦虚和低调的态度,尊重他人,不要显露出傲慢和自大的态度;"不隐"是指要积极解决问题,正面表达自己的意见和观点,与人交往时不要过于封闭和孤立;"不瞽"是指不应该盲目从众,要保持自己的独立思考和判断,不要被外界的声音影响自己的思想和行为。这里指出了教师应以谦虚谨慎、坦诚恳切、清醒独立的姿态回应学生,引导学生,提升学生。

伟大的思想家、教育家孔子也根据自身实践,总结了不少教育教学的宝贵经验。关于"悦"这一主题,最脍炙人口的是《论语·雍也》中提出的"知之者不如好之者,好之者不如乐之者"[①],其意思是:对于学习这件事,了解怎么学习的人不如喜爱学习的人;喜爱学习的人又不如以学习为乐的人。当中的"乐"就是"喜悦、愉悦"的意思。孔子认为,"乐学"(以学习为乐)是最高级也是最美好的境界。因此,在教学过程中,教师必须充分尊重学生的主体地位,积极引领学生成为学习的主人,使他们以学习为"乐",主动学习。

北宋的张载在《经学理窟》中也提出:"学至于乐,则自不已,故进也。"[②]意思是说,要让学生有浓厚的兴趣,其进步就会非常大。朱熹在《近思录》中提出了一个著名的观点:"教人未见意趣,必不乐学。"[③]意思是说,教育学生的时候如果不讲究教学方法,没有教学情趣,学生一定不会乐于学习。他提出以"悦"为教学的基本要求,教学活动中必须有意趣。教育如果缺乏意趣,学生就会感到枯燥无味,从而失去学习的兴趣和动力。如果教师能够重视学生的兴趣和需求,让学生在学习中感受到乐趣,学生就会更加乐意学习,从而取得好的学习效果。注重意趣的教育,可以培养学生的创造力和创新精神。当学生感到学习是有趣的、有意义的,他们就会更愿意去探索和尝试。关注学生"悦学"的心理需求,在此基础上进行教学,才能够提高教学效率。这是以朱熹为代表的宋代教育家们的共识。

到了明朝,王阳明在《训蒙大意》中这样阐述"悦"教育:"今教童子,必使其趋向鼓舞,中心喜悦,则其进自不能已。"意思是说:教导儿童时,一定要激发他的兴趣,使他从心底喜欢所学的内容,这样他就会不断进步。王阳明强调了教

[①] 杨伯峻.论语译注[M].3版.北京:中华书局,2009:60.
[②] 张载.张子全书[M].西安:西北大学出版社,2014:88.
[③] 朱熹,吕祖谦.近思录[M].王华宝,译注.太原:山西古籍出版社,2007:274.

育的方法和目的,认为要通过鼓励来促进学生进步。鼓励可以让学生受到正向刺激,从而增强动力和自信心。如果学生在学习过程中不断得到鼓励和肯定,他们就会感到自己的努力得到了认可,从而更加努力地学习。鼓励还可以让学生保持积极的心态,有利于他们的学习和成长。学生在学习过程中保持愉悦和兴奋的状态,创造力就会得到更好的发挥。

我国教育史上,诸如此类的论述不胜枚举,说明古代教育家对实施"悦"教育的重要性和必要性有着深刻的认识。概括起来,主要有以下方面:

第一,我国古代教育者认为,学生应该在愉悦的氛围中学习,以提高学习的效果。学生感受到学习的乐趣,就会激发学习的热情和积极性。这种乐趣可能是由教学之前的"求知若渴"的学习期待带来的,也可能是由学习过程中的学习内容、学习方式、师生互动以及学伴交往等因素带来的。教学活动应该在此基础上,有效激发学生的学习动机,提升学习的效率。

第二,我国古代教育者注重使用有趣的学习内容和生动形象的教学方法来丰富学生的学习生活,激发学生的学习兴趣和想象力。这些举措可以帮助学生更好地理解和记忆所学内容,也可以培养学生的审美情趣和创造力。

第三,我国古代教育者还注重把握教育过程的节奏。他们倡导在学习过程中加入一些有趣的因素,如游戏、笑话、故事等,让学生能够在轻松、愉快的氛围中学习。这些因素可以帮助学生缓解学习压力,提高学习效率。

二、国外教育史上的"悦"教"悦"学

在国外,许多著名的教育家也对愉悦教育做出了精辟的论述。

苏格拉底提出的"产婆术"教学法,以师生共同探讨问题而获得知识为特征,由讥讽、"助产术"、归纳和定义四个步骤组成。这种教学法以独特的教导方式启迪人们对问题进行思考,通过比喻、启发等手段,采用问答的形式,从具体事例出发,逐步深入,层层驳倒错误意见,最后得到确定的知识。其实所有学习都一样,只有经历了艰难的学习过程,才能收获知识,并获得愉悦的情绪体验。苏格拉底的"产婆术"就是一种极好的比喻——分娩的过程是痛苦不堪的,但新生命的到来,会给人们带来喜悦。

柏拉图的教育思想主要集中在《理想国》和《法律篇》中。柏拉图创办了古

希腊历史最悠久的学园——阿加德米学园。阿加德米学园设有礼堂、图书馆、演讲室和生活室等,教学方式采取讲演和对话两种。阿加德米学园的学员来自四面八方,师生在学园里共同生活,感情融洽。柏拉图讲学四十年,培养了很多有成就的学生,其中最杰出的是亚里士多德。柏拉图逝世后,阿加德米学园仍然延续下去,直到529年才被关闭。它存在了900多年,培养了许多知识分子。在阿加德米学园的教育实践中,柏拉图提倡的"悦"教学、"悦"生活成为活生生的实践场景。师生的教学互动在情感交融的基础上,获得了深层次的发展。

亚里士多德提出了一系列关于教育的基本原则,包括教育的目的是培养和发展人的才能、教育应该以孩子为中心、教育应该注重实践而不是只研究理论等。他倡导自由教育,认为教育要以受教育者具有闲暇为前提,以受教育者充分利用闲暇为手段。实施自由教育,可以使人获得智慧、道德和身体的和谐发展。亚里士多德提出,教学应该以学生的兴趣和好奇心为出发点,而不是强迫他们学习。他认为,只有当学生感到好奇时,他们才会积极主动地学习。这种以兴趣和好奇心为主导的教学方法,让学生在学习的过程中感到快乐和满足。此外,亚里士多德也强调了互动和讨论在教学中的重要性。他认为,通过与学生互动和讨论,教师可以更好地激发学生的学习兴趣,提高他们的参与度,并帮助他们更好地理解和掌握知识。互动和讨论教学方法,为愉悦教学提供了实现的方式。

贺拉斯在《诗艺》中提出了"寓教于乐"的思想。这个思想一直延续至今,影响深远。贺拉斯主张,文学艺术应当兼具教育与娱乐功能,并借助娱乐功能更好地发挥教育功能。他指出,诗歌应该给人以快感,同时对生活有帮助。不能带来快感的诗歌无法受到欢迎,没有益处的诗歌也不会受到尊重。只有两种功能兼备的诗歌,才能寓教于乐,既劝喻读者,又使他喜爱。

夸美纽斯的《大教学论》把教育学从哲学中独立出来,奠定了近代教育体系的基础,对世界各国的教育都产生了重要的影响。夸美纽斯指出:"教师要和善地愉快地教育儿童,以便在没有殴打,没有号泣,没有厌恶的气氛中,喝下科学的饮料。""和善、愉快"等字眼成为《大教学论》的底色,使其直到今天仍然散发着人性的光辉。

洛克在《教育漫话》中也表达了类似的思想:"当学生正在用心学习的时候,他们应该高高兴兴,一切事情都应该使他们感到容易,充分感到快乐。"洛克认为,教育的目的在于培养有理性的人。他强调学生的自主性,认为学生应该主动学习,而不是被动接受。当学生在学习的时候,他们应该感到快乐和满足,因为他们正在探索知识的世界,正在获取自己想要的知识和技能。洛克也强调了教育的实践性。他认为,学生应该通过实践来学习,通过做来学习。这样的学习方式可以让学生更深入地理解和掌握知识,提高学生的实践能力和创造力,更容易让学生获得真实的体验,并由此产生真切的学习愉悦感。

斯宾塞作为快乐教育研究之集大成者,在《教育论》中鲜明地提出了快乐教育的主张。他强调,教师应注重学生的学习兴趣,教学应符合儿童心智发展的自然顺序;应该也必须让学生快乐地学习,而不是让他们感到痛苦和苦恼。他提出,要使求知成为愉快而非苦恼的事情。一是兴趣驱动:只有当学习内容与学生的兴趣爱好相符时,他们才会感到满足和快乐。因此,教师应尽可能地让学生选择自己感兴趣的学习内容,以激发他们的学习热情和主动性。二是自我认知和自我实现:要让学生感受到学习的快乐,就要帮助他们了解自己的优势和弱点,从而让他们能够更好地发挥自己的长处,克服自己的弱点。教师要为学生提供足够的机会和平台,让他们有机会展示自己的才能,从而实现自我价值。三是积极乐观的心态:要让学生感受到学习的快乐,就要让他们保持积极乐观的心态。无论在学习中遇到什么困难和挫折,都应该保持乐观的态度,积极面对并克服。四是自主学习和独立思考:必须让学生成为自主的学习者和思考者,通过自主学习和独立思考,更好地掌握知识和技能,提高创新能力和解决问题的能力。五是教师应该营造良好的学习环境,积极向上、宽松自由的学习环境可以让学生在适度压力下稳定而愉快地学习。

以苏霍姆林斯基为代表的苏联教育家们强调成功的快乐对人的激励作用。例如,在增强自我价值感方面,成功可以让人们感受到自己的能力和价值,从而增强自我信念和自我价值感。这种自我价值感可以让人们更加自信和坚定地面对挑战,从而更好地发挥潜能。成功的快乐还可以激发人们的创造力和想象力,让人们更加勇于尝试和探索新的方法和思路。成功的快乐还可以促进人们的自我成长和发展。每一次成功都可以让人们总结经验,发现自己的不足和弱点,从而不断提升自己的能力和素质。

三 现当代"悦"教学的相关实践探索

(一)倪谷音:以"愉快教育"为主题的整体性改革实践

20世纪80年代初,上海第一师范附属小学开始了以"愉快教育"为主题的整体性改革实践。当时,学生学业负担日益沉重。时任上海第一师范附属小学校长的倪谷音敏锐地觉察到这一情况,决定发起一场教育改革。她联合北京第一师范学校附属小学、无锡师范学校附属小学、南京市琅琊路小学、成都市龙江路小学、广州市八旗二马路小学、沈阳铁路第五小学等学校共同开展"愉快教育"实验,把"教学生五年,为他们想五十年,为民族想五百年"作为指导思想,把"为孩子们编织幸福的童年,塑造美好的心灵,发展创造的才干,锻炼健壮的体魄,培养活泼的个性"作为教育目标。

该实验的具体做法,一是适当减少文化知识课,二是增设课外阅读课和各类兴趣活动课(如棋类、乐器、美术、科技、戏剧朗诵等),以培养学生动手、动脑的能力。学校安排好每天的五段课余时间,为孩子们创造可以自己支配的生活空间:(1)朝气蓬勃的早晨——早操前,鼓励学生参加体育活动和晨间劳动;(2)轻松愉快的课间——课间休息,教师不准拖堂,让学生在10分钟内得到充分的休息;(3)欢乐活泼的中午——学生一律不做作业,参加学校在图书馆、阅览室、演讲厅、音乐室、放映室、操场等地方专门安排的各类活动;(4)丰富多彩的下午——第一节文化课后,全校学生参加各类兴趣小组活动;(5)自动自主的傍晚——放学后,要求学生参与自己感兴趣的各类活动。

在愉快教育实验中,愉快既是目标,也是手段。学校从培养人才的根本目的出发,实施智能教育、情感教育、意志教育并重的整体性人格教育,把情感引入教育目标,在重视学生认知发展的同时,强调情感的发展,使学生获得积极的情感体验。学生积极投入,刻苦学习,最终享受到学习成功的愉悦。愉悦和刻苦互相促进,推动学生整体素质和个性特长的发展。

这项实验给当时沉闷的小学教育带来了一派生机。学生愉快地接受教育,成为学习的主人,由苦学变为乐学。学校为学生编织的快乐学习生活,获得了巨大的成功,并向全国推广。日本NHS电视台曾多次介绍上海第一师范附属小学的"愉快教育"实验。"愉快教育"作为一种先进的教育思想,越来越得到广大教育工作者的认同,许多学校根据本地区的实际,在实践"愉快教育"中获得了成功。

(二)佐藤学：学习共同体的建设与推进

日本教育学者佐藤学倡导的学习共同体在当代教育改革中颇有影响。佐藤学从苏格拉底的"产婆术"中获得启发，认为学习是在教师和学生之间的沟通中完成的。他还吸纳了美国教育家杜威的观点，认为学习是借助同客体相互交往的"工具性思维"以及同他人相互交往的"沟通"来是实现的。他继承了杜威对学校的描述：各种各样的人通过"沟通"形成共享的文化，形成作为民主主义之基础的"共同体"的场所，就是学校。此外，维果茨基的最近发展区理论对他的影响也较为深远：最近发展区意味着儿童的发展可能性。儿童的发展可能性取决于儿童与教师的关系、儿童之间的关系等。

在上述理论的影响下，佐藤学遍访日本全国各地的学校，每周至少有两天深入课堂，与教师一起研究教学，倡导创建学习共同体。通过对这些课堂的观察，他发现一个共同点：越是会学习的学生越会倾听，一个重要体现就是教室里非常安静。同时，能够教好学生、让学生会学习的教师，也一定是善于倾听的人。

佐藤学认为，学校应该是学生共同合作学习的场所，教师作为教育的专家共同合作学习的场所，家长与市民共同合作学习的场所。他还指出，在教学中能否形成合作学习，很大程度上取决于教师能否尊重每一个儿童的尊严。

佐藤学对包括中国在内的东亚教育形势的认识值得我们借鉴。他认为，在20世纪下半叶，东亚各国都是借助中央集权政策，有效地推进了基础教育的发展。然而，进入21世纪以来，应试竞争带来的弊端，整齐划一的教育带来的创造性与个性失落，灌输式教学的弊端等愈加严重。在这样的背景下，佐藤学提出了以三种对话——与客观事物对话、与他人对话、与自己对话——为基础的学习共同体教育改革实践，从成长的方式、过程和结果等方面全方位地关怀学生的需求。

第二节 悦语文教学之概念界定及内涵

一 "悦"的字理溯源

很多人对"悦"字的认识,可能是从《论语·学而》中的"学而时习之,不亦说乎"开始的,此处的"说"通"悦"。《尔雅·释诂》将"悦"解释为"乐也"。南唐徐锴的《说文系传·通论》中则收录有"悦,犹说也,拭也,解脱也。若人心有郁结能解释之也"。现代汉语基本上以双音节词语作为基本单位,因此我们经常以"愉悦"来代替"悦"字。

在"悦语文教学"这个概念中,"悦"字的含义有三层:一是学生"悦服"于语文,在学习语文的过程中,学生逐步感知并折服于语文之博大精深;二是学生"喜爱"语文,在学习语文的过程中获得满足感和幸福感;二是学生"乐于"沉浸在语文生活中,由于语文素养得到提升,学生获得了和自然、和他人、和自己沟通的能力,精神上获得满足,学习境界上达到了更高的层次——自主运用、"乐于"运用。这三层意思恰恰与孔子在《论语》中提出的"知之者不如好之者,好之者不如乐之者"[1]异曲同工。因"知"而"服",因"好"而"喜",因"乐"而"悦",体现的不正是悦语文的境界吗?

二 对"悦"的多角度认知

(一)"悦"的生理学探究

近现代生理学研究表明,愉快的情绪和情感来自大脑边缘系统中掌管爱与恨、快乐、厌恶、愤怒、恐惧和欲望等的大脑皮质。巴甫洛夫认为,在建立和维持动力定型的情况下,大脑两半球的神经负载着积极情感与消极情感。当外界刺

---

[1] 杨伯峻.论语译注[M].3版.北京:中华书局,2009:60.

激使原有的一些动力定型得到维持、扩大和发展时,人就会产生愉悦的积极情感;反之,则会产生痛苦和沮丧等消极情感。依据上述理论,我们可以得出这样一个结论:愉悦的情感是可以由外界刺激激活的。当内在生理系统和神经系统受到刺激时,人就会产生不同的应激反应。愉悦也是其中的一种。

当代生理学研究表明,愉悦是一种由大脑中的多巴胺系统引发的生理反应。多巴胺是一种神经递质,能够传递兴奋和愉悦的信息。当人体处于愉悦状态时,多巴胺的分泌会增加,引发一系列的生理反应,主要有以下方面:

首先,愉悦会导致心率增快,心肌收缩力增强,血压升高。它是一种积极的生理反应,能够提高个体的注意力和警觉性,增强个体的活力和动力。

其次,愉悦会影响个体的内分泌系统。当人体处于愉悦状态时,内分泌系统的分泌也会相应增加,从而影响个体的生理功能。例如,愉悦状态能够促进胰岛素的分泌,降低血糖水平;还能够促进催产素的分泌,增强个体的社交能力和亲密感。

最后,愉悦还会影响个体的免疫系统。研究表明,愉悦状态能够提高个体的免疫力,减少疾病的发生;还能减轻个体的疼痛和不适感,提高个体的生活质量。

这些研究成果,对于教育尤其是小学教育具有重大意义。教师可以通过提供相应的外界条件(如良好的人际关系、健康的生活方式和适当的社会支持等)来促进学生多巴胺的分泌,使学生产生愉悦的情感,从而积极有效地进行学习。

(二)"悦"的心理学探究

从心理学角度来看,"悦"的产生与多种因素有关,包括积极的情绪状态、认知过程和个性特征等。

愉悦对个体的心理健康具有重要意义。愉悦能够提高个体的积极性和幸福感,增强个体的自信心和自尊心,提高个体的社交能力和适应能力。愉悦还能够促进个体的身心健康,减少紧张和焦虑等的影响。

因此,从心理学角度来看,为了保持愉悦的状态,个体可以通过保持积极的情绪态度、培养良好的个性品质等方式来提高自己的愉悦感受。教师在施教过程中,应倡导积极向上的学习态度,构建良好的师生、生生关系,营造健康的学习生态,给予小学生必要的社会支持。

(三)"悦"的社会学探究

从社会学角度来看,"悦"是一种社会情感。它不仅与个体的主观体验有关,也与社会的文化背景、互动方式、支持系统和公平正义等因素密切相关。

愉悦与社会文化背景密切相关。不同的文化对愉悦有不同的理解。一些文化注重个人主义和自由,而另一些文化更强调集体主义和纪律。这些不同的文化背景会影响人们对愉悦的追求和体验方式。

愉悦与社会互动方式有关。在社会中,人们通过与他人互动来获得愉悦。这种互动可以是社区活动、工作中的合作等。通过与他人建立联系、分享经验,人们能够获得更多的愉悦感。

愉悦还与社会支持系统有关。支持性的社会环境可以为人们提供必要的资源,以应对生活中的挑战和困难。这种社会支持可以增强人们的自尊心和自信心,从而提高他们的愉悦感。

愉悦与社会公平正义也有关。当社会中存在不公平现象时,人们会感到不满和痛苦。相反,公平公正的社会环境可以为人们提供平等的机会和资源,从而提高他们的愉悦感。

综上,从社会学角度来看,"悦"是一种社会情感,它受到社会的文化背景、互动方式、支持系统和公平正义等多种因素的影响。这也给学校教育带来启示。为了提高小学生的整体愉悦感,我们要积极打造校园文化,推进师生、生生良好互动,努力创造公正公平的校园。

(四)"悦"的哲学探究

从哲学角度来看,"悦"是一种复杂的情感体验,涉及个体的自我实现、与他人的关系、生命意义以及道德和精神等因素。

愉悦与个体的自我实现有关。在哲学中,自我实现被视为个体发挥自身潜能、实现自身价值的过程。愉悦感往往来自个体在追求自我实现的过程中所获得的成就感和满足感。当个体能够发挥自己的潜能,实现自己的目标和愿望时,就会感到愉悦和满足。

愉悦涉及个体与他人的关系。在哲学中,人际关系被视为个体与他人之间的互动和联系。愉悦感往往来自与他人的积极互动和亲密关系。当个体能够与他人建立良好的关系,分享彼此的经验和感受时,就会感到愉悦和满足。

愉悦还与个体的生命意义有关。在哲学中,生命意义被视为个体对生命目标的追求。愉悦感往往来自个体对生命意义的理解和认同。当个体能够找到自己的生命意义并为之努力时,就会感到愉悦和满足。

愉悦还涉及个体的道德和精神。愉悦感往往来自个体道德和精神层面的满足。当个体具有高尚的道德品质和精神追求时,就会感到愉悦和满足。

可见,为了让学生获得更多的愉悦感,教师要让学生认识到学习的意义和价值,树立"学习光荣""努力可敬"等观念,并为之不懈努力;还要与他人建立良好的关系,发挥自己的潜能,努力实现自己的目标和愿望。

(五)"悦"的教育学探究

从教育学角度来看,"悦"是一种积极的学习体验,对于学生的学习和发展具有重要意义。

愉悦能够激发学生的学习兴趣和动力。王夫之曾说:"养蒙之道,通于圣功,苟非其本心之乐为,强之而不能以终日。故学者在先定其情,而教者导之以顺。"在学习过程中感到愉悦时,学生就更愿意投入时间和精力去学习。愉悦的学习体验可以让学生更加自信和积极,促进他们的自主学习。

愉悦有助于培养学生的积极情感和良好学习态度。愉悦的学习体验可以让学生更加热爱学习,增强自信心和自尊心,培养学习责任感和自律性。

愉悦还能够促进学生的认知和情感发展。在学习过程中,教师不仅要让学生掌握知识,还要发展其情感、态度和价值观。愉悦的学习体验可以让学生更加深入地理解和体验知识,促进认知和情感的发展,提高综合素质。

愉悦有助于建立良好的师生关系和教学氛围。正如王夫之所说:"孔子之学不厌,教不倦,人皆可学而不能几,唯其用情异也。"当学生在学习过程中感到愉悦时,他们就会更加愿意与老师、同学交流,从而建立良好的师生、生生关系。愉悦的学习体验也可以让教学氛围更加轻松、和谐,有利于提高教学效果。

综上所述,教师应注重创造愉悦的学习环境,让学生在轻松、愉快、积极的氛围中学习和成长。

三 悦语文教学的概念界定

从以上多个维度的剖析中,我们可以整合出如下信息:适当的外界条件(如良好的人际关系、充分的社会支持等)可以激活小学生的生理系统,促进多巴胺的分泌,使他们产生愉悦的感受,这是悦语文教学得以开展的生理基础;在教学过程中培养小学生积极向上的学习态度,构建良好的师生、生生关系,营造健康的学习生态,形成班级共同的文化追求、价值体系,可以让小学生在轻松、愉快、积极的氛围中学习和成长,这是悦语文教学得以开展的班级生态支撑。

综上,我们对悦语文教学的概念做出如下界定:悦语文教学是一种语文教学方法,它旨在通过教师的精心设计引导,创设健康友好的学习生态环境,运用愉悦情绪发生和持续的规律,开展以学为主、积极互动的教学活动,实施增值性、差异化评价,充分调动学生的内在学习潜能,塑造学生"悦"学"悦"用的精神品质,从而取得良好的教学效果及教育成效。

第三节 悦语文教学模型建构

一 悦语文教学的层次结构

悦语文教学十分重视教学模型的建构。经长期探究和反复实践,笔者以表2-1来呈现悦语文教学模型的层次结构。

表2-1 悦语文教学模型

层面	育人目标	教育认知	教学管理	课堂实施
第一层次	身悦(安全感)	全程激趣	调整状态	情境愉悦(悦情境)
第二层次	心悦(舒适感)	全面鼓励	调控过程	实践丰悦(悦实践)
第三层次	灵悦(幸福感)	全人悦纳	调谐评价	质量和悦(悦质量)
指导思想	人本主义	积极心理学	过程最优化理论	建构主义

从表2-1中我们看到,从育人目标的三个维度(身悦、心悦、灵悦)出发,到教育认知的三个发展进程(全程激趣、全面鼓励、全人悦纳),再具体落实到教学管理(调整状态、调控过程、调谐评价)及课堂实施(情境愉悦、实践丰悦、质量和悦),各个层次的相关因素一一对应,环环相扣。

二 悦语文教学的三个学习境界及其实现路径

(一)松弛感:悦情境—悦状态—悦准备—悦参与

现代校园生活的一个主要特征就是节奏加快、竞争加剧。小学生在学习中常常感到焦虑和紧张,在课堂上主要表现为:有的小学生高度紧张,过度焦虑,精神处于紧绷状态,出现情绪波动(容易忧郁、悲伤、愤怒等)、身体疼痛(如头痛、胃痛等),甚至出现注意力分散、记忆力下降、学习效率降低等情况;有的小学生则表现参与度降低、逃避学习、消极自我评价、社会交往退缩等现象。

创设"悦情境"有助于全面激活小学生的学习状态,使之以积极自主的"悦"状态做好学习准备,获得学习安全感,实现学习状态上的"松弛感"。

"悦情境"能有效调整小学生的语文学习状态,让他们拥有饱满、愉快、自主的情感情绪状态。这将使他们获得课堂上的安全感、自在感,使他们的精力充沛,身体放松自如。换句话说,悦语文教学通过创设各种情境,既让小学生有"如鱼得水"般的自在舒适感,又有"鱼跃龙门"的自主进取心。一方面,教学情境为小学生的语文学习积极赋能;另一方面,小学生利用教学情境实现语文学习效益的最大化。

悦语文教学追求的学习状态,可以借用时下人们十分喜欢的"松弛感"来描述。它是一种自如、放松、不易被外界干扰的心理状态,涵盖了情绪调节、自我认知和人际互动等多个层面。松弛感作为一种心理状态,与生理上的放松有所不同,它更多地涉及心理调适能力和对生活的态度。松弛感不仅意味着身体上的放松,还意味着心理上的平和与自在。松弛感对于小学生的学习而言具有诸多好处,包括提高学习效率、增强记忆力和理解力、促进心理健康以及提升人际关系质量等。当小学生处于松弛状态时,大脑能够更高效地处理信息,思维更加灵活,有助于提高学习效率。松弛状态还能减轻因学习压力和焦虑带来的负面影响,使小学生能更好地集中注意力,增强记忆力和理解力,促进创新思维,增强决策能力。松弛感也有助于增强自我认知,提升适应能力,并有效促进心理健康,提升人际关系质量。

俗话说,万事开头难。教师要认识到,学生的学习准备对于课堂效益的提升是十分重要的。我们要特别重视小学生在生理、心理等方面的准备情况,以及他们面对学习任务时的思想状态。在松弛感满满的情境中,小学生才能自主、自觉地为学习做好各种准备,才能以积极昂扬的状态进入自己的学习之旅。悦语文教学特别重视小学生对学习状态的调节。

(二)沉浸感:悦实践—悦过程—悦投入—悦提升

悦语文教学认为,在语文实践活动中,真正能够让人产生愉悦感的并不是解决简单问题和任务。教师在教学活动中,要基于最近发展区理论设定贴近小学生语文学习发展水平的学习目标,鼓励学生在个人独立探索的基础上与同学有效合作,由此带来的成就感,将令小学生更加深切地感受到喜悦和幸福。这就是悦语文教学努力追求的"沉浸感"。为此,悦语文教学主张通过合宜的情境、有效的支架、独立的探索、协调的合作等途径,让小学生全身心沉浸于语文学习活动中,深刻感受素养提升带来的"悦"感。

1. 创设合宜的问题情境

悦语文教学认为,教师要通过恰当的手段,将学生引入一定的问题情境(知识框架中的某个位置),使学生的已有经验与新的问题情境产生冲突,从而激发学生探索的兴趣和愿望。恰当的问题情境应该具备以下基本标准:一是应该向学生揭示未知的东西;二是能够引发或已经引发了学生对未知事物的认知需要;三是具备学生在他人帮助下解决问题的可能性。最佳的问题情境,是处在学生最近发展区内的问题情境。问题能够引发学生的认知需要、兴趣和动机,成为一种特定的学习任务,解决这些问题就构成了学习活动。

2. 搭设支撑有力的"脚手架"

"脚手架"是为了保证施工过程顺利进行而搭设的工作平台。悦语文教学借用这一概念,来说明一堂课如同一项工程一样,需要教师围绕中心任务,按照最近发展区理论的要求将任务加以分解,并建立整个任务的概念框架。教师在教学活动开始之前,根据核心素养培养要求,结合学科特点以及具体的教学内容,对教学目标中规定的要求学生习得的能力的构成成分和层次关系进行详细分析,以确定学习的顺序、应提供的教学条件等,并选择合适的支架。学习支架从表现形式上,可分为范例、问题、建议、向导、图表等类型;从手段上,可以分为媒介支架(借助图示、案例、影像资料提供支持)、任务支架(以任务为目标导向)、材料支架(提供可供学生操作、练习的作业和实物)等。在这个环节,分析学生的起点能力、确定目标的结构与层次、分析知识的类型等是教师搭建"脚手架"的基础。指向明确、逻辑清晰、层次合理的学习任务群如同支撑有力的"脚手架",能有效帮助小学生攀上语文学习高峰,使其获得积极的学习效能感。这是"悦"感形成的重要基础。

3. 明晰方向保障独立探索

探索的乐趣是"悦"学习中最为动人的一部分。在探索的过程中,教师首先要做的是帮助学生确立目标,为学生探索问题情境提供方向。其次,要围绕当前的学习内容,为学生提供探索所需要的概念框架,让学生明确基本概念及相关理论,并内化为自己的认知结构。再次,教师要通过提问、演示等方式进行引导,为学生提供问题解决的原型。最后,随着教学的深入,教师的引导应随着学生解决问题能力的增强而逐渐减少,直至拆除支架。学生则逐渐增加对问题的自主探索,在概念框架中继续攀登,最终完成探索任务。

4.搭建平台提供协作学习

独乐乐不如众乐乐。培养学生的参与和合作精神,是现代教育不可缺少的组成部分,也是悦语文教学的目标追求。《教育——财富蕴藏其中》指出,学会认知、学会做事、学会共同生活、学会生存,是现代教育的四个支柱。在给予每位学生独自探索、解决问题的充分自主权的同时,悦语文教学还强调特定情境中学习活动的交往性、合作性和互助性,强调合作中的表现、交流、沟通和讨论等群体互动对于知识建构的意义与价值。因此,这个阶段,教师的任务主要是建立师生成长共同体,通过生生之间、师生之间的共享与交流,使原来多种意见相互矛盾的复杂局面逐渐变得明朗起来,共同解决独立探索过程中所遇到的问题,并在共享集体思维成果的基础上,达到对当前所学概念的比较全面、正确的理解,最终完成对所学知识的意义建构。

(三)自得感:悦质量—悦结果—悦评价—悦发展

悦语文教学致力培养的是适应未来社会新变革和新竞争的高质量人才。这种质量应当具有以下六个维度的核心价值取向,也是悦语文教学需要落实的质量评价取向:

(1)发展兴趣并形成特长。兴趣是学习的基础和前提,悦语文教学强调让兴趣成为小学生学习的最大动力。教师要把积极调整学生的学习状态作为最基本而重要的任务来落实。董奇等学者认为,在课堂学习情境中,轻松愉快的课堂氛围更能激发学生的学习热情[1]。悦语文教学坚持这样的看法:教育应该以学生的兴趣和特点为基础,设计个性化的教育内容和方式,使学习与小学生的兴趣和需求相符合,从而提高学生的学习积极性和效率,在此基础上,培养并发展学生的特长。

(2)坚持自主并养成习惯。心理学家布鲁纳指出,学习在于主动地形成认

---

[1] 董奇,周勇,陈红兵.自我监控与智力[M].杭州:浙江人民出版社,1996:99.

知结构,让学生主动学习,学会学习。学生是学习和发展的主体,一切教学影响和教学效果,只能通过学生自身的活动才能实现,没有学生的主动性就没有学生能力的发展和素质的提高[①]。未来的高质量人才身上必须时时处处有"自主"的光芒。因此,悦语文教学必须关注小学生自主能力的培养。教师的作用不仅在于传授知识,更重要的是培养小学生学习的自主性和独立性。悦语文教学鼓励学生独立思考、自主探索,通过自我发现、解决问题,培养创造性和自主发展能力。

(3)承认差异并扬长补短。教育应致力于实现人的相对性发展。也就是说,每位学生的发展质量都应该是基于其本人原有基础的相对增长值。这一点既应该是教师、家长认识到的,更应该是每位学生能够清醒意识到的。悦语文教学积极培养小学生对自身特点、个体差异以及由此产生的学习差异的认识,在付出努力的同时,也要接受、悦纳自我。这是一个公民自我认知的起点。在实施悦语文教学时,教育者要重视基于个体差异的教育公平的实现,必须尊重每位学生,必须充分认识并接纳每位小学生的个体差异并因材施教,确保人人获得平等的教育机会,均等享受教育的权利,努力实现教育公平和社会公正。

(4)关注结果也关注过程。悦语文教学既要引导小学生关注自己的学习结果,更要引导他们体验学习过程的愉悦。"悦"是小学生学习中十分重要的情感体验,应当注重营造愉快友好的学习氛围,让孩子在愉悦的情绪中学习,享受学习的乐趣。在教育教学的全过程中,要关注小学生的心理健康,避免过大压力和过度焦虑对学生造成负面影响。

(5)热爱学习也热爱生活。未来人才应该是勇于面对生活、乐于享受生活且善于建设生活的人。悦语文教学强调学用结合,强调学生的全面发展。悦语文教学认为,教育应该促进孩子的全面发展。语文教育不仅要完成语文素养的积累,更应该完成作为全人的全面发展,必须注重培养小学生的社交能力、情感智慧、创造力等,使小学生在身体、智力、情感、道德等各方面都得到发展。

(6)立足中国也心怀世界。培养既有民族情怀又有国际视野的新时代人才是悦语文教学的追求之一。悦语文教学提倡从小学生抓起,既要注重树立中华民族文化自信,又要培养小学生的跨文化交流素养,让"中国心·世界情"成为未来高质量人才的重要特质。

---

① 李阳.低年级小学生语文学习兴趣培养策略研究[D].延边大学,2022.

悦语文教学强调小学生语文学习的自得感——学有所得,自在自得。这是一种肯定自我、接受自我的学习。为了实现这一点,学校、家庭和社会要建立多元评价体系,包括评价主体多元化、评价方式情景化、评价内容全面化等。具体而言,评价主体包括教师、学生个体、学生团体等;评价方式包括教师对学生的评价、学生的自我评价、学习小组对个人的评价等;评价内容包括自主学习能力、对小组合作学习所做的贡献、对所学知识的意义建构情况等。在评价内容上,要注重对学生的实践能力、创新能力、心理素质、学习态度等的综合考查;在评价标准上,要重视个体差异,提倡开放的、多元的评价,充分反映学生知识建构过程中的不同水平;在评价方式上,更重视过程性评价,关注学生在学习过程中所表现出来的认知策略、自我监控、反省与批判性思维等,最终目的在于促进每一个学生的全面发展。

第三章

悦语文教学的现实依据及理论思辨

第一节 悦语文教学之现实依据

一、新课程改革为实施悦语文教学提供了良好基础

以《义务教育课程方案(2022年版)》(以下简称"2022版新课程方案")和《义务教育语文课程标准(2022年版)》(以下简称"2022版新课标")等的颁布为主要标志的新一轮课程改革已经全面开启。本轮新课程改革有以下几个趋势:

1. 多元化和个性化

新课程改革注重学生的多元化发展,尊重学生的个性差异,提倡个性化教育。这要求小学语文教师关注每个学生在语文方面的兴趣、特长和需求,提供多样化的课程和教学方式,以满足不同学生的发展需求。

2. 实践性和探究性

新课程改革强调实践性和探究性学习,鼓励学生通过实践、探究、合作等方式获取知识,培养创新精神和实践能力。这要求小学语文教师善于设计有意义的实践性和探究性教学活动,引导学生主动参与、积极思考、动手实践。

3. 信息化和数字化

随着信息技术的不断发展,新课程改革也注重信息化和数字化教育。这要求小学语文教师掌握现代信息技术,并将其有效应用于语文教学实践中,提高教学效率。

4. 综合性和跨学科性

新课程改革注重课程的综合性和跨学科性,提倡打破传统学科界限,将不同领域的知识融合在一起。这要求小学语文教师具备跨学科的知识和能力,能够设计出有利于提升小学生语文核心素养的综合性课程和教学活动。

5.关注社会热点和时代主题

新课程改革关注社会热点和时代主题,将培养学生的社会责任感和创新精神作为重要目标。这要求教师关注社会现实问题,将其引入课堂教学,引导学生关注社会、服务社会。

新课改处处强调以学生的学习为中心,高度重视学生的主观能动性的发挥。因此,我们应该让小学生在语文教学活动中"悦学"(学习过程)—"悦用"(学科实践)—"悦得"(效果评价)—"悦升"(成长提升),让悦语文教学为小学语文新课改的深入推进做出贡献。

二 悦语文教学符合小学语文教学改革的实践趋向

在2022版新课程方案和2022版新课标指导下,小学语文教学主要出现了如下变革:

一是坚持以学定教,落实立德树人根本任务。根据学生的学习情况来确定语文教学的内容和方式,注重培养学生文化自信、语言运用、思维能力、审美创造等方面的核心素养,这是在小学语文教学中落实立德树人根本任务的方法和途径。坚持立德树人需要关注小学生学习的愉悦感。这种愉悦感可以增强学生的学习兴趣,帮助他们更加高效、更加主动地学习,提高学习效率和思维能力,有利于培养自主学习和终身学习的能力。学习的愉悦感可以促进小学生的心理健康发展。小学生处于身心发展的关键时期,如果他们在学习过程中经常感到沮丧、无助、挫败,会对他们的心理健康产生不利影响。让他们在学习中感受到快乐和成就感,可以增强他们的自信心和自尊心,促进心理健康发展。关注小学生学习的愉悦感是现代教育理念的要求。现代教育理念强调以人为本,注重学生的综合素质和全面发展。关注小学生学习的愉悦感,也可以更好地满足学生的个性化需求,有利于培养他们的创新精神和实践能力。

二是注重中华优秀传统文化的传承与发展。新课改重视在小学语文教学中融入中华优秀传统文化的元素,让学生了解和认识中华优秀传统文化的精髓和价值,从而更好地传承和发扬中华优秀传统文化。我们应该认识到,学生的主体愉悦感是传承中华优秀传统文化的关键因素之一。只有感到愉悦时,学生才会对学习传统文化产生积极的态度和兴趣,主动参与传承和发扬中华优秀传统文化的活动。如果学生对学习传统文化感到枯燥、乏味或者有压力,那么他们的学习效果将会大打折扣,甚至会对传统文化产生消极的印象。在学习中华优秀传统文化时获得愉悦感,学生才会更加深入地了解中华优秀传统文化的价值,从而增强文化自信和民族自豪感。

三是强调语言文字的运用与实践。小学语文新课改更注重通过语言文字的运用和实践来提高小学生的语文核心素养。在新课改背景下,一线教师应该更加重视语言实践过程中学生的愉悦感。新课改强调以学生为中心,注重学生的全面发展,培养学生的创新精神和实践能力。在语言实践过程中,让学生获得愉悦感,充分感受学习的乐趣,能够更好地激发他们的积极性和主动性,提高学习效果。在语言实践过程中,学生需要不断尝试新的表达方式、新的思维方式,才能提高语言运用能力,从而获得成就感,并持续提升创新精神和实践能力。

四是倡导自主、合作、探究的学习方式。教师要让学生成为学习的主人,积极参与学习过程,共同探究问题,培养自主学习能力和合作精神。自主、合作、探究的学习方式需要学生主动参与,积极思考。如果学生在此过程中能够感受到快乐和满足,就会更愿意投入时间和精力去学习,更愿意与他人合作,更愿意倾听他人的意见和想法。

五是实施分层教学和多元化评价。新课改要求在小学语文教学中实施分层教学和多元化评价,针对不同层次的学生制订不同的教学目标和评价标准,让每个学生都能够得到适合自己的教学和评价,从而提高学习效果和综合素质。实施分层教学需要教师根据学生的不同水平和学习需求,制订个性化的教学计划,让每个学生都能得到最大的发展。多元化评价可以更全面地了解学生的学习状况,它不仅包括传统的考试成绩,还包括对学生的学习态度、团队合作、创造能力等多方面的评价。这样可以让学生更全面地了解自己,发现自己的优点和不足,看到自己的进步,从而增强自信心,获得愉悦感。

六是加强语文与其他学科的整合。在小学语文教学中,要引导学生将语文知识与其他学科知识融合,从而提高综合素质。不同学科之间的融合,可以拓宽学生的知识视野,提升思维能力。跨学科的学习方式可以让学生更加全面地了解知识,理解不同学科之间的相互影响。在跨学科学习中,学生可以通过探索不同学科之间的联系,发现新的知识和技能,激发学习兴趣和动力。

以上六个方面的变革,离不开学生的参与和努力,离不开教师积极、科学的设计和实施。只有将"悦教""悦思""悦学""悦行"落到实处,小学语文教学改革才能有实质性的进展。

三　悦语文教学：提升小学生语文核心素养的优质方案

义务教育语文课程培育的核心素养，是学生在积极的语文实践活动中积累、建构并在真实的语言运用情境中表现出来的，是文化自信和语言运用、思维能力、审美创造的综合体现。在2022版新课标背景下，语文教学更加注重文化自信、语言运用、思维能力、审美创造这四个维度语文素养的综合发展，而这四者是相互依存、相互促进的。语言运用是基础，思维能力是关键，审美创造和文化自信是目标。只有将这四个方面有机结合起来，才能真正提升小学生的语文核心素养，为其全面发展提供不竭的动力。为此，教师要为学生打好包括听、说、读、写等在内的语言运用这个基础，它是思维能力、审美创造和文化自信得以发展的前提。思维能力、审美创造和文化自信也需要在语言运用中体现。思维能力与语言能力密切相关。语言是思维的物质外壳，是思维的载体，思维能力的发展可以促进语言能力的提高。思维能力可以帮助我们更好地理解和欣赏文学作品，提升我们的审美情趣和文化修养。审美情趣和文化自信体现了对美的追求和对文化的传承，可以提升学生的语言能力和思维能力。

只有注重激发学生的学习兴趣，让学生在轻松愉悦的学习氛围中学习，文化自信、语言运用、思维能力、审美创造四个方面的提升才能实现。这些都离不开一个"悦"字。

1."悦"以增"信"

"以中华优秀传统文化育人，这是全社会的共识，也是国家意志。"[①] 在提升小学生的文化自信时，我们在引领小学生深入了解和传承中华优秀传统文化、培养文化自信等方面需要以"悦"启思。

"悦"以进深：要提升小学生的文化自信，就要让他们乐于深入了解中华优秀传统文化。教师可以借助有趣的课堂教学、课外活动，让小学生接触并学习中华优秀传统文化，如诗词、书法、绘画、音乐等，引导小学生在身心愉悦的语文活动中了解中华优秀传统文化，形成更深入的认识和理解。

"悦"以传承：要引导小学生乐于传承中华优秀传统文化。习近平总书记指出："在5000多年文明发展中孕育的中华优秀传统文化……积淀着中华民族最

---

① 过常宝.古文教学中的传统文化内涵[J].语文教学通讯，2021(25):4-9.

深层的精神追求,代表着中华民族独特的精神标识。"①中华优秀传统文化是中华民族的瑰宝,要提升小学生的文化自信,既要让小学生充分浸润于中华优秀传统文化这一重要资源之中,又要注意搭建平台,使小学生主动加入读、说、演、唱、评、创、宣等文化传承活动中,进一步感受中华优秀传统文化的魅力,逐步树立文化自信和自豪感。

"悦"以激情:小学生文化自信的产生、维持和升华,需要教师的激发和培养。要让他们在情感上认同中华优秀传统文化,教师就要在课堂教学、主题活动、社会实践中营造"悦"的氛围,引导小学生愉悦地感受中华优秀传统文化的独特性和优越性。教师必须以"悦"相伴,助力小学生逐步形成文化自信。

"悦"以壮行:要让小学生真正增强文化自信,教师还必须让他们在实践中体验和感受中华优秀传统文化的独特魅力。这个过程中,教师的鼓励和肯定能够促进小学生的文化实践。因此,教师要精心设计实践活动,以"悦"相伴,增强小学生投身文化实践的动机和兴趣。

2."悦"以促"用"

汉语是古老的语种,具有悠久的历史,同时也是很难掌握的语言。现行小学语文教材虽然从诸多方面努力降低可能对学习者造成的障碍,但学习内容的复杂性和学习方式的多样性依然对小学生形成极大的挑战。因此,作为教学主导的小学语文教师需要注意以下几个方面:

"悦"创语境:小学生语言运用能力的提升需要良好的语言环境。所谓良好,是指环境安全友好、互相尊重、令人愉悦。在课堂教学、课外活动中为小学生创造良好的语言环境,就是让他们在自然、真实的语境中学习和运用语言,在愉悦的情境中提高语言运用能力。

"悦"导语用:学习语言的最终目的是运用,而语言的运用需要小学生自发、自主、自觉、自愿地进行实践。因此,教师要根据小学生的心理特征,科学、适宜地进行启发,使他们在愉悦的状态下,通过阅读理解、口语交际、写作表达等活动,有效锻炼语言运用能力,提高语言表达水平。

"悦"引表达:激发表达的欲望,是引领小学生积极参与语言运用活动的重要手段。为实现这个目标,教师可以通过鼓励、表扬、肯定、奖励等方式,让小学生感

---

① 习近平.在庆祝中国共产党成立95周年大会上的讲话[N].人民日报,2016-07-02(2).

受到表达的快乐和成就感,从而激发他们表达的欲望,提高他们的语言运用能力。

"悦"培语感:语感是语言运用的重要基础,是一种隐性的素养。因此,培养小学生的语感需要重视小学生的内省式学习活动,自然也就需要呵护、鼓舞小学生的学习情感和意志。在引领小学生学习语言时,教师要善于利用课堂教学、课外活动中的评价手段,让小学生更加愉悦、更加主动地感受语言的韵律和美感,从而培养他们的语感。

"悦"纳个性:师生交流的实质是生命主体之间的交流,因此,师生关系应该具有生命温度,并且在交往过程中要使教师和学生的生命都能够得到成长,从功利目标走向追求生命价值的实现[①]。语言运用能力的培养,必须关注小学生的个体差异,要尊重并接纳小学生语言基础和学习能力各不相同的事实,在引领他们学习语言时,根据个体差异制订个性化的教学计划和评价标准,让他们在适合自己的环境中得到最大的发展。

3."悦"以提"思"

相较于游戏、记忆、抄写等,开展思维活动对小学生来说是难度较高的一种学习方式。思维发展完全依靠小学生的自主学习似乎不太可能,所以,除了在技巧上予以指导外,小学语文教师更应该关注思维发展过程中非智力因素的调动,要让小学生兴致勃勃地参与思维活动,愿意在思维发展上不断努力。发展小学生的思维能力,需要注意以下几个方面:

"悦"以激趣:小学生的思维方式主要是直观的、形象的思维,带有粗糙、碎片化等特征。兴趣是最好的老师,要发展小学生的思维能力,就要激发他们的思维兴趣。教师可以通过有趣的问题、情境、活动等方式,引导小学生积极思考、主动探索,培养他们的思维兴趣和习惯。

"悦"以启思:发散思维的实质是求异[②]。思维发散性的广度是决定思维品质的一个重要指标。在发展小学生的思维能力的过程中,教师要多支持、多肯定、多鼓励他们从多个角度思考问题。教师要营造民主平等的氛围,通过课堂教学、小组讨论、实践活动等方式,引导小学生从不同角度看待问题,培养发散思维。

[①] 夏婷.从生活到生命:师生关系的新建构[J].教育理论与实践,2022,42(22):45-48.
[②] 林崇德.智力的培养及其干预实验[J].北京师范大学学报(社会科学版),2006(1):41-47.

"悦"以思辨:逻辑思维是思维能力的重要组成部分。在发展小学生的思维能力时,要注重培养他们的逻辑思维能力。教师可以通过阅读教学、语言文字游戏等方式,引导小学生了解判断、推理等知识,提高他们的逻辑思维能力。

"悦"以推行:实践是检验真理的唯一标准,但实际操作中往往充满困难。在通过语文实践活动发展小学生的思维能力时,教师要以积极、乐观、包容的心态,鼓励他们大胆参与课堂实践、家庭实践、社会实践,让小学生在语言实践活动中发现问题、解决问题,提高他们的实践能力。

"悦"以存异:每个小学生都有自己的思维方式,在思维的深度和广度等方面存在个体差异。因此,在发展小学生的思维能力时,必须尊重个体差异,进行有针对性的指导。

4."悦"以维"美"

审美创造具有愉悦身心的功能。然而,在审美创造方面获得技能上的进步和境界上的提升绝非易事。语言艺术由于天然带有抽象性和概括性,因而进行审美创造更有挑战性。教师可以通过创设情境、运用评价,引导小学生逐步深入审美创造的领域。教师要注意以下几个方面:

"悦"以造境:受心理发展规律的影响,小学生的审美活动十分容易受到外部因素的干扰,因此,良好的审美环境就成了进行审美创造的重要保障。在引导小学生进行语言的审美创造时,教师要注意营造良好的审美环境,可以通过美化班级和校园环境、提供语言艺术资源、组织语言艺术活动等方式,让小学生在良好的审美环境中接受美的熏陶。

"悦"以知美:审美感知能力是进行审美创造的基础。小学阶段,学生对美的感知是不稳定的,需要教师以包容的心态予以观照,并给予正面鼓励。文学作品是以间接经验为主要内容、需要二次加工的艺术作品。教师在引导小学生欣赏文学作品、观察语言现象、体验语文之美的过程中,更需要细心和耐心,让小学生愉快地感受文学之美。小学生对"美"的理解还处于初级建构阶段,所以在小学语文学习中须侧重引导学生感知、体验"美"[①]。

"悦"以促创:审美创造欲望是进行审美创造的动力。人类的情感有喜、怒、哀、乐、惧等。虽然这些情感都会激发人的创作欲望,但在小学阶段,我们还是

---

① 计宇.小学语文核心素养的构成与培养路径[J].教学与管理,2018(17):40-42.

倡导学生在愉悦的状态下产生审美创造欲望。教师可以通过鼓励、肯定、赞扬等方式,让小学生感受到创造美的成就感,从而保持审美创造欲望。

"悦"以创美:审美创造力是进行审美创造的核心。受体力、技能、心智等因素的影响,小学生的审美创造力相对薄弱,但充满发展的无限可能性。这就需要小学语文教师用真心去寻找、发现、肯定、指导、提升,使之从无到有,从弱变强,自俗而雅,甚至超凡脱俗。教师可以通过课堂语言实践活动、主题语言艺术活动、课外语言艺术创作等方式,让小学生掌握审美创造的方法和技巧,提高审美创造力。

第二节 悦语文教学的理论思辨

一、悦语文教学的哲学思辨

悦语文教学的哲学价值主要体现在以下几个方面:

(一)让学习成为追求智慧和真理之旅

语文核心素养是学生在积极的语文实践活动中建构起来的,是文化自信、语言运用、思维能力和审美创造的综合体现。悦语文教学注重对智慧和真理的追求,让学生通过深入思考和探索,形成自己的见解和认知,从而更好地理解现实世界。这种追求智慧和真理的过程,不仅是一种学习过程,更是一种自我提升的过程。

通过悦语文教学,教师努力让小学生逐步感受到,智慧与真理是人类文明的瑰宝,是心灵的食粮。人们之所以执着地追求它们,是因为这个过程本身便是一种快乐。这种快乐源于对未知的好奇,对知识的渴望,对真理的敬畏。在探寻智慧与真理的过程中,我们不断挑战自我,突破极限,实现自我价值的提升。这种快乐,如同攀登高峰的旅行者,虽然路途艰险,但登顶时的喜悦与成就感却让人陶醉。

追求智慧和真理的快乐,体现在思维的启迪上。当我们沉浸于知识的海洋,用心去品味字句,去理解每一个概念,我们的思维便会得到拓展。这种拓展不仅让我们对世界有了更深刻的认识,也让我们在解决问题时能够触类旁通,游刃有余。只有不断汲取知识,才能点燃智慧的火花,让思维在快乐中绽放光彩。

追求智慧和真理的快乐,还体现在实践验证上。理论知识需要实践的检验,而实践又是获取新知识的源泉。当我们将所学知识应用于实际生活中,解决了一个又一个难题时,那种成就感是无法言喻的,如同一位科学家发现新元素时的喜悦,一位艺术家创作出杰出作品时的自豪。这种快乐源于对真理的验证。

追求智慧和真理的快乐,更体现在心灵的成长上。在探寻智慧与真理的过程中,我们不断挑战自我,突破自我,实现心灵的蜕变。这种蜕变让我们变得更加成熟、更加睿智,也让我们在面对困境时能够保持冷静与坚定。只有不断追求智慧和真理,才能让我们的心灵在快乐中得到升华。

追求智慧和真理的过程,是一段快乐的旅程。它让我们感受到智慧的魅力,体验到真理的力量,领悟到人生的真谛。我们在这条道路上不断前行,用心灵去品味智慧的盛宴,用行动去诠释追寻真理的快乐。

(二)关注学习作为一种生命过程的特殊价值

悦语文教学强调学习过程的重要性。我们要认识到,学习过程本身就是充满快乐的旅途。因此,悦语文教学关注学习的过程,包括学习的方法、策略、技巧等,以及学习中的情感体验和人际关系等。这有助于培养小学生积极的学习态度和良好的学习习惯。

在浩渺的知识海洋中,我们如同探险家一般,怀揣着对未知的好奇和渴望,踏上了一段又一段学习之旅。学习的过程,或许充满挑战和艰辛,但当我们沉下心来细细品味,便会发现这其实是一场静谧而深邃的享受。

学习,是一种心灵的修炼,是一种自我成长的享受。翻开一本书或坐在课堂里的时候,我们的心灵便开始了一场奇妙的旅行。我们穿越时空,与古人对话,聆听智者的教诲;我们探索未知,发现新知,不断拓展自己的认知边界。在这个过程中,我们的思维变得更为敏捷,我们的眼界变得更为开阔,我们的心灵变得更为丰富。

学习,也是一种智慧的碰撞,是一种思维激荡的享受。在学习过程中,我们不断提出问题,寻求答案,与同伴交流,与老师探讨。这些思维的碰撞和激荡,让我们不断产生新的想法和见解,让我们对问题有了更深入的理解和认识。这种思维的活跃,无疑是一种难以言表的享受。

学习,更是一种自我挑战,是一种战胜困难的享受。在学习中,我们难免遇到困难和挫折;但正是这些困难和挫折,让我们不断成长和进步。当我们克服了一个又一个难题,当我们突破了一个又一个瓶颈,那种成就感和满足感,会让我们深深地感受到学习的乐趣。

当然,学习的过程并非一帆风顺,需要我们付出努力和时间。但正是这些付出,让我们更加珍惜学习成果,更加深刻地体验到学习的价值。学习,让我们变得更加充实和自信,让我们在人生的道路上走得更加坚定和从容。

学习,让我们在知识的海洋中遨游,让我们的心灵得到修炼和成长,让我们的思维变得更为活跃和深刻。我们应当珍惜每一次学习机会,用心去感受这份独特的愉悦,让学习成为人生中最美的风景。

(三)凸显自主学习的价值和意义

悦语文教学倡导自主学习,认为学习是一种自我实现的过程,需要学习者具备自主学习的能力和意愿。自主学习不仅有助于提高学习效率,还能培养学习者的自我管理和自我约束能力,点亮他们的未来。

2022版新课标提出,教师要从学生的语文生活实际出发,创设丰富多样的学习情境,设计富有挑战性的学习任务,激发学生的好奇心、想象力和求知欲,促进学生自主、合作、探究学习。教师要引导学生及早认识到,踏上自主学习的旅程不仅仅是对知识的追寻,更是一次心灵的洗礼。自主学习,让未来更加可期。它如同一盏明灯,照亮我们前行的道路,引领我们走向更加辉煌的明天。

自主学习赋予我们探索未知的勇气。主动投入学习时,我们不再是被动的接受者,而是知识的主动建构者。我们敢于挑战传统观念,敢于质疑权威,敢于探索未知领域。正是这种勇气,让我们能够突破束缚,拓宽视野,发现更广阔的世界。

自主学习培养我们独立思考的能力。在自主学习的过程中,我们不再依赖他人的指导和帮助,而是学会独立思考、自主解决问题。我们通过分析、比较、归纳等方法,形成自己的见解和观点。独立思考的能力,不仅有助于我们在学业上取得优异成绩,更能够让我们在未来的生活和工作中应对各种挑战。

自主学习激发我们持续创新的潜力。在自主学习的道路上,我们不断挖掘自己的潜力,尝试新的方法和思路。我们勇于尝试、敢于创新,不断挑战自己的极限。正是这种创新精神,让我们能够在激烈的竞争中脱颖而出,成为时代的引领者。

自主学习让我们的未来变得更加可期。通过自主学习,我们不仅能够积累丰富的知识,更能够提升自己的综合素质和能力。我们变得更加自信、独立、创新,为未来的发展奠定坚实的基础。无论是追求更高的学历、实现职业梦想,还是为社会做贡献,自主学习都将成为我们最宝贵的财富。

在未来的道路上,只有继续坚持自主学习,不断探索、不断进取,才能在不久的将来收获满满的成果,实现自己的人生价值。

(四)关注个体成长的特殊方式和独有价值

悦语文教学承认人的差异性发展,关注个体成长和自我实现。从这个意义上说,学习是促进个人成长和发展的过程。它关注个体的兴趣、爱好、特长等方面,鼓励学生根据自己的兴趣和特点进行学习和探索,从而更好地实现自我价值,塑造最好的自己。

学习不仅仅是获取知识的过程,更是自我提升、自我完善的过程。它如同一面镜子,映射出我们的优点和不足,引导我们塑造更好的自己。在学习的道路上,每个人都在不断成长、进步。

学习让我们不断认识自己。通过学习,我们逐渐了解自己的兴趣、优势和潜能。我们发现自己擅长的领域,也认识到自己的不足和需要改进的地方。这种自我认知的过程,使我们更加清晰地认识自己,为未来的成长和发展奠定坚实的基础。

学习激发我们的潜能。每个人都有无尽的潜能等待发掘,而学习正是开启这些潜能的钥匙。无论是学习新的技能、掌握新的知识,还是培养新的兴趣爱好,学习都能让我们不断突破自我。这些潜能的发掘和利用,让我们能够更好地应对生活中的机遇和挑战,实现自我价值。

学习让我们更加自信。通过不断学习和积累,我们变得更加自信。我们对自己的能力和潜力有了更深刻的认识,对自己的未来充满了信心和期待。这种自信不仅让我们在学习上更加勇敢、坚定,也让我们在生活和工作中更加从容、自信。

学习促进我们的全面发展。学习不仅关注知识的获取,更关注人的全面发展。它培养我们的思维能力、创新能力、团队协作能力等,让我们在各个方面都得到锻炼和提升。全面发展让我们更加适应社会的需求,更加具有竞争力。

在学习的道路上,每个人都是主角,每个人都在努力成为最好的自己。每个人都应该珍惜每一次学习机会,不断挑战自我、超越自我,用学习的力量塑造更加优秀的自己,绽放出属于自己的光彩。

(五)尊重批判性思维的创造意义

悦语文教学注重培养批判性思维,鼓励学习者对知识和观点进行独立思考和评价。这种批判性思维有助于提高学习者的分析能力、判断能力和解决问题的能力,从而更好地应对现实生活中的各种挑战。为此,我们应注重培养批判性思维,塑造与众不同的自己。

尤其是在当代纷繁复杂的世界中,我们时常被各种信息和观点所包围。如何保持独立思考,形成自己独特的见解?批判性思维便是我们实现这一目标的重要工具。批判性思维是一种对事物进行深入分析和理性评估的能力。它要求我们不盲从、不迷信,敢于质疑权威,勇于挑战传统观念。通过批判性思维,我们能够更加清晰地认识事物的本质,避免被表面现象所迷惑。

在运用批判性思维的过程中,我们要学会提问。面对一个问题或观点,我们应该主动思考,提出自己的疑问。这些疑问可能涉及问题的背景、原因、影响等方面,通过深入探究,我们能够更全面地了解问题的来龙去脉。

我们要学会收集和分析信息。批判性思维要求我们具备筛选和辨别信息的能力,从众多信息中筛选出有价值、可信赖的内容。同时,我们还要学会运用逻辑推理、对比分析等方法,对信息进行深入剖析和评估。

最重要的是,我们要保持开放和包容的心态。批判性思维并不意味着一味否定和批判,而是要在理性分析的基础上,形成自己的独立见解。我们应该尊重他人的观点,同时也敢于表达自己的看法。这种开放和包容的心态,能够让我们在交流中不断进步,成为更加成熟的思考者。

通过批判性思维,我们能够塑造与众不同的自己。我们不再是被动接受信息的"容器",而是主动思考、独立判断的"创造者"。我们能够在复杂的世界中保持清醒的头脑,形成自己独特的价值观。

当然,批判性思维并非与生俱来的能力,它需要我们不断地学习和实践。我们应该多读书、多思考、多交流,不断提升自己的思维能力和认知水平。只有这样,我们才能真正做到与众不同,成为独特的自己。

二、悦语文教学的心理学思辨

悦语文教学认为,教学活动是提高学生语言素养、文化素养和情感态度的重要途径。在语文教学中激发学生的学习兴趣,提高他们的学习效果,一直是教师关注的焦点。近年来,随着心理学在教育领域的深入应用,心理学思辨在语文教学中的作用日益凸显。

(一)人本主义——做目中有"人"的教师

马斯洛提出,人的内部存在着一种向一定方向成长的趋势或需要。这个方向可概括为自我实现,或心理的健康成长。

悦语文教学强调以人为本,注重学生的个体差异和兴趣爱好,关注学生的全面发展。这种教育理念体现了人本主义心理学的思想观念,即尊重人的价值和尊严,关注人的自由、平等和幸福。

从人本主义心理学出发,悦语文教学认为教育应该强调人的尊严和价值,学生的成长和发展是所有教育教学价值的来源和中心。因此,开展教育教学活动时应该关注学生的自由、平等、尊严和幸福。教育工作者应该把学习主体当作有自我意识、情感、认知和决策能力的独立实体,他们有主体性和主观能动性,可以自主地选择和追求自己的价值观和学习目标。学校应该尊重和保护学生的权利和尊严,提供自由、平等、公正和有序的学习环境。

在人本主义心理学的指导下,悦语文教学提出了基于小学生身心健康发展并指向终身幸福的"身悦(安全感)—心悦(舒适感)—灵悦(幸福感)"一体化建构的设想。悦语文教学秉持人本主义心理学的指导,设定三个层级的育人目标:身悦、心悦和灵悦。这三个目标既强调小学生的学习初始状态,又关注学习过程中学科实践的有效展开,更关注小学生作为学习主体在主动获得、自如运用学习成果时的美好体验。三个目标层层递进,在覆盖学习全过程的同时,也覆盖了从生理到心理再到精神品质的全方位育人维度。办好人民满意的教育,学生满意是基础。在成长为社会主义建设者和接班人的学习征程上,小学生对学习发自内心的喜悦是他们在完成学习之后投身社会主义建设事业的基本保障。这也是对"培养什么人、怎样培养人、为谁培养人"的一种回答。

1.身悦(安全感)

在语文教学中,学生有效参与学习活动的前提就是安全感,这一点在小学显得尤为重要。从马斯洛的需求层次理论来说,安全感是悦语文教学坚实且必需的基础。

对于小学生而言,充满安全感的友好的学习环境是他们成长的温室,可以让他们在学习语文的旅途中,既感到安心,又充满好奇。这样的环境不仅能促进学生积极参与,也是提高学习效率的关键所在。

教室是学生日常学习的主要场所,它的环境、氛围直接影响着学生的情绪和参与度。打造温馨、和谐的教室环境,要从物理环境入手。教室内应有足够的光照和适宜的温度,确保学生在舒适的环境中学习。桌椅的排列应考虑到方便交流和合作,而不是单一地面向讲台。墙壁可以用学生的作品和富有启发性的标语来装饰,让学生感到自己的努力被认可。此外,教室内应设立一个"安心角",配有软垫和抱枕,供学生在需要时独处,或与老师进行单独交流。这样的物理环境会让学生在空间上感受到安全和关怀。

教师与学生、学生与学生之间的平等对话,是营造安全感的另一重要条件。教师应该尊重学生的意见和感受,尽量避免使用负面评价,通过正面引导和建设性建议来帮助学生进步。在课堂上,教师可以采用小组讨论或角色扮演等方式,让学生有机会表达自己的想法,同时也学会倾听他人的发言。教师还应鼓励学生提出问题并耐心解答,让学生了解在学习过程中遇到困难是正常的,老师和同学们都是他们的支持者。这样的对话氛围能让学生在情感上感受到平等和尊重,从而建立起对学习的信心。

语文学习活动设计的核心是保障学生的安全感。活动设计应遵循由浅入深的原则,从学生已知的知识出发,逐步引入新的知识点,避免出现知识断层,从认知层面让学生获得安全感。同时,活动应注重趣味性和互动性,如采用游戏、故事和戏剧等形式,让学生在轻松愉快的氛围中学习。在活动中,教师应关注每个学生的参与情况,及时给予帮助和鼓励,确保每个学生都能跟上进度,减少学习焦虑。这样的活动设计,可以让学生在心理上获得支持和鼓励,增强他们面对挑战的勇气。

总之,安全、稳定的学习环境是小学生语文学习的基石。在这样的环境中,学生不仅能够在物理环境上感到舒适,也能在情感上得到尊重,在认知上获得支持。作为教师,我们应当从教室环境的布置、教师与学生之间的对话以及学习活动的设计等多个角度出发,为学生营造安全感十足的学习环境。只有这样,学生才能在语文的海洋中自信地航行,收获知识的宝藏,成长为热爱学习、勇于探索的未来之星。

2.心悦(舒适感)

如果说安全感的获得有如蓄水养鱼,要注意水质的优良,那么,要让小学生在语文学习中获得如鱼得水般的舒适感,教师就应遵循小学生的心理发展规律,做好课程的设计与实施,让鱼儿在水中自由生长,欢悦活动。

小学生正处于学习的黄金时期,好奇心旺盛,想象力丰富,情感纯真而直接。他们如同初绽的花蕾,对世界充满探索的欲望。因此,语文课程设计必须遵循他们的心理发展特点,既要满足他们对知识的渴望,又要激发他们的创造力和想象力。

首先,课程内容要贴近小学生的生活实际。教师要积极挖掘小学语文教材内部的"悦"元素,让学生在意境悠远的散文中领略如诗如画的美好之"悦",在振奋人心的英雄故事中感受气吞山河的豪迈之"悦",在源远流长的古诗文学习中领悟绝美意境的沉醉之"悦",在娓娓动人的神话童话中欣赏神奇想象的纯美之"悦",在贴近生活、主题鲜明的口语交际与习作表达中体验自由表达之"悦"……教师还应大力开发教材以外的"悦"资源,让学生在阅读古今中外优秀作品时品尝"书中自有颜如玉,书中自有黄金屋"的阅读之"悦",在社会综合实践活动中运用听、说、读、写能力收获学以致用、创造价值之"悦"。

其次,教学方法要灵活多变,富有创意。教师既要鼓励小学生在语义学习中静心领会,披文入情,在圈画、批注中静思默想,释放想象;也要注意根据小学生的年龄特征,适时激活语文课堂,鼓励他们有感情地朗读,自主发表见解;还要采用角色扮演、情景模拟等方式,让孩子们身临其境地体验课文内容;更要组织他们积极交流讨论,有序开展辩论,从而提高他们的语文素养。

最后,评价方式也应该多元化,不应仅仅局限于笔试成绩,口头表达、课堂参与、创意写作、综合实践等都应成为评价的一部分。同时,悦语文教学还特别强调,应该重视小学生语文教学的情感、态度等方面的因素,要有机地将它们融入小学生语文教学评价系统之中。

在实施教学的过程中,教师的角色至关重要。教师不仅是知识的传递者,更是小学生的引导者和伙伴。教师应关注每一个学生的个性和需求,给予适时的鼓励和支持。在学生遇到困难时,教师要及时伸出援手,帮助他们找到解决问题的方法,而不是简单地给出答案。

家庭的作用也不容忽视。家长是孩子的第一任教师。家庭教育应与学校教育形成良性互动。在家中,家长可以通过阅读故事书等方式,与孩子共享语文学习的乐趣,培养他们的阅读兴趣和习惯。

总之,小学语文课程的设计与实施,应当是一个充满爱心、耐心和智慧的过程。教师不仅要传授知识,更要关注小学生的心灵成长,让他们在欢悦的活动中自由生长,如同在温暖的阳光下舒展身心的小树苗,终将长成参天大树。

3.灵悦(幸福感)

马斯洛认为,人的最高层次的需求就是自我实现。在孩子们的成长历程中,语文不仅是知识的宝库,更是心灵的家园。在小学阶段,语文教育的核心目的在于培养学生的语言表达能力、思维能力等。这些能力的培养不应局限于课本知识,而应扩展到生活的各个方面。教师可以通过创设情境、组织实践活动等方式,激发学生运用语文的兴趣和热情。因此,对于小学生而言,学习语文的最大幸福感不仅仅来自阅读欣赏时的沉醉,更在于通过语言的输出,将所学本领运用于实践,从而获得成就感。作为引导者,教师要善于搭建平台,引导学生们将所学语文知识运用于服务自我、服务他人、造福社会,进而感受到语文学习的深远意义和满满的幸福感。让小学生在字里行间种下幸福的种子,这应该是悦语文教学十分重要的目的。

教师要鼓励并引导小学生运用语文学习所得服务自我。教师要搭建语言文字运用平台,确保小学生在课堂上运用所学语文知识畅游书海,与古今圣贤跨时空"对话";鼓励小学生大胆创作,"我手写我心",自由表达所见、所闻、所感;鼓励小学生在课余时间将所学语文知识与伙伴、朋友、家人分享、交流,充分享受语文学习成果带来的自由欢畅。

教师要鼓励并倡导小学生用语文学习所得服务他人。教师可以引导小学生通过为家里的老人读书读报等方式,解决亲人的阅读障碍;通过写感谢信、慰问信等方式,用文字表达对他人的感激和关心,传递正能量;通过朗诵诗歌、故事等文学作品,为他人带来精神享受和文化熏陶;通过向同龄人或家人推荐好书,分享阅读的乐趣和心得,激发更多人的阅读兴趣。尤其是当下自媒体极其发达的情况下,小学生可以借助微信、QQ、微博等网络平台,把上述语文实践活动开展得更加有声有色。

教师要鼓励并搭建平台让小学生用语文学习所得造福社会。在这方面,教师应帮助小学生打开思路,并通过有效示范和引领,让小学生运用所学语文知识让社会更加幸福和谐。教师要引导小学生参与班级、学校的墙报、黑板报设计,展示自己的才华,美化校园环境;鼓励小学生在家中与父母一起进行亲子阅读,共同讨论书中内容,增进家庭成员之间的情感交流;参与社区的文化活动,如讲故事、书法展示等,用所学知识丰富社区文化生活;参加社区组织的宣传标语、海报等的制作,呼吁大家保护环境,提高环保意识;加入志愿者团队,利用节假日为社区老人、儿童提供帮助,如读书、讲故事等。有条件的地区,教师甚至可以组织小学生与不同国家或地区的学生进行书信交流,增进相互了解和友谊。

(二)建构主义——学习方式的科学化

建构主义心理学认为,知识不是客观存在的,而是由学习者在一定的社会文化背景下,通过与他人的互动和交流主动建构的。建构主义心理学强调学习者的主动性、社会性和情境性。学习者需要主动参与学习过程,通过与他人的互动和交流,不断调整和丰富自己的知识结构。

悦语文教学在对小学生语文学习过程的认知上,始终坚持小学生的自主性、参与性和情境性。教师在学习过程中扮演的是学习的引导者和促进者。教师应该创设有利于小学生建构知识的情境,提供必要的资源和支持,引导小学生通过协同、会话等探索过程,主动建构有意义的语文学习。这是基于建构主义心理学的一种认知。

在建构主义心理学的引领下,悦语文教学提出了"情境愉悦—实践丰悦—质量和悦"的操作策略。

1.情境愉悦

所谓情境愉悦,就是要创设、提供真实而且让小学生感到愉悦的语文学习情境(包括学习资源)。

2022版新课标指出,语文课程应引导学生热爱国家通用语言文字,在真实的语言运用情境中,通过积极的语言实践积累语言经验,体会语言文字的特点和运用规律,培养语言文字运用能力。同时,教师要注重发展小学生的思维能力,提升思维品质,形成自觉的审美意识,培养高雅的审美情趣,积淀丰厚的文化底蕴。这充分说明了语文学习情境的重要性和必要性。

为了提高语文教学效果,教师可以巧妙地利用课文内容,创设真实而又引人入胜的学习情境,让学生仿佛置身于文本所描述的场景之中,亲身体验其中的情感波动。这种教学方法的核心在于将抽象的文字转化为生动的情境,通过情境创设,让学生在心理上接近文本,从而更加深刻地理解和感受作者的思想感情。例如,在教授古诗文时,教师可以借助多媒体技术,播放与诗歌内容相匹配的古风音乐,展示相关的古代画作或图片;还可以通过角色扮演的方式,让学生亲身演绎诗中的情景,从而让学生在多种感官体验中,更加直观地把握诗歌的意境和韵味。

教师还可以根据课文内容设计一些互动性强的教学活动,如分组讨论、辩论赛、情景剧表演等。这些活动不仅能够激发学生的学习热情,还能锻炼他们的合作能力和表达能力。在这样的学习氛围中,学生不再是被动接受知识的容器,而是积极参与、主动探索的学习者。

创设能够激发小学生愉悦情绪的语文学习环境是至关重要的。这不仅涉及教学环境的布置,也要求教师在学生的学习过程中提供必要的资源和支持,以便学生在充满社会文化氛围的背景下,通过与他人的交流和互动,积极主动地建构自己的知识体系。这主要体现在以下方面:

首先,教师需要认识到,语文学习不仅仅是对文字的学习,更是对文化、历史和社会的学习。因此,创设真实的学习情境意味着将课堂与现实世界相连接,让学生在学习语文的同时,也能够了解到语言背后的深厚文化内涵。这可以通过组织学生参观历史博物馆、图书馆或参与社区文化活动等方式来实现,让学生在实际的社会环境中感受语言的魅力。

其次,教师应当提供丰富的资源支持。这包括但不限于多媒体课件、图书馆资源和网络资源等。多媒体课件可以包含图片、音频和视频等多种形式,使语文学习更加生动有趣。图书馆资源则能为学生提供大量阅读材料,帮助他们拓宽知识面,培养阅读兴趣。网络资源则是一个信息量巨大的平台,学生可以通过网络获取最新的资讯,同时也可以与其他学习者进行交流和讨论。

最后,教师还应该鼓励学生利用课外时间进行自主学习。例如,教师可以推荐一些优质的在线课程或教育平台,让学生在家里也能继续学习和探索。教师还可以定期组织线上或线下的读书会,让学生分享自己的阅读心得,相互学习,共同进步。

2.实践丰悦

所谓实践丰悦,就是要引导学生主动参与丰富有趣的学科实践。

语文课程是一门学习国家通用语言文字的综合性、实践性课程。工具性与人文性统一是语文课程的基本特点。小学生掌握并运用国家通用语言文字的素养是在真实的语言运用情境中,通过积极的语言实践发展并形成的。因此,以听、说、读、写、思为基本表现形式的语文学科实践,是培养小学生语文核心素养所必需的学习活动。

建构主义学习理论更注重学习者的主动性,把学习看成对外部信息的自我理解。在语文教学中,教师可以引导学生主动参与学习过程。同时,建构主义学习理论也强调学习者的个体差异。在语文教学中,教师需要关注学生的个体差异,根据他们的学习特点,采用不同的教学方法和策略,满足他们的学习需求。在这个过程中,教师要营造轻松、快乐的学习氛围,使每名学生都能充分地发挥自己的个性和特长,使他们能更好地建构自己的知识。

小学语文实践活动的设计和开展,需要关注如下几点:

(1)关注学科实践的真实性——真实关联社会生活,贴近儿童生活实际。

语文作为文化传承的重要载体,其学习不应局限于课本和教室。真实的学科实践,就是要将学生带入丰富多彩的社会环境中,让他们在真实的语境中学习语言,感受语言的魅力,理解语言的力量。这样的学习过程,不仅包括对字词句的理解和记忆,也包括对社会现象的观察和思考。

真实的学科实践还意味着语文教学要紧密联系儿童的生活实际。每个学生都是独一无二的个体,有着不同的家庭背景、兴趣爱好和社会经验。因此,语文教学应该是个性化的,能够满足不同孩子的需求和兴趣。

在语文教学中,教师不仅要关注学科实践的真实性,还要关注学科实践与学生生活实际的有效连接。这意味着教学内容和教学方法都应该与学生的实际生活紧密相关,能够引导他们更好地理解和应对生活中的各种情境。这体现在以下方面:

首先,教学内容应该贴近学生的生活实际。这包括选择与学生的生活相关的文本和材料,如描写儿童生活的故事、儿歌、童谣等。这些内容不仅能够吸引学生的注意力,还能够帮助他们更好地理解和应用所学的语言知识。同时,我们还可以结合学生的实际生活经验,设计一些有趣的教学活动,如角色扮演、情景对话等,让学生在活动中学习语言,提高他们的语言运用能力。

其次,教学方法应该注重培养儿童的实践能力。在教学过程中,教师可以采用任务型教学法、项目式教学法等,让学生在完成具体任务的过程中学习语言。例如,教师可以设计一些小组合作项目,让学生共同完成一个主题研究或创意作品。这样的教学方式不仅能够提高学生的团队合作能力,还能够培养他们的创新思维和解决问题的能力。

最后,教学目标应该明确指导学生的未来生活。语文学习不仅是为了应付考试或获得好成绩,更重要的是培养儿童终身学习的能力和应用所学知识解决实际问题的能力。因此,教师应该在教学过程中注重培养儿童的自主学习能力、批判性思维和创新精神。通过这样的教育,教师可以帮助儿童更好地适应未来的社会生活,成为具有创造力和责任感的公民。

(2)关注学科实践的趣味性——符合学生心理规律,凸显有趣有益。

小学生正处于生理和心理快速发展的阶段,他们对世界充满好奇,渴望探索未知。实践活动设计应当贴合小学生的这一心理特征和发展规律,让他们在活动中找到乐趣,从而吸引他们的注意,并有效促进核心素养的发展。

想象是小学生的天性。他们喜欢在想象的世界中遨游。因此,教师可以设计角色扮演等活动,让孩子们在阅读课文后,选择一个自己喜欢的角色进行扮演。这不仅能让孩子们深入理解文本,还能培养他们的语言表达能力和创造力。在这样的活动中,孩子们可以自由展现自己的想象力,体验不同角色的情感,从而加深对文学作品的理解。

利用现代科技手段,将语文学习与互动游戏相结合,也是提高趣味性的有效途径。例如,通过AR技术,让孩子们在游戏中"捕捉"到课文中的成语或者诗词,然后在虚拟环境中完成相关的挑战任务,如成语接龙、诗词填空等。这样的活动不仅能够提高学生的学习兴趣,还能帮助他们巩固知识点。

朗诵也是培养小学生语文素养的重要方式。教师可以组织诗歌朗诵比赛,鼓励孩子们选取自己喜欢的诗歌进行表演。在准备过程中,孩子们可以学习到诗歌的节奏、韵律和情感表达方式,不仅提升了语言鉴赏能力,还增强了自信心和舞台表现力。

值得一提的是,传统的书信交流也能在现代社会中焕发新的活力。教师可以引导孩子们与远方的朋友进行书信往来,让他们在写信的过程中学习如何表达自己的思想和感情,同时也能体会收到信件的喜悦。这种方式不仅锻炼了孩子们的写作能力,还让他们在实践中学会了珍惜和感恩。

在设计这些活动时,教师应当注重活动的可参与性和互动性,确保每个孩子都有机会参与进来,感受到成就感。同时,教师还应根据孩子们的反馈不断调整活动内容,确保活动的趣味性和教育性,促进核心素养的提升。在活动过

程中,教师要注意以下方面:

首先,教师需要设计多样化的活动形式,以适应不同学生的学习风格和兴趣特点。例如,教师可以通过角色扮演、辩论赛、故事创作、诗歌朗诵等形式,让学生在不同的语境中运用语言,体验语言的魅力。在这些活动中,教师应当鼓励学生积极参与,无论作为主导者还是协作者,每个人都应该有机会展示自己的才能,发挥想象力和创造力。

其次,教师在活动过程中应当注重学生之间的互动。通过小组合作或者全班讨论的方式,让学生在交流和合作中学习,互相启发,共同进步。这种互动性的活动不仅能够提高学生的社交技能,还能够促进他们的思维能力和语言表达能力的发展。为了确保活动的效果,教师要密切关注学生的反馈,包括对学生在活动中的表现进行观察,听取学生对活动的意见和建议。通过对这些反馈的分析,教师可以及时调整活动内容,增加或减少某些环节,以确保活动的趣味性。如果发现学生对某个话题特别感兴趣,教师可以在后续的活动中增加相关内容;如果某个环节学生反应冷淡,教师则需要思考如何改进,以提高学生的参与度。

最后,教师还应该注重活动的教育性,确保活动不仅仅是做游戏,还有助于学生学习知识和提升能力。这意味着教师需要在活动中融入教学目标,如词汇的积累、语法的学习、文学素养的培养等。通过这种方式,学生在享受活动的乐趣的同时,也能够在知识和能力上得到提升。

这些努力都是为了促进学生核心素养的提升。核心素养包括批判性思维、创新能力、沟通能力等,都是21世纪的学生必须具备的能力。通过设计具有参与性和互动性的语文学科活动,教师不仅能够激发学生的学习兴趣,还能够帮助他们在实践中培养核心素养,为他们未来的学习和生活打下坚实的基础。

(3)关注学科实践的多样性——体现差异性和系统性,满足各种需求。

在小学阶段,语文学科的教学实践应当构建得如同一张精心编织的网。

这张网要有足够的系统性。在听、说、读、写、思等领域,都要有相应的教学内容和活动。听和说是语文学习的基础。通过故事会、诗歌朗诵、戏剧表演等活动,教师可以培养学生的听力和口语表达能力。在这些活动中,教师应鼓励孩子们大胆发言,自信表达,同时也要提供反馈和指导,帮助他们逐步提升语言运用能力。阅读是开阔视野、丰富情感的重要途径。教师可以使用分层次的阅读材料,满足不同阅读水平学生的需求。对于阅读能力较强的学生,可以提供更富有挑战性的文本,激发他们的深度思考;对于阅读基础较弱的学生,则可以提供图文并茂、趣味性强的读物,帮助他们建立阅读兴趣和信心。写作能力的提升需要持之以恒的练习和个性化的指导。教师可以通过日记、作文、书信等形式,引导孩子们表达自己的思想和感受。在此过程中,教师应根据学生的写作水平和个性特点,提供差异化的指导和反馈,帮助每个学生都在写作上取得进步。

这张网还要有足够的灵活性。每个学生的学习风格和能力都不同,所以,教学活动不能一刀切,需要根据学生的实际情况进行调整。例如,对于学习风格偏向于视觉的学生,教师可以多使用表格、图片等视觉元素进行教学;对于学习风格偏向于听觉的学生,教师可以多使用语言、音乐等听觉元素进行教学。对于学习能力较强的学生,教师可以提供更高层次的挑战;对于学习能力较弱的学生,教师可以提供更多的支持和帮助。

为了满足这些差异化的需求,教师需要巧妙地设计教学活动,创设多样化的学习环境。这需要教师具备丰富的教学经验和创新的教学思维。例如,教师可以根据学生的兴趣和需求,设计一些有趣的游戏;也可以根据学生的实际情况,创设真实的或模拟的学习环境,让学生在实践中学习和成长。在满足不同学习需求的过程中,教师还应该利用现代教育技术,如多媒体、网络资源等,为学生提供更加丰富的学习资源。这些资源不仅能够帮助学生巩固课堂所学,还能为他们提供更多自主学习的机会,使他们在课外时间也能有效学习。

小学语文教学是一个全面、系统的工程,既要覆盖语文学习的各个领域,又要观照每个学生的个体差异。通过多元化的活动设计和个性化的教学策略,教师能够满足每个小学生的学习需求,帮助他们在语文学习的道路上不断前进,最终实现自我发展。

(4)关注学科实践的充实性——鼓励儿童充分实践,落实主体发展。

在小学语文学科实践过程中,教师应想方设法把小学生推到实践舞台的正中央,让实践活动充分展开,让实践主体充分打开,让实践体验充分撑开,引领小学生像学科专家那样充分感受和领略语文知识产生、发展和运用的过程。

在小学语文教学中,教师扮演着至关重要的角色。教师不仅是知识的传递者,更是学生的引导者和启发者。为了确保学生能够深入理解和体验语文学科的魅力,教师应当采取多种策略,将学生置于实践活动的核心位置,让他们成为学习过程的主体。

教师需要设计一系列贴近学生生活的实践活动,让学生能够在真实的语境中运用语文知识。这些活动可以是角色扮演、情景模拟、文学创作、阅读分享等。通过这些活动,学生可以在实践中学习新知识,巩固已有知识,提高语言运用能力。

教师可以设置开放性问题,激发学生的好奇心和探究欲,让他们在寻找答案的过程中深化对语文知识的理解。开放性问题是一种引导性问题,不仅可以引导学生思考,还可以激发他们的好奇心和探究欲。通过设置这样的问题,教师可以让学生在寻找答案的过程中不断拓展思维,从而深化对语文知识的理解。例如,教师可以提出一些关于文学作品的问题,让学生从不同的角度去思考和分析,引导学生进行小组合作,通过讨论交流,分享彼此的观点和想法,进行思维碰撞,激发创新思维,共同解决问题,从而培养他们的批判性思维。小组合作还可以培养学生的团队合作能力,让他们学会如何与他人合作,共同完成任务。

为了让小学生获得丰富的实践体验,教师应当创设多样化的学习环境,让学生能够在多种感官体验中学习语文。教师可以组织校外教学、参观图书馆、观看戏剧表演等活动。在这样的环境中,学生不仅能够看到、听到、触摸到语文知识,更能够感受到语文学科的魅力。

组织室外教学是一种非常有效的方法。进入真实的生活环境中,学生可以亲身感受到语文知识在实际生活中的应用。例如,教师可以组织学生参观历史古迹,让他们了解古代文人的生活和作品的创作背景,从而更好地理解古诗文的内涵;或者带领学生走进自然,观察大自然的美丽景色,激发学生的创作灵感,提高他们的写作能力。

参观图书馆也是提高学生语文学习兴趣的有效途径。图书馆是知识的宝库,拥有丰富的书籍资源。学生可以在图书馆中自由地选择自己感兴趣的书籍进行阅读,拓宽自己的知识面。还可以参加图书馆举办的各种文化活动,如诗歌朗诵会、作家见面会等,这些活动都能让学生更加深入地了解语文学科的魅力。

观看戏剧表演也是一种很好的学习方式。戏剧表演将文学作品以舞台的形式呈现给学生,让学生在观看的过程中感受到作品的情感和意境。通过观看戏剧表演,学生可以更加直观地理解文学作品的内涵,同时也能培养他们的欣赏能力和审美情趣。

在多感官体验的学习环境中,学生不仅能够看到、听到、触摸到语文知识,更能够感受到语文学科的生动和魅力。这种学习方式能够激发学生的学习兴趣,提高他们的学习积极性,从而更好地掌握语文知识和技能。只有这样,才能真正实现语文教育的目标,培养出具有扎实语文基础和丰富人文素养的学生。

3.质量和悦

所谓质量和悦,就是要引领小学生正确认识并评价自己和他人的学习质量。

语文课程学业质量标准以核心素养为主要维度,结合课程内容,对学生的语文学业成就的具体表现进行整体刻画。具体来说,就是依据义务教育的四个学段,按照日常生活、文学体验、跨学科学习三类语言文字运用情境,整合识字与写字、阅读与鉴赏、表达与交流、梳理与探究等语文实践活动,描述学生语文学业成就的关键表现,体现学段结束时学生核心素养达到的水平。

基于此,悦语文教学提出建构基于促进小学生核心素养发展的学业质量评价准则,包括以下方面:

(1)评价主体多元化。

在当前的教育改革背景下,小学语文评价体系的优化与创新成为教育工作者关注的焦点。其中,评价主体多元化作为改革的重要组成部分,对于提升评价的全面性和公正性具有不可或缺的作用。

在传统的教学模式中,评价往往由教师主导,学生的学业成绩和能力发展评价完全依赖于教师。这种单一的评价方式很难全面反映学生的学习情况和发展需求。因此,评价主体多元化意味着在评价过程中,除了教师评价之外,还应包括学生自评、同伴评价、家长评价甚至社区评价等多种形式,从而形成一个立体化、多角度的评价体系。

评价主体多元化的优势在于能够更加全面地收集关于学生的信息。例如,学生自评可以让学生反思自己的学习过程和方法,培养自我监控和自我调节的能力;同伴评价则可以促进学生之间的交流与合作,帮助他们从不同的视角看待问题;家长评价能够让家长更好地了解孩子在学校的学习情况,加强家校联系;社区评价则可以将学生的学习与社会实际需求相结合,使学习更具有现实意义。

在小学语文教学中,评价主体多元化的实施尤为重要。语文学科不仅涉及知识的掌握,更重要的是语言表达能力、文学素养和思维品质的培养。评价主体多元化,可以更全面地反映学生在这些方面的成长。

为了有效实施评价主体多元化,学校和教师需要做好以下方面的工作:

第一,合理设计评价指标,包括制订详细的评价标准和量表,确保每个评价主体都能根据统一的标准进行评价,以保证评价的一致性和可比性。

第二,培训各方评价主体。对于学生自评和同伴评价,教师需要对学生进行评价方法的指导和培训,帮助他们理解评价的意义和方法。对于家长评价和社区评价,教师也要提供相应的指导和支持。

第三,建立有效反馈机制。评价的结果需要及时反馈给学生和家长,以便他们了解学习进展和存在的问题,进而采取相应的措施。

第四,优化整合评价结果。教师需要综合各个评价主体的反馈,形成对学生的学习和发展的全面认识,并据此调整教学策略。

第五,持续改进评价体系。评价主体多元化是一个动态的过程,需要根据实际效果不断调整和完善评价体系。

第六,评价主体多元化是小学语文评价改革的重要方向,有助于构建更加公正、合理和全面的评价体系,促进学生的全面发展。

(2)评价内容系统化。

作为学生文化自信、语言运用、思维品质和审美素养培养的关键阶段,小学语文的评价方式直接关系到学生学习兴趣的激发、学习方法的掌握以及个性发展的方向。因此,评价内容系统化对于小学语文评价改革来说,不仅是技术上的提升,更是对整个教育理念的一次深刻革新。它是推动小学语文教育质量提升的关键内核,表现在以下方面:

首先,评价内容系统化意味着评价指标的全面性和科学性。传统的小学语文评价体系过分强调学生的记忆力和重复性练习,忽视了学生创造力、批判性思维和实际应用能力的培养。系统化的评价内容要求我们跳出单一的知识掌握层面,将学生的语言表达、文学鉴赏、文化理解等多方面能力纳入评价体系,形成多元化、立体化的评价网络。这样的评价体系能够更全面地反映学生的语文素养,为教师提供更为科学的教学反馈,同时也能更好地引导学生的全面发展。

其次,评价内容系统化有助于实现个性化教学。每个学生的学习特点和需求都是不同的,系统化的评价内容能够为教师提供更为细致的学习档案,帮助教师了解每位学生的优势和不足,从而设计出更加符合个体差异的教学方案。这种以学生为中心的评价方式,不仅能够促进学生主动学习,还能激发学生的学习潜能,帮助他们在语文学习的道路上不断前进。

再次，评价内容系统化是提高教学质量的有效途径。通过对评价内容的系统化管理，教师可以进一步明确教学目标，合理规划教学内容和方法。系统化评价不仅能够及时发现教学中的问题，还能够为教学改进提供方向，使教学活动做到有的放矢。系统化评价还能促进教师之间的交流与合作，共同探讨教学方法，提升教学团队的整体水平。

最后，评价内容系统化有助于构建积极的教育生态环境。当评价不再仅仅是给出简单的分数和等级，而是成为促进学生成长的手段时，学校、家庭和社会都将对学生的语文学习持更加积极和支持的态度。这种环境的形成，对于培养学生的自信心、责任感和合作精神具有重要意义。

评价内容系统化对于小学语文评价改革的重要性不言而喻。它不仅能够提升评价的科学性和全面性，还能够实现个性化教学，提高教学质量，构建积极的教育生态环境。在未来的教育实践中，我们必须不断探索和完善评价内容系统化的策略，确保每一位学生都能在语文学习过程中获得全面发展。

(3)评价标准差异化。

在当今教育领域，以人为本的理念被广泛实践。这一理念强调的是在教育活动中应当尊重每个学生的个性差异，关注他们的全面发展而不仅仅是学业成绩。在小学语文教学评价中，评价标准差异化正是这一精神的具体体现。

首先，我们需要明确什么是评价标准差异化。简而言之，它是指在对学生进行评价时，不是采用单一的、固定的标准来衡量所有学生，而是根据每个学生的实际情况，包括他们的知识水平、学习习惯、兴趣爱好、性格特点等多个方面的因素，来设定个性化的评价标准。这种做法有助于更真实、更全面地反映学生的学习情况，同时也能更好地激发学生的学习兴趣和潜能。

其次，实施小学语文教学评价时，教师应当深入了解每个学生的具体情况。例如，对于阅读能力较强的学生，教师可以设置更高的阅读理解标准；对于写作能力突出的学生，可以鼓励他们在作文创作上展现更多个性和创意。反之，对于那些在学习上遇到困难的学生，教师应当给予更多的耐心和帮助，设定适合他们当前水平的评价标准，鼓励他们通过努力取得进步。

最后，评价标准差异化还体现在对学生的学习过程和学习方法的关注上。传统的教学评价只注重结果，即学生的考试成绩，而忽视了他们在学习过程中的努力和方法的运用。在以人为本的教学评价中，教师应当观察学生的学习态度、参与度、合作能力以及解决问题的能力等，这些都是评价学生的重要方面。

这样的评价可以帮助学生建立正确的学习观念,培养良好的学习习惯,提高学习的自主性和创造性。

实施评价标准差异化的过程中,教师的角色也发生了变化。教师不再是单纯的知识传授者,更是学生学习的引导者和促进者。教师要不断探索如何根据每个学生的特点制订合适的教学计划和评价标准,如何通过多样化的教学活动激发学生的学习热情,如何通过有效的反馈帮助学生认识到自己的长处和不足,最终促进学生全面发展。

(4)评价结果导向化。

在小学语文教学领域,评价结果的产生及运用是至关重要的一环。它不仅关系到学生学习成效的反馈,还直接影响到教学方法的调整和优化。因此,教师必须认识到,评价结果的产生及运用是整个小学语文教学评价体系的最终落脚点,它的价值和意义不容忽视。

所谓评价结果导向化,是指在评价过程中,以学生的学习成果为中心,通过对学生的学习成果进行系统分析和评估,来指导教学活动,提高教学质量。这种评价方式强调的是评价的结果性,即通过对学生学习成果的考查,来判断教学活动的有效性和学生学习的成效。

在小学语文教学中,坚持结果导向化的评价意味着教师要关注学生在语文学习中的实际表现,包括学生的阅读理解能力、写作表达能力、口语交际能力以及综合实践能力等。通过对这些学习成果的评价,教师可以了解学生在语文学习上的优势和不足,从而为学生提供更为精准的学习指导。

为了确保评价结果能够更好地服务于小学生未来的语文学习,教师在进行评价时应注意以下几点:

①全面性:评价应该全面覆盖学生语文学习的各个方面,不能仅仅局限于书面考试成绩,还应包括平时的课堂表现、作业完成情况、参与讨论的积极性等。

②客观性:评价结果应该基于学生实际的学习表现,避免主观臆断,确保评价的公正性和准确性。

③及时性:评价应该及时反馈给学生,让学生能够在最短的时间内了解自己的学习状况,及时调整学习策略。

④指导性:评价结果应该具有指导意义,能够帮助学生明确自己在学习上的不足,并提供改进的方向和方法。

⑤动态性:评价应该是一个动态的过程,随着学生学习情况的变化而不断调整,以确保评价结果始终能够反映学生的最新学习状态。

在实际教学中,教师可以通过多种方式来实施结果导向化的评价。例如,通过定期的考试和测验来了解学生的基础知识掌握情况;通过观察学生在课堂上的表现来评价学生的参与度和理解程度;通过分析学生的作业和作文来评价学生的思维能力和创造力;通过与学生的一对一交流来了解学生的个性特点和学习需求。

教师还可以利用现代教育技术,如在线学习平台、在线测试系统等,来收集和分析学生的学习数据,使评价更加科学和精确。通过这些数据,教师可以更清晰地把握学生的学习进度和难点,从而为每个学生量身定制个性化的学习计划。

总之,评价结果的产生及运用是小学语文教学评价的核心。坚持结果导向化的评价,我们可以确保评价结果更好地服务于小学生未来的语文学习,帮助他们在学习过程中不断进步,最终达到提高整体教学质量的目的。教师应该不断提高自己的评价能力,科学合理地运用评价结果,为学生的语文学习之路铺设坚实的基石。

(三)积极心理——让学习动力源源不断

20世纪末,西方心理学界兴起一股新的研究思潮——积极心理学。这股思潮的创始人是美国当代著名心理学家马丁·塞里格曼、谢尔顿和劳拉·金。积极心理学主张研究人类积极的品质,充分挖掘人固有的潜在的具有建设性的力量,促进个人和社会的发展,使人类走向幸福。关注个体的积极品质,激发个体的内在动机,培养个体的积极情绪,关注个体的社会适应能力,帮助个体更好地应对挑战和困难,提高个体的幸福感和心理健康水平,促进个体的全面发展,这些都是积极心理学所强调的内容,也是悦语文教学积极倡导的内容。

马丁·塞里格曼认为,人们的幸福感不仅与物质财富和社会地位有关,还与个人的态度和心理因素密切相关。芭芭拉·弗雷德里克森提出了积极情绪扩展和建构理论。该理论认为,积极情绪可以扩展个体的思维和行动范围,并促进个体的成长和发展。同时,积极情绪还可以建构个体的社会资源,如友谊、家庭和社区等,从而对个体的心理健康产生积极影响。艾伦·迪萨纳亚克提出了积极心理治疗理论,即心理治疗应该关注个体的积极方面,通过激发个体的内在力量和潜能来促进个体的心理健康。积极心理治疗理论还强调个体的自我决定和自我管理,帮助个体建立积极的自我形象和自我价值观。

运用积极心理学的原理提升语文教学效益,我们可以从以下方面入手:

一是营造积极的课堂氛围。积极心理学认为,积极的情绪能够增强学生的学习兴趣,提高学习效果。因此,在语文教学中,教师应营造积极的课堂氛围,让学生感受到学习的乐趣。教师可以采用生动有趣的教学方式,鼓励学生积极参与课堂讨论,及时给予学生正面反馈,营造积极的课堂氛围。

二是关注学生的情感需求。积极心理学强调通过满足个体的情感需求来促进个体的心理健康和幸福感。在语文教学中,教师应关注学生的情感需求,了解他们的兴趣和动机,从而更好地满足他们的情感需求。教师可以通过采用个性化的教学方式、关注个体差异、提供情感支持等方式,来关注学生的情感需求。

三是培养学生的积极品质。积极心理学注重培养个体的积极品质,如乐观、自信、坚忍等。学生有效识别、发展自身的优势品格以及欣赏他人的优势品格的能力,有助于其获得更高的人生幸福感、更好的学业成绩。在语文教学中,教师应培养学生的积极品质,引导他们以积极的心态面对学习任务和挑战。教师可以通过采用激励性教学方式、引导学生制订合理的目标、提供具有挑战性的任务等方式,来培养学生的积极品质。

四是激发学生的内在动机。积极心理学认为,内在动机是个体追求自我实现和成长的重要动力。在语文教学中,教师应激发学生的内在动机,引导他们将学习与自我实现相结合,从而更加积极地投入学习中。教师可以通过采用有趣的教学方式、鼓励学生自主学习等方式,来激发学生的内在动机。

五是培养学生的社会适应能力。积极心理学认为,社会适应能力是个体在社会生活中所表现出来的适应能力和应对能力。在语文教学中,教师应培养学生的社会适应能力,引导他们学会与人交往、合作和竞争。教师可以通过采用小组合作学习、组织实践活动等方式,来培养学生的社会适应能力。

基于积极心理学的指导,悦语文教学提出"三全"策略,即全程激趣、全面鼓励和全人悦纳。简要来说,就是教师在进行教学之前,要从各个角度想方设法激发全体小学生的学习状态,使他们以愉悦的状态进入学习中;在教学过程中,教师要扮演好指挥家、合作者、精神导师等身份,对不同学生的不同表现予以适宜的表扬、鼓励、引导,使他们保持积极的状态;在活动暂告一段落或者结束的时候,教师要引导小学生对个体及全体同学在教学活动中付出的努力予以接纳。这种接纳不仅是对成功案例的欣赏和赞美,也包括对失败案例的思考和重构,更要重视对失败案例的归因,并为蕴含在其中的精神力量和成长轨迹喝彩。

1.全程激趣

悦语文教学依据积极心理学原理的指导,认为小学生的学习状态应该从独立性、主动性、情感性以及个性化四个维度进行衡量。良好的语文学习状态应该具有如下特征:

(1)独立性:即学生能够独立完成学习任务,不依赖于外部的监督和指导。独立性体现了学生的自我管理能力,包括自我激励、自我监控和自我调节。在小学阶段,学生的独立性开始增强,逐渐能够自己负责自己的学习过程。

(2)主动性:体现在学生对学习的积极性和自发性上。具有主动性的学生抱着"我要学"的态度,主动探索未知的知识领域,积极寻找解决问题的方法,并且乐于接受新的挑战。

(3)情感性:即学生在学习中的情感体验,包括对学习内容、学习方式和学习环境的接受程度。当学生对学习内容产生兴趣时,他们会更加投入。这种积极的情感体验有助于提高学习效率。情感性还包括学生对学习环境的感受,具有支持性和鼓励性的环境可以增强学生的情感参与。

(4)个性化:即学生的学习方式和节奏应该符合他们的个人特点和需求。每个学生都是独一无二的个体,有着独特的兴趣、优势和学习风格。个性化的学习意味着教育应该尊重这些差异,并为学生提供适合他们个性的学习路径。

小学生在学习上的有效注意保持时间一般为10—25分钟,且一般都在课堂的前段。为使小学生一上课就能以良好的状态开始学习,悦语文教学注重在学习活动之前,采取多种方式激发学生的学习兴趣,调动其学习状态。一般而言,教师可以借助各种媒介刺激学生的感官,有效激发全体学生的学习兴趣。

比如视觉刺激。教师可以利用多媒体教学工具展示与课文内容相关的图片,如历史事件的场景、文学作品的插图、自然风光等,让绚丽多彩的图片、生动有趣的画面迅速抓住学生的注意力从视觉上预先感受课文内容。教师还可以通过展示实物或带领学生进入真实场景,让鲜活有趣的事物瞬间勾起学生的观察欲望和探索热情。

又如听觉刺激。教师可以通过讲述与即将学习的课文内容相关的故事（如历史典故、民间传说或现代故事）来吸引学生的注意力，激发学生的好奇心和兴趣，让他们对即将学习的内容产生期待；还可以播放相关的音乐刺激学生的耳朵，让欢快的旋律、动人的歌曲振奋其精神，激发其状态。

再如触觉和嗅觉刺激。为了唤起小学生的有意注意，教师可以提供相关的物品，让小学生通过触摸、闻气味等方式来感受物品。富有某种特质（如光滑度、气味等）的物品能够有效地在短时间内调动并集中小学生的注意力，并维持较长的时间。

到高年级阶段，教师应逐步把唤醒小学生注意力的方式从感觉层面往知觉层面推进。

比如用好背景知识链接，提供与课文相关的背景知识，帮助学生建立起对课文内容的基本理解。例如，教师可以介绍课文的历史背景，或提供思维模式和学习方法。

此外，教师还可以采用有利于发挥小学生的主体作用的诸多形式。比如，设计一些好玩的语文游戏，如成语接龙、词语猜谜等，让学生在游戏中学习和复习词汇，提高他们对语言的兴趣；再如角色扮演，让学生在课堂上扮演课文中的角色，进行有趣的对话或表演；又如情境创设，教师创设与课文内容相关的情境，让学生身临其境地体验课文中的场景……这些都能激发学生的好奇心和探究欲，进而有效地激活学生，激活课堂，激活学习。

2.全面鼓励

在小学语文学习活动中，学生良好的精神状态和坚强的意志状态对于学习的持续和深入至关重要。为了帮助学生保持积极的学习态度，教师需要以指挥者、合作者、精神导师等多重身份，通过适当的表扬、鼓励和引导来引领学生的学习进程。

悦语文教学认为，教师是课堂教学活动的指挥者，要设定清晰的学习目标，帮助学生明确学习方向，规划有序的教学活动，确保课堂管理得当，创设有利于学习的环境，提供结构化的学习材料和活动，引导学生逐步掌握语文知识和技能，给予及时的反馈和建议，帮助学生了解自己的进步和需要改进的地方。

教师应该是学生学习的合作者，与学生共同参与学习活动，如阅读讨论、角色扮演等，鼓励学生之间的合作，倾听学生的想法，尊重他们的意见，与学生共同解决问题,帮助他们克服学习中的困难和挑战。

教师应该是小学生敬爱的精神导师,时时处处关注他们的情感和心理发展,提供充满关爱和支持的学习环境,通过个性化的关注和指导帮助小学生建立自信和自尊,教导他们如何面对失败和挫折,培养他们的韧性和适应能力,激发他们的内在动机,引导他们发现学习的乐趣和价值。

教师对所有学生都要保持积极的态度,能够针对不同学生的表现给予适宜且具有鼓舞性的评价:对于表现优秀的学生,给予具体的表扬和肯定,同时鼓励他们继续探索和挑战更高难度的任务;对于进步缓慢的学生,提供额外的支持和鼓励,帮助他们找到适合自己的学习方法,帮助他们克服困难。

教师是班级积极学习氛围的维持者,鼓励学生相互尊重和支持,建立友好和谐的班级社区。教师要强调学习过程的重要性,让学生明白努力本身就是值得骄傲的,从而保持乐观的态度,即使在面对挑战时也展现出信心和决心。

总而言之,在小学语文教学活动中,教师不仅是知识的传递者,更是学生情感、心理和意志发展的引导者。通过适宜的表扬、鼓励和引导,教师可以帮助学生保持积极的状态,在学习和生活中都取得成功。

3.全人悦纳

悦语文教学认为,小学语文教学不仅要传授知识和技能,还要积极引导学生的成长和发展。学习活动结束之际,教师要帮助学生进行全面的反思和总结。这不仅包括对成功的认可,也包括对失败的深入思考。最重要的是,教师要引导小学生在上一阶段的学习活动基础上,实现增值性的生长。

首先,教师要全面接纳学生的努力,欣赏和赞美成功案例。教师应认可每位学生在活动中所付出的努力和所取得的成绩。教师可以通过正面的语言和肯定的态度来表达,让小学生感到自己被尊重。对于取得显著成果的学生,教师应该给予具体的赞美和表扬,强调他们的努力和智慧。这不仅能够增强学生的自信心,还能激励其他学生学习成功的经验。

其次,教师要引导小学生对失败案例进行思考,探索失败的原因。对于未能达到预期目标的学生,教师应鼓励他们进行反思和分析,找出原因并从中吸取教训。失败的教训同样宝贵,有助于学生在未来避免类似的错误。教师应引导学生理解,失败并不总是因为能力的问题,也可能是策略选择、努力的方向或其他外部因素的问题。通过这种方式,学生可以更加客观地看待失败并从中学习。

最后,教师要全面接纳学生在语文教学活动中的表现,要肯定小学生在语文学习中的成长轨迹,包括坚持、创造力、合作精神等方面。为此,教师要创造积极的反馈环境,引导学生通过日记、思维导图或小组讨论等方式进行自我反思,更好地理解自己的学习过程。要让学生互相分享学习经历和感悟,这种互动不仅能够增强班级的凝聚力,还能够让学生从同伴中学习。

即使在学习活动结束后,教师也应该持续关注学生的进步,并提供必要的支持和鼓励。教师要为小学生设定下个阶段的发展目标,鼓励他们继续前进。这些目标应该是具体、可实现的,并且与学生的兴趣和能力相匹配。

通过以上途径,教师可以帮助学生建立积极的学习态度,引导他们学会从成功和失败中学习,并在未来的学习中不断进步。全面接纳不仅有助于学生的知识学习,更有助于他们成为坚忍和有适应力的人。

(四)过程最优化理论

在当今教育领域,过程最优化理论已成为指导教师进行有效教学的重要理念,尤其是在小学语文教学中,贯彻这一理论不仅有助于提高教学质量,更能激发学生的学习兴趣和潜能。贯彻实施这一理论,需要注意以下几点:

1.调整学习状态是首要任务

小学生正处于心智发展的关键期,他们的学习状态直接影响着学习效果。因此,教师要采取多样化的教学手段,利用故事、游戏等吸引学生的注意力,激发他们学习语文的兴趣。同时,教师要通过观察学生的课堂表现和日常行为,了解每个学生的个性与需求,提供个性化的引导和支持。例如,对于内向的学生,教师可以通过小组合作的方式鼓励其参与讨论,逐渐建立自信;对于学习困难的学生,教师可以耐心辅导,帮助他们解决学习中遇到的问题。

家庭和学校要共同努力,为学生创造良好的学习环境。家长应当关注孩子的学习和生活,与教师保持良好的沟通,共同关心孩子的成长。学校则要营造和谐、温馨的氛围,让学生感受到关爱和尊重。

在追求教学活动最优化的过程中,教师要不断学习和探索,以提高自己的教育教学水平。同时,教师还要关注学生的心理健康,关心他们的情感需求,帮助他们树立正确的人生观和价值观。

2.调控学习过程是关键步骤

调控学习过程是确保每个学生都能在适宜的环境中进行有效学习的关键步骤。在这个快节奏的时代,教育的重要性不言而喻。教师作为教育的引导者,扮演着至关重要的角色。在语文学习过程中,教师需要不断观察学生的学习状况,以便及时给予帮助或适时提高要求。这样,每个学生都能跟上进度并取得进步。

第一,教师要关注学生的认知水平。不同年龄段的学生,在认知水平上存在差异。因此,教师需要根据学生的年龄、智力和学习能力来设计教学活动。对于低年级的学生,教师可以采用生动有趣的故事来激发他们的学习兴趣;而对于高年级的学生,教师则可以适当提高难度,引导他们进行深入的思考和讨论。

第二,教师要关注学生的兴趣。兴趣是最好的老师,只有让学生对学习产生兴趣,才能激发他们的学习动力。因此,教师在设计教学活动时,要充分考虑学生的兴趣点,将枯燥的知识与学生的生活实际相结合,让学生在轻松愉快的氛围中学习。

第三,教师要根据学生的反馈调整教学策略。在教学过程中,教师要密切关注学生的学习状况,及时收集学生的意见和建议。当发现学生对某个知识点存在困惑时,教师要及时进行解答和辅导;当发现学生对某个知识点掌握得较好时,教师可以适当提高要求,激发学生深入学习的动力。

第四,教师还要关注学生的学习方法。正确的学习方法对学生的学习效果至关重要。教师要引导学生掌握科学的学习方法,如预习、复习、总结等,帮助他们形成良好的学习习惯。同时,教师还要教授学生如何进行有效的阅读、写作、表达等,提高他们的综合素养。

第五,教师要关注学生的情感需求。在学习过程中,学生可能会遇到挫折和困难,这时教师要给予关心和支持,帮助他们建立自信。教师还要关注学生之间的情感交流,营造和谐、友爱的学习氛围,让学生在相互帮助、共同进步的过程中成长。

3.调谐学习评价体系具有重要意义

传统的评价方式过于注重结果而忽视了过程,会导致学生对学习失去信心。因此,教师应建立多元化的评价体系,既关注学生的学业成果,也重视其在学习过程中的努力和进步。除了考试和作业成绩外,教师要结合学生在课堂上的参与度、团队合作能力以及创新思维等方面,进行全面评价。教师还可以采用学生自我评价和同伴评价,帮助他们建立自主学习和相互学习的意识。

调谐学习评价体系的作用不容忽视。它对于激发学生的学习热情、鼓励他们持续进步具有重要意义。传统的评价方式以分数和等级作为衡量学生学习成果的唯一标准,这种做法虽然简便易行,却忽视了学习过程中的多个重要方面。因此,为了促进学生的全面发展,教师需要构建多元化的评价体系。

我们必须认识到,学习是一个动态的连续的过程,而不是一系列静态的结果。传统的评价方式过分强调考试成绩和作业完成情况,会导致那些在学习过程中遇到困难的学生感到沮丧和无助。他们可能会因为一次或几次失败而失去信心,从而影响到学习的动力。为了避免这种情况,教师应当关注学生在学习过程中的每一点努力和进步,而不仅仅是最终的成果。

多元化评价体系包括对学生学业成果的评价,也包括对学习过程中的表现的评价。例如,教师可以通过观察学生在课堂上的参与度来评价他们的学习积极性。学生积极参与课堂讨论,意味着他对学习内容感兴趣,并且愿意投入时间和精力去理解和掌握这些内容。

团队合作能力也是一个重要的评价维度。在现代社会,团队合作能力是职业成功的关键因素之一。通过小组合作学习,教师可以观察学生如何在团队中发挥作用,如何与他人沟通和协作,如何解决团队内部的冲突。这些能力的培养,对于学生未来的职业生涯和个人发展也很重要。

创新思维也应被纳入评价体系。在快速变化的当今世界,创新能力变得越来越重要。教师可以通过设计开放性问题来鼓励学生发挥创造力,探索问题的多种解决方案。通过这种方式,学生不仅能够学会知识,还能够学会如何运用知识来解决实际问题。

自我评价和同伴评价也是多元化的评价体系的重要组成部分。自我评价可以帮助学生反思自己的学习过程,识别自己的长处和需要改进的地方。同伴评价则可以帮助学生从他人的角度来看待自己的表现,从而获得更全面的反馈。这两种评价方式都有助于学生建立自主学习和相互学习的意识,对于他们的终身学习和成长至关重要。

总之，在小学语文教学中贯彻过程最优化理论，需要教师从调整学生学习状态、调控学习过程和调谐学习评价体系三个方面入手。在这个过程中，教师的角色不仅仅是知识的传授者，更是学生学习的引导者和伙伴，共同在语文学习的道路上探索和前行。

第四章

悦语文教学的策略选择

《教育——财富蕴藏其中》中提出了21世纪教育的四大支柱——学会求知、学会做事、学会共处、学会做人。这四个方面都指向个体的主动性。这意味着,培养具有主体意识、主体作为的人才成为教育发展的重要外部动因;而从教育内部来说,在教育过程中培养学生的主动性也成为重中之重。学生主动地进行创造性的学习,是教学活动的中心,是教学的基本方式和途径,是素质教育的本质要求。[①]

我们必须认识到,教师自身就是一个具有主观能动性的主体,面对的教育对象也是具有主观能动性的人。从"教"这个角度来说,教师是主体,学生则是教师认识和改造的对象,是教的客体,而教学内容则是教学活动的中介;从"学"这个角度来说,学生是学习活动的主体,学习内容是学生认识和改造的对象,是学的客体。教师及其教学方法虽然也是学生的认识对象,但其作用主要在于帮助学生理解学习内容。

可见,教学活动是师生双方的能动因素相互融合的过程。教师必须把教学目标转化为学生的主动学习活动,把教学内容、教学方式转化为学生愿意接受且能够接受的活动内容和活动方式。从这个意义上说,学生的学习活动是学生主动把学习内容转化为个体认识,并运用其完善自身的过程。

学生学习的主动性受年龄的影响。低年级学生的学习主动性主要依赖于教师的引导甚至强制来维持,教师的主导作用必须到位,不能放任自流;高年级学生的学习主动性逐渐增强,教师的主导作用则主要体现为创造学习条件。

然而,当下小学语文教学存在着诸多问题,限制着我们在学生主动学习方面的改革。悦语文教学任重道远。

在教育观上,单纯地以教师为中心或以学生为中心的观念依然存在;以完成教学任务为最高目标而忽略全面育人的情况屡见不鲜;以分数为唯一标准的办学质量观有愈演愈烈之势。

在学生观上,还有不少教师把学生视为固定不变的个体,没有充分认识到教师及其他教育参与者(如家长、同伴、社会人员等)对学生发展的影响力,忽略了学生的社会属性。

在教师素养方面,部分教师观念陈旧,不善于学习,不注意教育技能技巧的提升,调动学生主动性、激发学习兴趣、启发主动学习等水平低下,只会照本宣

---

① 曲春艳.课堂教学中学生学习主动性的研究[J].教育探索,2008(8):32-33.

科地满堂灌、满堂练,因而让学生兴趣寥寥,谈"学"色变。

在学习评价改革方面,尽管2022版新课标给出了具有积极导向的学生学业质量标准,但在实际操作层面,仍然存在着教、学、评分离的情况;在教学管理层面,则出现了只看结果不管过程,以及天天小测、每周监测等滥用评价的现象。

鉴于上述情况,在实施悦语文教学的过程中,我们要本着以语文核心素养为目标指向、秉持一切为了学生全面发展的原则,正视这些矛盾和问题,科学选择适宜的教学策略。

第一节 "三全"策略——悦语文教学综合指导策略

悦语文教学的终极目的在于培养"悦语、悦己、悦人、悦世"的小学生。如前文所述,悦语文教学采用"三全"策略——全程激趣策略、全面鼓励策略和全人悦纳策略,下面分别进行详细阐释。

一 全程激趣策略

小学生最强大的学习动力是什么?那就是兴趣。心理学研究告诉我们,学习动力系统的目标在于调动学生的积极性,使学生在学习过程中处于高度自觉的能动状态,集中注意力指向学习对象。在学习动力系统中,兴趣具有重要作用。兴趣能维持小学生克服困难、完成各种学习任务的积极状态。为此,悦语文教学尤其重视小学生在语文学习过程中的兴趣,特别是逐步提升兴趣级别(兴趣—乐趣—情趣—志趣)以完成难度系数逐渐增强的学习任务。

(一)激发初学兴趣

在课堂初始阶段激发小学生的语文学习兴趣,可以达到事半功倍的效果。

1.创设鲜活有趣的情境

脑科学研究指出,儿童内心的愉悦感和热烈的情绪会促使大脑释放大量的神经递质,刺激神经元生出更多的树突,并增强连接,从而使思维进入最佳状态。儿童在情境中学习,符合脑科学原理,不仅保证了学习效率的提高,还促进了儿童大脑的发育[1]。创设生动的教学情境,让学生置身于故事、游戏或者模拟情境中,能增强学习的趣味性。比如,在学习《圆明园的毁灭》等文章时,可以使

---

[1] 李吉林."意境说"导引,建构儿童情境学习范式[J].课程·教材·教法,2017,37(4):4-7+41.

用PPT、视频或音频等多媒体教学资料,增强学习材料的直观性;又如,在学习《爬天都峰》时,让学生扮演课文中的角色进行朗读或表演,提升参与度和体验感;再如,习作教学《我喜爱的一个地方》中,可以组织学生到相关文化名胜或历史遗迹进行现场体验;等等。

2.运用启发式方法导入

教师提出引人深思的问题或者展示有趣的图片、实物等,能够激发学生的好奇心和求知欲。例如,学习《雾在哪里》时,教师可结合学生的生活经验,引入与雾相关的生活实例,使学习贴近实际;学习《花钟》时,通过设计具有开放性、探究性的问题,激发学生的好奇心和探究欲;学习《海底世界》时,使用相关短视频为课文内容提供背景,也是一种有效的办法;学习《挑山工》时,可以挑选课文中的关键词汇或句子进行讨论,引入新的教学内容。

3.开展丰富的语文互动游戏

儿童是在游戏中成长的。设计有趣的语文游戏活动,除了能让小学生感觉轻松愉快以外,还能激发他们的感知觉,使他们身心和谐、创意勃发地投入学习。常用的互动游戏有猜谜语、词语接龙、故事接龙、拼字游戏等。精心设计的游戏活动,可以为儿童的语文学习打造一个良好的开端。

(二)感受过程乐趣

悦语文教学强调在学习过程中创造机会,让学生感受学习带来的乐趣,以帮助小学生保持注意力,从而更高效地完成学习任务。这种乐趣既是学习活动迅速启动的起始点,也是学习活动得以圆满完成的动力源。它的形式和内容都服务于语文学习目标的实现,涵盖了小学生在学习并掌握语言运用、参与并获得思维提升、领略并学会审美创造、感悟并产生文化自信等方面感受到的乐趣。

1.学习并掌握语言运用之乐

语言文字是人类社会最重要的交际工具和信息载体,是人类文化的重要组成部分。语言文字的运用,包括生活、工作和学习中的听说读写活动以及文学活动,存在于人类社会的各个领域①。悦语文教学认为,小学生能够积极投入语言运用的学习并掌握这一技能的原因,是人类在日常生活中与他人交流的本能需求和个体对于自我表达的渴望。通过语言活动,个体可以与他人分享思想、感受和经验,建立情感联系,增强个体的社会支持网络,有益于身心健康发展。这就是语言运用中沟通互动的乐趣。我们要基于这一认识,引导小学生发现、感受语言运用的乐趣。

学习并掌握语言运用,可以让小学生从外界获得各种信息,产生与自然、社会畅通连接的快乐。这包括在阅读中开阔视野、增长知识,学习包括文学、历史、科学、哲学等在内的各个领域的文化。语言运用对于小学生来说,不仅仅是一种技能,更是与外界建立联系的桥梁。

学习并掌握语言运用,可以让小学生向外界输出信息,获得与他人畅快沟通的乐趣。这种输出,包括通过口头交流和写作表达流畅地跟别人交流自己的感受、经历与想法,展示自己的想象力和创造力,以及通过游戏互动、朗诵表演等方式呈现自己的感悟与情感。语言运用对于小学生来说,是一种至关重要的交流技能,更是表达自我、理解他人、探索世界的方式。

学习并掌握语言运用,可以让小学生学会解决问题,获得在复杂情境中成功应对真实问题的成就感。这包括小学生在个体发现并提炼问题、群体交流并分析问题、集体合作商讨并提出对策、个体(群体)行动并解决问题等环节获得的学习成就感和自豪感。

在发现并提炼问题环节,小学生运用语言来描述和表达他们所遇到的问题;在群体交流并分析问题环节,小学生需要与同伴进行有效的交流和讨论,运用语言分享自己的理解,听取他人的观点,并进行深入的分析;集体合作商讨并提出对策环节,小学生共同商讨解决问题的对策,运用语言表达自己的想法和建议,与他人进行讨论和协商;个体(群体)行动并解决问题环节,小学生运用语言进行分工,并协调各方的合作,将决策转化为实际的行动。整个过程中,小学生通过语言运用实践获得成就感和自豪感。

---

① 中华人民共和国教育部.义务教育语文课程标准(2022年版)[S].北京:北京师范大学出版社,2022:45.

2.参与并获得思维提升之乐

人们常说,数学是思维的体操。在解决数学问题的过程中,人们需要运用逻辑推理、空间想象、抽象思考等多种思维方式,因此,学习数学就像在进行一场思维的体操。悦语文教学认为,语文是思维的舞蹈。语文学习过程不仅能锻炼和提升思维能力,而且要求学习者以艺术化的方式优美地呈现这一过程,其内涵更丰富而深远。

教师要带领儿童享受阅读中思维拓展的乐趣。阅读活动是人类特有的一种高级精神活动,它不仅能够丰富我们的知识储备,还能够开阔我们的视野。借助文字,人们可以穿越时空与前人进行情感和思维的互动。这是一种无比珍贵的体验。当我们翻开一本书,阅读其中的文字时,仿佛在与作者进行一场跨越时空的对话。我们可以感受作者的情感,理解他们的观点,产生共鸣。对比不同作者的观点,发现其中的异同,进而形成自己的独立思考,这个过程让我们从书中汲取智慧,拓宽视野,了解不同的文化和思想,增强包容性和开放性。

教师要带领儿童享受交际中思维互动的乐趣。语言是思维的外显。语言交际中,听与说的过程实质上就是思维碰撞的过程。在小学阶段,以口语交际为主要呈现方式的语文学科实践,应该让小学生品味到运用语言进行交流的各种乐趣。课堂上,教师应设计各种有趣的口语交际活动,例如角色扮演、复述故事、辩论赛等,激发学生的思维活力,让他们在轻松愉快的氛围中自然而然地运用语言进行思考。在课外,教师还应鼓励学生在日常生活中多观察、多思考、多交流,将课堂上学到的语言技能应用到实际生活中去。这样,学生不仅能更好地掌握语言知识,还能在与人交往的过程中不断提高思维能力和社交技巧。

教师要带领儿童享受写作中思维畅达的乐趣。写作文之所以成为不少小学生语文学习中的"拦路虎",是因为创作的过程不仅是运用书面语言的过程,更是建构个人思维体系的过程,两者都具有相当大的难度。如果小学生能够熟练地运用书面语言来建构并维系个人的思维体系,他所获得的精神愉悦则是无与伦比的。因此,在写作活动中,教师要引导小学生在大自然中、社会生活中观察生活,积累素材,在实地体验、角色扮演、情景模拟等活动中丰富体验,在阅读迁移中学会表达、参与评价,享受学习成果带来的乐趣。

教师要带领儿童享受解决问题中思维灵动的乐趣。语文的外延是生活。学习语文的一个重要目的,就是让学生学会运用语言工具,借助正确严谨的思维,灵活解决他们在未来学习、工作、生活中的实际问题。解决实际问题的成就感将会为小学生带来学习语文的无限乐趣和强大动力。

在小学语文综合实践活动中,教师可以引导学生将所学知识与实际问题相结合,锻炼他们的观察力、思考力和解决问题的能力。这样的实践活动不仅有助于学生巩固所学知识,还能够培养他们的创新思维和实践能力。在解决问题的过程中,学生需要运用各种思维方法,如归纳、演绎、分析和综合等,从不同角度思考问题,找到问题的本质和解决方法。同时,学生还需要运用各种技巧来发现问题、分析问题、解决问题。例如,他们可以运用观察法来发现问题,运用比较法来分析问题,运用实验法来解决问题。在小学语文综合实践活动中,教师可以设计一些与生活相关的实际问题,引导学生运用所学知识和思维方法进行解决。

3.领略并学会审美创造之乐

语文课程是传承文化的重要途径和载体。语文课程就是要通过意蕴丰赡的语言文字、丰富鲜活的文学形象、绵长厚重的思想文化,传承中华优秀传统文化,弘扬社会主义核心价值观,引导学生理解世界、完善人格、丰富人生。语文课程还应起到"审美怡情"之效。

语文课程应发挥特殊的审美教育功能,引导学生感受传统文化之美,激发他们初步的审美体验,培育他们高尚的审美情趣[①]。悦语文教学认为,小学语文课程、教材、教学本身就是充满美感的;与小学生有关的语文学习活动过程和结果也应该是美好的。发现美、体验美、欣赏美、创造美等一系列行为,是小学语文教育教学中令人喜悦的变革。

感受发现美的欣喜。悦语文教学认为,语文教学最重要的一点就是要善于启发小学生发现文字中、生活中和大自然中的美,让他们感受到语文学习的乐趣。教师要引导学生发现文字中的美,在僵化凝固的铅字堆里逐步实现见词思义、目中有物、心中有情、胸中有境。生活是语文学习的源泉,也是培养学生观察力和想象力的重要途径。

感受体验美的快乐。在小学语文教学过程中,为了让学生更好地理解和感受美,教师要善于利用各种环境和资源,带领学生深入探索文字的世界,体验现实生活的丰富多彩。在文字世界中,教师可以通过精心挑选的文学作品,引导

---

① 李作芳.浅谈阅读教学中小学语文核心素养的培养[J].教育理论与实践,2017,37(14):60-61.

学生领略语言的魅力。诗歌、散文、小说等不同体裁的文本,都蕴含着丰富的情感和美学价值。教师还可以组织学生进行朗读、讨论、写作等活动,让他们在品味文字的过程中,感受到作者的情感,理解作品背后的深层含义,从而培养对美的感知和鉴赏能力。现实生活中,体验是不可或缺的一环。教师可以设计一些与生活紧密相关的教学活动,如观察自然、参与社会实践、访问历史文化遗址等,拓宽学生的视野。此外,随着科技的发展,虚拟情境也成为一种重要的教学资源。教师可以利用多媒体技术、虚拟现实等工具,为学生创造一个沉浸式的学习环境,更加直观地感受到故事情境,体验到不同形式的美。

感受欣赏美的情趣。每个学生对美的理解都是独特的,教师的任务是引导他们学会欣赏和表达。教师要具备敏锐的洞察力和丰富的教学经验,以便在个体生活和群体生活中引领学生学会欣赏美。在小学阶段,学生的审美能力正处于快速发展的阶段。教师要抓住这一关键时期,通过多种途径培养学生的审美能力。成功的审美教育可以使学生的感知、情感、想象等心理机能处于活跃的状态,这无疑可以使学生全身心投入到语文能力的掌握中去,促使语文能力的更快提高[1]。教师可以通过课堂讲解、作品赏析等方式,引导学生深入理解文学作品中的美学元素,提高他们的审美鉴赏能力。在此基础上,教师要关注学生的个性发展,尊重他们的审美选择,充分尊重学生的个性差异,鼓励他们在审美过程中发挥自己的主观能动性,形成独具特色的审美情趣。

感受创造美的骄傲。为了培养学生的审美情趣和创造力,教师要精心设计并善于搭建各种平台,让学生有机会去创造美、展示美、交流美。这样的语文实践活动不仅能够丰富学生的学习生活,还能让他们获得自豪感和幸福感。教师可以利用课堂时间或者学校的艺术节、文化周等活动,为学生提供展示作品的机会。这对增强学生的自信心和成就感有着不可估量的作用。

4.感悟并产生文化自信之乐

文化自信是一个公民、一个民族、一个国家对自身文化理想、文化价值的高度信心,是对自身文化生命力、创造力的高度信心。中华优秀传统文化与语文课程的深度融合,既可以推动语文课程改革与发展,又可以让中华优秀传统文化的传承与创新得以落实,两者相辅相成,相得益彰。只有激活教育主体内心

---

[1] 童庆炳.语文教学与审美教育[J].北京师范大学学报(社会科学版),1993(5):96-101.

深处的文化基因,才能提振中华民族文化自信,这正是语文课程的文化担当,也是语文课程与中华优秀传统文化深度融合的根本意义所在①。

在深入了解中华文化的过程中萌发基于文化认同的喜悦感。悦语文教学认为,语文教学必须引领小学生深入了解自己民族和国家的文化传统、历史和价值观,增强对中华文化的认同感和自豪感。中华文化源远流长,蕴含着丰富的历史、哲学、文学和艺术等元素。在小学语文教学中,教师应该将这些文化元素融入课堂教学,让学生在学习语文的同时,也能够感受到中华文化的魅力。学生在欣赏文学之美的同时,也能够体会到中华文化的智慧和力量,产生一种基于文化认同的喜悦感。这种喜悦感源于对母语文化的自豪,是学生在学习语文过程中获得的精神满足。

在参与保护和传承文化遗产过程中产生文化赓续的自豪感。在小学语文教学过程中,教师应引导学生深入理解和珍视文化遗产的重要性,采取多种方式激发学生对保护和传承文化遗产的兴趣和爱好。教师可以组织与文化遗产相关的语文主题实践活动,如参观博物馆、民俗艺术馆和非物质文化遗产展览等。这些活动能够让学生亲身体验文化遗产的魅力,增强他们对保护和传承文化遗产的责任感。在参观过程中,教师可以引导学生思考如何保护和传承这些宝贵的文化遗产,让他们认识到每个人都是文化遗产传承的重要参与者。教师还可以鼓励学生参与一些社区活动和志愿者项目,如文化遗产保护宣传、传统手工艺制作和民间艺术表演等,锻炼小学生的实践能力,激发小学生为文化遗产的保护和传承贡献自己的力量。

在参与文化创新及推动文化交流活动中产生文化创造的光荣感。在小学语文教学中,教师要成为小学生学习文化的引导者。在信息爆炸、文化多元的当今时代,教师要搭建广阔的平台,激发小学生文化创新的热情,培养他们参加文化交流的能力,孕育推动文化发展的强烈使命感。教师要创造条件,鼓励学生适度参与文化创新。在语文课堂上,教师可以设计一些开放性的问题,让学生自由发挥,用自己的语言去描述对某个文化现象的理解。此外,还可以组织一些文化创作活动,如创编神话故事、古诗绘画展览等,让学生在实践中锻炼创新能力,学会将传统文化与现代元素相结合,创造出新的文化形式。

---

① 张宏.中华优秀传统文化与语文课程深度融合的路径探析[J].教育研究,2018(8):108-112+147.

(三)享受学习情趣

情趣建立在兴趣的基础之上,是兴趣升华到一定阶段后形成的更稳定的精神追求。情趣一旦形成,比兴趣更加持久和稳定,它反映的是个人深层次的情感和审美偏好。悦语文教学认为,小学生的语文学习生涯需要持久稳定的学习情趣。教师应当让小学生在丰富有趣的语文学习中,通过"发现情趣—体验情趣—享受情趣",逐步形成自己特有的情趣品位。在小学生的语文学习中,培养情趣品位是一个渐进的过程。这个过程不仅需要教师的精心设计和引导,也需要学生的主动参与和体验。

1.发现情趣

发现情趣是培养学生语文情趣品味的第一步。在这一阶段,教师要及时点明某项语文学习活动中的情趣,引领学生感受。在激发学生对语文学习的兴趣和好奇心之后,教师要及时将学生的兴奋之情转化为更深层次的情感体验,对自己刚刚经历的学习活动和自己在活动中的表现、感受进行再认知,并由此从心理上接受、喜爱此类活动。

在阅读多样化文本过程中发现对话的情趣。为了实现这一目标,教师需要运用多样化的文本、多形式的阅读以及多层次的交流方式,引导小学生在阅读过程中发现对话的情趣。

多样化的文本是激发学生阅读兴趣的关键。传统的教材往往局限于一种类型或主题,难以满足学生的多元化需求。因此,教师应选择寓言、童话、传记、诗歌等不同体裁的文本,让学生在阅读中感受丰富多彩的世界。多形式的阅读是提高学生阅读理解能力的有效途径。除了传统的纸质书籍,教师还可以引导学生尝试电子书、有声读物等,提高阅读的效率和质量,培养学生的信息筛选能力和批判性思维。多层次的交流是促进学生深入思考和互动的重要环节。在阅读过程中,教师可以组织学生进行小组讨论、辩论等活动,让他们在交流中分享自己的理解和观点,培养学生的合作能力和沟通能力,激发创造力和想象力,让他们找到阅读中对话的情趣。

在进行多元化表达过程中发现交流的情趣。对于小学生来说,在多元化表达过程中发现交流的情趣,不仅有助于他们更好地理解世界,还能让他们在提升沟通能力和社交技巧中感受到乐趣。

多类型话题是发现交流情趣的关键。悦语文教学强调"大语文"学习,即要把语文学习和生活实际联系起来。教师应鼓励小学生去探索各种各样的话题,包括科学、艺术、历史、文化等。在小学阶段,学生的思维活跃,对世界充满好奇。因此,教师可以设计丰富多样的话题,如自然现象、历史事件、文学作品等,借助各种活动让小学生去阅读各种类型的书籍、杂志、报纸等,以获取更多的信息和知识,增加对世界的了解。展示也是感受交流情趣的重要方式,要鼓励小学生参与各种形式的展示活动,如演讲、辩论、戏剧表演等,通过不同的形式来表达自己的想法和观点。

在参与多类型文化活动中发现融合的情趣。在小学语文教学过程中,教师要引领小学生在参与多类型文化活动时,发现融合的情趣。融合不仅体现在文化的多样性上,还体现在不同学科、不同人群、不同任务之间的相互关联上。教师可以通过组织丰富多样的融合型语言文字活动,让小学生亲身体验不同文化的魅力。例如,在不同班级之间举办诗词比赛,感受古典文学的韵味;组织小学生和家人、朋友欣赏戏剧表演,体验戏剧艺术的魅力;举办书法创作展示,让学生了解中国书法的独特之处。教师还可以通过引导学生进行跨学科的学习,发现不同学科之间的联系和融合。2022版新课标提出,要引导学生在语文实践活动中,联结课堂内外、学校内外,拓宽语文学习和运用领域;围绕学科学习、社会生活中有意义的话题,开展阅读、梳理、探究、交流等活动,在综合运用多学科知识发现问题、分析问题、解决问题的过程中,提高语言文字运用能力[1]。例如,在学习《观潮》时,教师可以结合相关地理知识,让学生了解该景观的地理位置、气候特点等;在学习《田忌赛马》时,教师可以结合历史知识,让学生了解田忌、齐威王等的历史背景、成就等,让语文学科"活"起来,与其他学科连起来。

2.体验情趣

在学生发现某种语文学习活动的情趣之后,教师要设计相近类型的活动,以"连点成线"的方式,通过规律性反复的模式来固化小学生对此类语文学习活动的情趣认知和深度体验。下面谨从阅读和习作两个方面进行阐述。

在阅读方面,小学生正处于认知和情感快速发展的阶段。他们对新事物充

---

[1] 中华人民共和国教育部.义务教育语文课程标准(2022年版)[S]北京:北京师范大学出版社,2022:34.

满好奇,具有探索的热情。教师应该利用这一特点,设计多样化的阅读活动,激发并维持学生的阅读兴趣。比如,为了引导小学生学会从多种非连续性文本中发现线索,合理推断,解决问题,教师可以组织多次"寻找神秘宝藏"活动,提供一系列含有线索的文本,比如日记、信件、诗歌等,让学生通过阅读这些材料来解开谜题,找到"宝藏"。这种反复性的挑战活动,不仅能够引起学生的好奇心,在解谜过程中提升对文本内容的分析能力,还能培养小学生的阅读情趣。

为了让小学生爱上跨学科阅读,教师可以在学习《太阳》《蟋蟀的住宅》等科普说明文时,选取与课程主题相关的科学内容,让学生阅读并提取重要信息;也可以尝试和美术学科相结合,在欣赏与创作中表现这些事物的特征;还可以阅读一些相关的历史类书籍,增加学生对太阳、蟋蟀的理解。

定期举办读书会、作家讲座、亲子阅读等活动,为学生提供展示阅读成果的平台,也有利于培养学生的阅读情趣。比如,每月可以安排一次读书会,让学生分享自己喜爱的书籍。教师可以邀请学生家长参与,或者连接社区图书馆的资源,增加读书会的多样性和趣味性。此外,偶尔邀请儿童文学作家来校进行交流,给学生讲故事,也会大大提高学生的阅读热情。

再说说写作。

在小学阶段,培养和维系学生的写作兴趣乃至让小学生体验自由表达的情趣是一项十分具有挑战性的工作。采用题材选择、形式设计、展示形式和评价激励等方面的方法和策略,教师能有效地激发学生的创作热情,培养写作兴趣和习惯。

坚持选择贴近小学生生活的题材。可以选择个人、家庭、班级、学校生活等题材,要紧跟时代的变化,关注小学生的内心,和周边群体、社会生活之间的关系。个人经历是孩子们最直接、最真实的写作素材,要鼓励他们分享自己的喜怒哀乐,描述与朋友之间的趣事,或者讲述自己克服困难的过程。家庭生活也是一个重要的写作领域,要鼓励孩子写家庭成员的故事,描述家庭中的温馨时刻或者家庭成员之间的互动。班级生活是孩子们社交活动的重要场所,课堂上发生的有趣事情,同学之间的友谊,自己在集体活动中的经历,都是趣味十足的素材。学校生活是一个丰富多彩的写作主题,关于学校的设施、校园文化、节日庆典等方面的文章能够培养小学生对学校的归属感和自豪感。只有贴近小学生生活、心灵的话题、素材,才能使小学生真正感受到写作就是对生活的一种自由自在的描述,就是对自己心灵的一种深刻的认识和舒畅的表达。

在写作形式上要鼓励和接纳小学生大胆创造，不断创新。教师可以提供多种创意写作模板，如日记、信件、故事地图等，增加写作的趣味性，降低写作难度，使孩子们更容易上手，更愿意写作。例如，通过写日记，孩子们可以记录自己的生活点滴，培养观察力和表达能力；通过写信，他们可以模拟真实情境，锻炼语言组织能力；通过绘制故事地图，他们可以梳理故事情节，提高逻辑思维能力。教师还应该允许学生利用表格和图片等辅助工具来理清思路。小学是学生的思维从形象思维向抽象思维过渡的阶段，在小学培养逻辑思维能力需要形象思维的辅助[①]。

在评价学生的写作形式时，教师也应当注重鼓励和指导。除了应用文有特定的格式要求外，其他体裁的习作，只要能够更好地表现学生的所见、所思、所悟、所感，任何合理的形式都是应该被允许的。每个孩子的作品都是他们内心世界的反映，都值得被尊重和欣赏。教师对自由表达的肯定和鼓励，能够增强孩子们的自信心，激发他们继续探索和创作的热情。

值得一提的是，有趣、适宜的展示形式是引发并持续引领小学生进行习作的动力源泉。在此方面，小学语文教师要通过建设线下平台（包括班报、班级展示栏、校报、学校展览板、红领巾广播站以及校内外竞赛平台、报纸杂志等）和线上平台（包括QQ群、朋友圈、微博、学校网站等）让小学生的作品得到及时、广泛的展示，引领小学生主动、持续地创作，并产生乐于创作、习惯创作的学习生活情趣。

科学有效的评价机制是保障小学生进行写作的强劲动力。科学有效的评价机制，对于小学生体验写作的情趣、坚持参与写作实践具有重大意义。建立科学有效的评价机制，包括优化教师评价机制、鼓励自主评价制度、引入同伴评价机制、设立积分奖励制度等方面。

优化教师评价机制是关键。小学语文课堂评价应以语文教育核心理念为指导，以实现语文课程目标为旨归，借助可靠的途径获取关于学生课堂学习行为和学习结果的材料，进行整理、分析和判断，发现其优势与不足，并及时反馈，以促进其改进学习过程，从而高质量地完成学习任务。传统的写作教学往往以教师评价为主，但这种方式忽视了学生的主观能动性和创造性。因此，我们需

---

① 陈文梅.促进小学生从形象思维向抽象思维过渡的几种方法[J].人民教育，2022(Z3):121.

要对评价机制进行优化,使其更加科学、公正和有效。具体来说,教师在评价学生的作品时,应注重对学生思维过程的引导和启发,而不仅仅是对作品的表面形式进行评价。同时,教师还应该根据学生的实际情况,采用多种评价方式,如口头评价、书面评价、同伴评价等,以激发学生的学习兴趣和积极性。

鼓励自主评价是必要的。自主评价是指学生自己对自己的写作进行评价,这样可以培养学生的自我反思和自我调整能力。在自主评价的过程中,学生可以发现自己的优点和不足,从而更好地调整自己的写作策略,提高写作水平。自主评价还可以增强学生的自信心和责任感,使他们更加主动地参与到写作实践中来。

引入同伴评价也是非常重要的。同伴评价是指学生互相评价,可以促进学生之间的交流和合作,提高他们的批判性思维能力和沟通能力。通过同伴评价,学生可以从不同的角度来审视自己的写作,从而更好地发现和解决问题。同伴评价还可以培养学生的团队合作精神和互助意识,使他们在写作实践中更加积极地参与合作。

设立积分奖励制度是有效的激励手段。积分奖励制度可以为学生的写作成果提供一定的奖励,从而激发他们的学习动力和积极性。教师可以根据学生的写作质量、数量和进步程度等因素进行评定,给予相应的奖励。这样不仅可以激励学生努力提高写作水平,还可以培养他们的竞争意识和自我管理能力。

3.享受情趣

在小学生对语文学习过程中各种类型的活动有了一定的认知和体验后,教师要引领小学生将语文学习转化为一种持久的习惯。这需要教师引导学生将语文融入生活,发现它在日常生活中的应用价值。语文不仅是我们表达自我、认识世界的重要工具,更是我们与他人沟通交流的桥梁。教师要让学生明白,学好语文是有意义、有价值、有情趣的事情。

教师要引导小学生享受语文的情趣。语文可以帮助我们拓宽视野,了解不同文化背景下人们的思想观念、生活方式和价值观,从而丰富自己的内心世界,提升审美能力和人文素养。教师要培养小学生熟练地运用语文知识和技能,更加清晰、准确地表达自己的意思,让别人更容易理解自己的意图,与他人建立良好的关系,从而增强自信心和沟通能力。

教师还要引导小学生享受在多种场景下运用语文这一工具性学科的乐趣。比如在家庭生活中,良好的语文能力能够增进亲情关系、营造和谐的家庭氛围,让家人更加坦诚地表达自己的想法和感受,加深彼此的了解。又如在学校生活中,语文是学习其他学科的基础。无论理解数学题目中的表述,还是分析科学实验的结果,都需要运用语文知识和技能。学好语文有助于更好地理解其他学科的知识,提高学习效率。

通过以上三个阶段的实践,学生可以在语文学习中发现情趣、体验情趣、享受情趣,逐渐形成自己独特的情趣品位。这一过程不仅提高了他们的语文能力,还丰富了他们的精神世界,提升了文化素养,最终提升他们的生命质量。

(四)树立高尚志趣

教师要相机引领学生提升认识,从文化自信的角度感受学习语文"为天地立心,为生民立命,为往圣继绝学,为万世开太平"的高尚志趣。悦语文教学倡导培养小学生立志报国的高尚情操,把"志趣"作为成人、成才的重要标志。

1.让小学生感受目标引领的学习乐趣

在小学语文教育中,培养有理想、有本领、有担当的时代新人是一项重要任务。为了实现这一目标,教师需要在教学活动中引导学生经历"立志"的过程,帮助他们制订并实现学习目标。

教师应通过观察和交流,了解每位学生的兴趣和擅长的领域,个性化地设立既符合其兴趣又能挑战其潜力的学习目标。在明确目标的时候,教师可以借助SMART原则(即specific:具体性,measurable:可测量性,attainable:可达成性,relevant:相关性,time-bound:时间限定性)来指导学生设立自己的语文学习目标。教师还应带领学生制订并执行语文学习规划,帮助学生将大目标分解为更小、更具体的步骤。教师还要教会学生如何管理自己的时间,帮助学生清晰地看到每一步进展,从而增加他们的成就感。此外,教师要激励学生维持语文学习的兴趣与动力,通过及时反馈增强学生的自信心;指导他们建立学习共同体,在学习过程中相互支持,促进他们之间的互动。

2.维持小学生不懈努力的奋斗情趣

在小学语文学习过程中,教师应当通过积极的言语和行为来激励学生。这

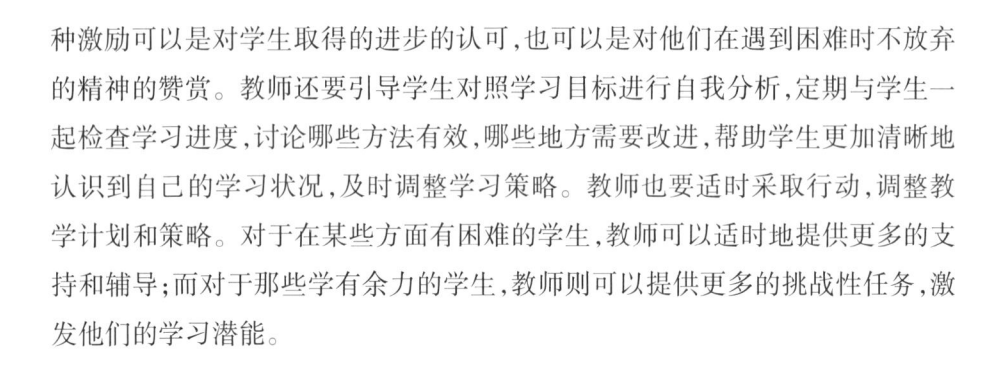

种激励可以是对学生取得的进步的认可,也可以是对他们在遇到困难时不放弃的精神的赞赏。教师还要引导学生对照学习目标进行自我分析,定期与学生一起检查学习进度,讨论哪些方法有效,哪些地方需要改进,帮助学生更加清晰地认识到自己的学习状况,及时调整学习策略。教师也要适时采取行动,调整教学计划和策略。对于在某些方面有困难的学生,教师可以适时地提供更多的支持和辅导;而对于那些学有余力的学生,教师则可以提供更多的挑战性任务,激发他们的学习潜能。

3.让小学生感悟达成目标之后的成就志趣

教师要引导学生在实现每个学习目标之后,都进行深刻的反思。这种反思不是简单的回顾,而是要让学生深入思考自己实现目标过程中的心路历程。从立定志向开始,到坚持奋斗,再到达成志向,每一个阶段都蕴含着丰富的情感和经验。通过反思,学生可以更加清晰地认识到自己的成长轨迹,感受到自己在学习中的努力和付出。教师还要帮助学生总结成功的经验。这些经验是学生在学习和生活中积累的宝贵财富,它们将成为学生继续前进的动力。通过总结经验,学生可以更加明确地知道自己在学习中的优势和不足,从而在未来的学习中有针对性地进行改进和提升。

教师也要引导学生感悟自己朝着目标前进过程中的奋斗情趣。学习并不是枯燥无味的事情,而是充满挑战和乐趣。通过奋斗,学生可以体验到克服困难的喜悦,感受到不断进步的成就感。这种奋斗情趣将激发学生的学习热情,让他们更加积极地投入到学习中去。

教师还要引导学生体验达成目标之后的成就志趣。当学生实现了一个学习目标后,他们就会感到一种强烈的成就感和自豪感。这种成就志趣将激励学生继续追求更高的目标,不断挑战自我,超越自我。通过不断的努力和奋斗,学生将逐渐形成积极向上的人生态度。

二 全面鼓励策略

在语文学习过程中,教师要发挥正面教育的作用,积极鼓励所有小学生大胆想象,勇于创新。教师要激发小学生的积极心理,使他们保持愉悦向上的状态,把语文学习尤其是带有高阶思维任务的学习活动推进到更高的层次。每一位学生的创造能力不同,创造成果的先后、大小也不同。对于小学生来说,更重要的是保持他们勇于创新、乐于创新的积极心理。基于对每位学生的尊重和期待,悦语文教学倡导,既要积极鼓励善于创造且有所成就的学生,也要鼓励暂无成果但坚持努力的学生。

(一)肯定并欣赏每一位学生独有的创造价值

在小学语文学习中,教师所营造的学习环境对于培养学生的创造力至关重要。小学生正处于个性和能力快速发展的阶段,他们对教师的评价十分敏感。及时、有效的肯定不仅能增强学生的自信心,还能激发他们持续探索的热情。

1.创造多元而积极的学习环境

教师在课堂上创造多元化的学习环境,让学生有机会在不同的语境中学习和表达,可以激发他们的创造力和想象力。教师要鼓励学生积极参与课堂活动,发表自己的观点和想法。在课堂上,每个学生都有机会表达自己的意见,无论他们来自何种文化背景,具有何种学习能力。这样的做法不仅能增强学生的自信心,还能促进他们之间的交流和合作,从而形成一个互相尊重和支持的学习社区。教师还可以设立多样化、多层级的奖励机制,以表彰那些在学习中付出努力并且表现出创造力的学生。例如,在语文学科中,可以设置听、说、读、写、思各个领域的奖励机制,还可以设立"一周之星"来表彰在各个领域表现突出的学生。这样的奖励机制不仅可以激励学生努力学习,还能让他们感受到自己的进步。

2.提供具体的和个性化的正面反馈

当学生在语文学习中产生创新的思考或获得创新性的成果时,教师应立即给予正面反馈。这种反馈可以是口头赞扬,也可以是书面评语,或者是班级分享。例如,口头赞扬"你的想法很有创意,我很欣赏你的思考方式",书面评语"对中心句的理解非常深刻,你的分析角度很独特",等等。教师应根据学生的个性特点,给予个性化的反馈。思维是高度个性化的,受思想观念、教育环境、家庭环境等多种因素的影响。教师要立足学生的角度去看待他们的思想,尊重学生的个性表达,促进学生的思维发展①。个性化反馈不仅能让学生感到被关注和重视,还能帮助他们更好地发挥自己的优势。

教师在给予正面反馈的同时,也必须适当地提出建议和期望,让学生知道自己还有提升的空间,激励他们继续努力。例如,教师可以说"你的故事写得很好,但如果你能再加一些细节描写,那就更完美了"或者"你的书写已经很好了,但如果你能再注意一下字的间距,就更好了"。这样的建议既能让学生知道自己的优点,也能让他们明白自己需要改进的地方。

3.延伸正面评价反馈的长度、宽度和温度

让小学生受表扬的时间周期长一些,被传扬的空间广一些,表扬的具体措施"暖"一些。教师可以为那些在学习中积极努力的学生提供持续深入学习的机会,如参加写作俱乐部、诗歌朗诵会等;可以将学生的创新作品、创造精神展示给全班或全校同学,甚至展示给家长和社区;还可以教会学生进行自我评价和反思,使他们因创新素养得到提升而感到自豪。

延伸正面评价反馈的长度有两重含义。其一,教师要持续关注学生的进步,并及时给予肯定。不能仅仅在学生取得显著成绩时才给予表扬,只要他们在日常学习中表现出积极努力,就要及时给予鼓励。例如,一个学生在学习上遇到困难,但他坚持不懈地努力学习,教师应及时捕捉到这种情况,通过正面评价来强化学生的行为,让他们感受到自己的努力是被看见和认可的。其二,教师要创设条件,让学生被表扬这一事件的影响时间延续得更长一些,以强化学生学习语文的主动性和积极性。

拓宽正面评价反馈的"宽度"要求教师将学生的优异表现传播得更广。这不仅包括在班级内部进行表扬,也可以利用学校的各种平台,如晨会、校报、校园广播等,将学生的优秀事迹公之于众。此外,教师还可以通过家长会、社区活动等,向家长和社区成员展示学生的成就,让学生的努力得到更广泛的认可。在数字化时代,教师甚至可以通过网络平台,如学校的网站或社交媒体账号,将学生的创新作品和创造精神展示给更多人,让赞誉之声传遍每个角落。

提升正面评价反馈的"温度"要求教师在表扬学生时更加用心和细致,不是简单地说一句"你做得很好",而是要具体指出学生在哪些方面做得好,为什么

---

① 鄢敏霞.重视课堂教学评价 提高语文教学效果[J].成才之路,2021(9):126-127.

值得表扬。同时,表扬和表彰的形式既要公平、公正、公开,也要充分尊重学生的个体需求,要考虑到学生希望以什么样的方式被表扬。在此基础上,教师还应该教会学生如何进行自我评价和反思,引导他们认识到努力的价值,从而培养起对自我成就的自豪感。例如,当学生完成了一项创造性的任务时,教师可以详细分析他们的作品,指出其中的创新点和亮点,让学生明白自己的努力方向正确且富有意义。

(二)包容并期待每一位需要被肯定的学生

在小学语文教学中,面对学习成效不高的学生,教师要采取更加耐心和细致的教学策略。这些学生可能因为各种原因在学习上遇到了障碍,需要教师的额外关注和支持。

1.真诚关注并了解学生在学习上的具体困难

这是教师的重要职责,要通过观察、交流和测试等方式,了解学生在学习上遇到的具体问题(包括阅读障碍、写作困难、注意力不集中等),发现每位小学生学习的难点、痛点及其原因,做小学生学习的知情人、知心人。

教师在日常教学中,要善于通过持续观察来发现学生在学习上的难点。在课堂上,教师要关注学生的面部表情、肢体语言和反应速度。例如,当学生面对阅读材料时,他们是否表现出困惑、犹豫或焦虑的情绪?在写作任务中,他们是否频繁停顿、涂改,无法组织思路?这些观察结果可以帮助我们初步判断学生在学习中可能遇到的问题。

与学生进行深入的交流也是了解他们的学习困难的重要途径。教师可以与学生进行一对一的谈话,询问他们在学习过程中的感受和困惑。通过倾听学生的心声,教师可以了解到他们在学习上遇到的具体问题。教师还可以通过与家长的交流,了解学生在家庭中的学习情况和可能存在的问题。

测试也是了解学生学习困难的有效手段。通过定期的测试,教师可以客观地评估学生在各个领域的掌握程度和学习难点。测试结果不仅可以帮助我们发现学生在学习上的难点,还可以为制订个性化的教学计划提供依据。

在了解了学生的具体困难后,教师需要进一步分析这些难点和痛点背后的原因。这可能涉及学生的学习习惯、认知能力、情绪状态等多个方面。例如,阅读障碍的原因可能是学生的视觉处理能力不足或语言理解能力较弱;写作困难的原因可能是学生的思维组织能力不强或写作素材有限;注意力不集中的原因可能是学生的学习环境不佳或情绪波动较大。通过深入分析这些原因,我们可以更好地理解学生的学习困难,为他们提供更有效的支持和帮助。

悦语文教学认为,教师应以真诚的态度对待每一位学生,关心他们的成长和发展。我们要相信,每一位学生都有能力克服学习上的困难,只要我们给予他们足够的支持和引导,他们一定能够在学习的道路上取得进步和成功。

2.据实设计并陪伴学生完成个性化的成长规划

教师要引导小学生根据自身的具体情况,制订个性化的成长规划,提高学习目标的可达成度,并耐心地陪伴学生完成规划。这包括为学生提供不同层次的学习材料、给予适量的家庭练习作业、调整教学方法、增加一对一辅导的时间和频率等。

为了提高学生学习目标的达成度,教师应当提供不同层次的学习材料。学习目标和练习题应当有难易之分,以适应不同学生的学习能力。对于基础薄弱的学生,应该从简单的识字、朗读任务开始,逐步过渡到更复杂的阅读理解和写作训练。这种循序渐进的方式有助于学生建立学习信心,也能够保证他们在掌握基础知识的同时,不断挑战自我,提升能力。

布置家庭作业也是一个关键环节。"双减"背景下,作业既是减负增效的突破口,又是教育高质量发展的关键因素之一。家庭作业应当考虑到学生的实际承受能力,确保既能够帮助学生复习和巩固所学内容,又不至于成为他们的过重负担。此外,作业的形式也可以多样化,比如加入阅读、绘画、讲故事等,激发学生的学习兴趣,让他们在轻松愉快的氛围中完成作业。

增加一对一辅导的时间和频率也是非常必要的。在一对一辅导中,教师可以更加精准地针对学生的薄弱环节进行指导,帮助他们解决具体的学习难题。同时,这种个别化的指导也能够让学生感受到教师的关心和支持,从而增强他们的学习动力。

3.全面建设基于小学生个体特点的支撑性学习评价体系

基于小学生个体特点的支撑性学习评价体系的核心,在于理解和尊重每个学生的个体差异。每个学生都有自己独特的学习风格、兴趣点和能力水平。因此,评价体系不能一刀切,而应该根据每个学生的实际情况来设计。这样的评价体系能够更准确地反映学生的学习成效,同时为教师提供更有针对性的教学指导。对于那些学习成效不高的学生来说,他们更需要来自各方面的正面支持和鼓励。这些支持不仅来自教师,还包括同伴、家长乃至整个社会。教师在这个过程中起着桥梁的作用,与家长、社区一起,共同为学生创造积极向上的学习环境。

20世纪90年代,西方基础教育改革提出了"促进学习的评价"的理念和方法,阐明了教育评价的核心目的,即评价是为了了解学生的学习进展,旨在诊断与发现学习中的问题,从而引导学生朝着预期目标前进。教师可以采取多种方式,及时给予学生表扬和肯定。教师可以采用班级表扬,让全班同学共同见证学生的进步;可以采用学校表彰,让整个学校都成为学生成长的见证者;也可以采用家长肯定,让家庭成为学生坚实的后盾;还可以采用社区认同,让学生感受到社会的温暖和支持。这些表扬方式不仅能够激励学生继续努力,还能够帮助他们建立积极的自我形象。当学生意识到自己的努力得到了认可,他们就会更加积极地学习,形成良性循环。在这个过程中,教师的态度和方法至关重要。他们需要保持耐心和细致,用心去发现每个学生的独特之处。教师也要不断学习和更新自己的教学方法,以适应不断变化的教育需求。

三 全人悦纳策略

在教育教学中,教师对学生的学习行为(包含过程和结果)和个性品质等方面的全面悦纳,是一种积极的教育策略。它要求教师不仅要关注学生的学业成绩,还要关注他们的学习过程、情感体验和个人发展。教师全面悦纳学生的意义,在于能够促进学生积极参与学习活动,营造积极的学习环境。教师长期以全面悦纳的心态面对学生,才能教会学生悦纳自己,悦纳别人,悦纳自然和社会,成为散发着"悦"光彩的新时代人才。

(一)全面接纳小学生的语文学习过程

悦语文教学强调教师要用欣赏的目光,接纳小学生语文学习的全过程,接纳、肯定并切实指导学生完成制订学习计划、选择学习方法、投入课堂教学、落实课后温习等学习活动,帮助学生建立自信,维持学习兴趣,培养良好的学习习惯和自主学习能力。

1.切实指导并引领学生选择学习方法

在根据学生的学习特点和课程要求引导学生制订学习计划后,教师要切实指导学生选择学习方法。叶圣陶说过,语文教学成功与否,要看学生最终能否离开教师自己读书、作文。合适的学习方法对于提高学习效率至关重要。教师可以展示多种学习方法,如图表总结、故事串联、角色扮演等,鼓励学生尝试并找到最适合自己的方法。教师要关注学生的学习过程,根据学生的反馈,及时帮助他们调整学习方法。教师还要促进学生之间的交流,让他们互相讨论各种学习方法的优劣,并逐步完善自己的学习方法。

2.全面引导并带领学生投入课堂学习过程

课堂参与是学习过程中的重要环节。教师在课堂上对学生的积极参与要给予正面反馈和奖励,增强他们的自信心和积极性;要设计互动和合作学习的环节,让每个学生都有机会参与到课堂活动中。教师尤其要留意经常不参与的学生,通过个别指导或小组活动的方式鼓励他们发言。

3.有效落实并提升学生课后温习的质量

课后温习是巩固知识的关键步骤。对于语文学习而言,"工夫在诗外"是十分精准的表述。教师要明确告知学生课后温习的重要性,并提供有效的温习策略;要通过小测验或其他形式的知识检测,促使学生进行有规律的复习。教师还要与家长积极沟通,鼓励家长参与监督孩子的课后温习。

(二)全面接纳小学生语文学习各个方面的成果

小学生的学习成果,除了成绩之外,还有更多的形式和内容,例如语文学科学习成果(以文化自信、语言运用、思维能力、审美创造等核心素养为主要表征)、跨学科学习成果(和语文相关的跨学科学习,以及在语文学习中形成的品德修养和情感态度价值观)等。教师全面接纳小学生各个方面的学习成果,才能培育出阳光自信、面向未来的少年。

1.语文学科学习成果

教师要悦纳小学生在文化自信方面的学习成果,包括对我国悠久的历史、丰富的文化遗产以及独特的传统习俗有了更加全面的认识;对中华文化的品位产生了强烈的认同,欣赏和热爱那些具有中国特色的文化元素,如书法、绘画、音乐、舞蹈等;乐于参与各种文化活动,无论学校的文化节、社区的传统庆典还是家庭的节日聚会,乐于展示自己的才艺和对文化的热爱;积极参加并努力推动中华文化创新的行动;勇于尝试将传统文化与现代元素相结合,创作出新颖独特的作品。作为教师,我们要全面接纳学生在这些方面的学习成果。

教师也要悦纳小学生在语言运用方面的学习成果,主要包括掌握基本的词汇和语法知识,这是语言运用的基础;具备一定的阅读理解能力,能够理解和分析文章的主旨和细节信息;具备一定的口语交际能力,能够与他人进行有效的沟通和交流;形成一定的表达能力,能够清晰、准确地表达自己的思想和观点。教师要对学生的语言学习进行全面的评价,不仅要看他们的考试成绩,还要看他们的实际应用能力。教师要根据学生的个体差异,提供个性化的指导和帮助,给予学生充分的鼓励和支持,帮助他们建立自信。

在小学阶段,学生的思维能力发展是学习成果的关键因素,包括在逻辑思维方面取得显著进步,能够理解和运用基本的逻辑关系,如因果关系、转折关系、顺承关系等;在创造性思维方面也有所突破,能够提出一些独特的想法和解决问题的方法;在批判性思维方面有一定进步,能够对信息进行评估和判断,辨别真伪和可信度,并提出问题;能寻找证据来支持或反驳相关的观点。教师对小学生在上述方面取得的成果,哪怕只是极其微小的一点,都要及时肯定,并针对具体情况帮助他们改进思维方法,提高思维能力。

小学生在语文学习中的审美创造成果,主要包括对美的感知能力(学生能够通过阅读文学作品,感受到文字所传达的美,包括语言的韵律美、形象的生动美以及情感的真挚美)、审美想象力(在欣赏文学作品的过程中,学生能够借助丰富的想象力,将文字转化为内心的画面,构建起自己独特的审美世界)、美的创造力(学生在学习中不仅能够理解和欣赏美,还能够尝试用自己的语言去创作,表达个人的情感和想象)、审美评价能力(学生能够对不同的文学作品进行比较和评价,形成自己的审美标准和偏好)等方面的发展。

2.跨学科学习成果

除了语文学科核心素养四个领域的学习成果之外,教师还应该关注小学生在和语文相关的学科上取得的成果并予以肯定。在当今教育领域,跨学科学习已成为一种重要的教学方式。它不仅能够培养学生的综合素质,还能够提高他们的学习兴趣和动力。特别是在语文教学中,跨学科学习的成果更是丰富多彩,涵盖了多个方面。比如跨学科阅读,通过与数学、科学、美术、音乐等学科的结合,学生可以接触到更多的文学作品和非虚构类文本;又如跨学科写作,运用不同学科、不同领域的知识和技能进行习作表达;再如跨学科口语表达和交流,结合其他学科的知识和逻辑等在课堂上进行讨论。

(三)以终身发展的目光接纳全体小学生

世界上没有两片完全相同的叶子。每位小学生都是独一无二的个体,他们各自拥有独特的性格、兴趣和潜力,都值得教师去发现、去培养。"合抱之木,生于毫末;九层之台,起于累土",在中小学语文教育中,教师所做的一切,都必须深思熟虑,为儿童的终身发展做好奠基[①]。教师应该以终身发展的目光,欣赏、接纳全体小学生,不仅关注他们的语文学习,更要注重他们的全面发展。

悦语文教学认为,身心、亲情、为人、做事、学问等诸多方面的综合发展,是小学生得以立身的重要根基,值得包括语文老师在内的所有老师重视。除了语文学习之外,小学生们也需要在其他方面得到培养和发展。例如,强健的体魄、阳光的心态是小学生立身之本,体育、文娱活动可以锻炼他们的身心,提高素质。语文教师在此方面也应积极作为,除了身先垂范之外,也可在运动、心理、健康等题材的书籍阅读方面下功夫。又如,社会实践可以增强小学生的解决问题能力、团队合作精神和社会责任感,语文教师应该结合教学搭建实践平台,创造实践机会,保障实践时空,延展实践深度。总之,教师应该为学生提供多样化的学习机会,让他们在学习中实现全面发展。

当下,教师还应该特别关注小学生的心理健康。随着社会的发展,竞争压力越来越大,小学生面临着各种心理压力和困扰。教师应该成为他们的良师益友,倾听他们的心声,给予他们积极的心理支持和指导。例如,当学生遇到困难时,教师可以鼓励他们相信自己的能力;当学生感到焦虑或沮丧时,教师可以进行安慰,帮助他们调整心态。

每位小学生都可以也应该成为健康自由的社会公民。教师应该以终身发展的目光欣赏、接纳他们,并关注他们的全面发展。通过个性化的教学方法、多样化的学习机会、综合素质的培养、心理健康的关注以及与家长的合作,教师可以帮助小学生实现自身潜力的挖掘与发展,让他们成为最好的自己。

[①] 王筱菲.小学语文教育对学生终身发展的作用[J].中外交流,2017(3):239.

第二节 "三调"策略——悦语文教学课堂实施策略

在教学实施的具体策略上,悦语文教学依据过程最优化原则,在教学的各个环节采取了"三调"策略——调整状态、调控过程和调谐评价。

一 调整状态策略

(一)唤醒期待

不论新学期、新单元还是新任务、新课堂的起始阶段,教师都要通过各种方法,积极唤醒小学生对下一阶段学习活动的期待,做好相应的心理准备。在小学语文学习的起始阶段,教师的任务之一就是唤醒学生对新学期、新课程的期待。这种心理预期的激发,对于学生积极参与整个学习过程至关重要。那么,教师如何激发学生的兴趣和期待呢?

1.情境体验激发

小学语文教学情境的类型相当广泛,包括知识建构情境、学科学习情境、真实学习情境、交际角色情境等。悦语文教学倡导教师灵活、充分地创设情境,并通过情境体验的方式,激发小学生对语文学习的期待。

知识建构情境将学生置于一定的生活情境中,让他们从具体的生活现象中抽象出语文知识。比如在教授《爬山虎的脚》一课时,教师可以让学生回忆生活中是否见过爬山虎,是否观察过爬山虎的"脚",由此引入课文内容,使学生在生活中感悟语文,提升学生的学习能力。

学科学习情境则是教师通过对生活逻辑和学科逻辑的有效转化,建立一种新的学习逻辑。学生在真实情境下,为掌握学习内容的真实意义和价值而进行语言实践。例如,在学习民间故事时,教师通过创设"争当民间故事传承人"的教学情境,激发学生创造性复述课文的兴趣。

真实学习情境强调的是在真实的实践活动中促进学生综合素养的发展。例如,通过让高年级学生执行"小老师"任务,给低年级的学生讲述民间故事,使其在实践中提高表达能力;又如,在教授《海滨小城》时,创设"小导游"的情境,让学生带领游客领略海滨小城的干净美丽,提升情感体验能力。

交际角色情境要求教师通过教科书中的口语交际和习作部分,创设与学生生活密切相关的情境,让学生模拟角色的语言、动作和情感来进行学习,增强学生的表达能力和批判性思维,从而在实践中提高语言表达能力。

《义务教育课程方案(2022年版)》中提出,要注重培养学生在真实情境中综合运用知识解决问题的能力。在创设情境的过程中,悦语文教学坚持三个原则:一是情境的必要性,即情境的设置必须服务于教学目的,不能为了创设情境而创设情境;二是情境的适切性,即情境的设置必须依据本班学生的特质和教材的特点,立足小学生核心素养发展的需求,在内容和形式上做到科学合宜;三是情境的可操作性,即情境的设置和实施必须充分考虑所在区域、学校、班级以及教师个人的实际情况,做到便于操作,易于实现。

《义务教育语文课程标准(2022年版)》提出,要创设真实而富有意义的学习情境,凸显语义学习的实践性。因此,在设计语文教学活动前,教师需要先明确教学目标,再根据这些目标来创设相应的情境。例如,如果教学目标是让学生理解古诗文的意境,那么教师可以创设一个模拟唐朝文人聚会的情境,让学生通过角色扮演、古风音乐和装饰等元素,身临其境地感受诗文背后的文化和情感。这样的情境不仅服务于教学目的,而且能够增强学生的学习兴趣。

其次,教师必须考虑情境的适切性。情境的设计必须基于学生的特质和教材的特点。对于低年级的学生,可以设计一些简单、有趣、互动性强的情境,如童话角色扮演、绘本故事再现等;对于高年级学生,则可以设计一些更具挑战性的情境,如辩论会、戏剧表演等。同时,情境的内容应与教材紧密相关,确保学生在情境中能够自然而然地联系课文内容,从而达到深化理解的效果。

在情境可操作性的考量上,教师需要考虑学校的实际条件,包括场地、设施、时间和自身能力等因素。如果学校资源有限,可以设计一些不需要复杂道具和场景的情境,如利用多媒体设备展示背景图片,或者通过讲故事的方式营造氛围。情境应该简洁明了,易于操作,确保每个学生都能参与其中。

比如,教学关于春天主题的课文,我们可以根据上述原则设计以下情境体验活动:为了让学生感受春天的气息,理解课文中的描写,教师决定开展"春日游园会"。为确保"春日游园会"的活动简单易行,不增加额外的资金支出,教师可以利用学校现有的资源如操场、花园等,进行户外教学;或者在教室内创设氛围,比如,在教室里挂上描绘春天的图片,播放鸟鸣声,甚至可以让每个学生带一些与春天相关的物品,如花朵、小动物模型等,创设"春日游园会"的情境,让学生在模拟的春日环境中学习。通过这样的情境体验活动,学生不仅能够在愉悦的氛围中学习语文,还能够更好地理解和记忆课文内容,从而提高他们的语文学习期待。教师在实施过程中要注意观察学生的反应,及时调整情境设置,确保活动的有效性和教学目标的实现。

2.目标愿景引路

奋斗目标能够引领学生不断克服惰性,坚持有效学习。因此,教师要做好三件事来唤醒儿童:一是在学期开始或者每堂课开始时,向学生明确地传达学习目标和期望,并让学生知道这些学习目标对他们成长的益处;二是向学生展示他们的学习如何在生活中发挥作用;三是帮助他们勾画新学期的学习蓝图。

教师要将学习内容与实际生活联系起来,让学生看到学习内容在生活中的应用及其能够产生的价值。教师可以通过案例分析、实地考察、实验操作等方式,让学生亲身体验学习内容的应用,从而增强他们的学习动力。教师还可以鼓励学生参与实践活动,如社区语言文字工作服务、科学实验中的语用实践等,让他们在实践中学习,从而更好地理解和应用所学知识。

教师还要帮助学生勾画新学期的学习蓝图。教师要时刻关注学生的学习进展和成就,并及时给予肯定和鼓励。特别是在每学期的起点,教师要通过适当的形式,告知学生在语文学习方面已经取得的成绩,以及未来学习发展的可能性。

3.个性化设计学习

儿童个性化地参与学习活动,是他们持续投入语文学习的重要因素。究其原因,一是每位小学生对学习活动的认知各不相同,只有充分尊重他们的不同兴趣和需求,尽可能地将这些个性化的信息融入教学中,才能让学生感到被尊重,从而产生主动学习的心理;二是只有当儿童带着鲜明的个性参与语文学习活动时,语文课堂才能迸发出异彩纷呈的光芒,才能够为全体学生思想和行动的碰撞提供有趣的平台。因此,教师在设计小学语文教学活动时,要充分考虑小学生的兴趣和需求,让学生感到自己被尊重;还应该邀请学生参与课程的设计,让他们提出想要学习的内容或者想要参加的活动,这种参与感可以增强他们的责任感和期待感。为了实现这一目标,教师在设计小学语文教学活动时应邀请学生参与,让学生真正成为学习的主人。这种参与不仅可以增强学生的责任感,还能让他们对学习充满期待和热情。

4.营造学习环境

和谐愉悦的气氛,充满探索的过程,有利于促进学生的兴趣、才能、气质和性格的形成[①]。安全、稳定且温馨的学习环境对于小学生的语文学习至关重要。它能够让学生在安心、开心的氛围中学习,并对语文学习活动充满期待。为了创造这样的环境,教师需要从多个方面进行统筹考虑。

安全性包括物理安全和心理安全两个方面。物理安全指教室设施的安全,如桌椅的稳定性、教室内无危险物品等;心理安全则是指学生在学习过程中不会受到来自同学或教师的负面评价或嘲笑。

稳定的学习环境意味着学习活动要有明确的规律和节奏,让学生知道什么时候该做什么,从而形成良好的学习习惯。同时,稳定的学习环境也要求教师在教学过程中保持一致性,避免频繁更换教学方法或内容,以免让学生感到困惑。

温馨的教室环境,要求教师使用亲切的语言和表情等营造出让学生感到舒适和愉悦的氛围。在这样的环境中,学生更容易产生对学习的热爱和兴趣。

除了以上因素外,教师的热情和能量也是影响学习环境的重要因素。充满热情和能量的教师能够激发学生的学习兴趣,让他们对语文学习充满期待。因此,教师应该时刻保持积极的态度和高昂的情绪,用自己的热情感染学生。

另外,学生自己营造的学习环境——学习社区也非常重要。教师应该鼓励学生建立以理解和欣赏为基础的班级社区,让每个学生都成为班级社区的一部分。在这样的社区中,学生相互帮助、共同进步,形成良好的学习氛围。

家长的理解、支持和肯定也是小学生学习的坚强后盾。教师可以通过与家长沟通,让家长了解即将开始的学习内容,鼓励他们与孩子一起参与学习活动。这样不仅能够让家长更好地了解孩子的学习情况,还能够让孩子感受到家长的尊重、理解和信任,从而增强学习动力。

---

① 吴改军.为学生营造和谐的学习环境[J].教育论坛,2005(4):26-27.

对于未知世界的好奇心和探索欲望是维持小学生学习活动的初始动力。掌握进入未知世界大门的钥匙,是小学生开展学习活动的目标追求。对于具体课堂教学而言,唤醒期待是一个十分必要的环节。在每节语文课开始前,教师要唤醒学生的心理期待,这是激发学生学习热情并保持课堂积极性的关键步骤。教师唤醒学生心理期待的方法主要有以下几种:

第一,巧用预告与启发。

电视连续剧之所以能够引人入胜,其奥秘往往在于片尾或者开播之前的剧情预告中,看似不经意间流露出的后续剧情扣人心弦。这种手段在小学生语文学习中具有借鉴意义。教师可以巧妙地运用这种手段,在前一节课结束时,通过恰当的方式提前告知学生下一节课的主题,激起他们的好奇心和期待感。教师可以通过预留启发性问题,激发学生的好奇心和求知欲。这些问题,可以是关于课文内容的思考题、语言表达的练习题,也可以是对某个词语的理解题。通过这种方式,学生在课后会主动思考和探索,对下一节课的内容产生浓厚的兴趣。

教师也可以通过预学新技巧的方式,让学生提前了解下一节课将要运用到的学习技巧,并锁定学习重点,对即将学习的内容有初步的了解。在学习新的知识点时,教师即可带领学生使用预学过的技巧,让他们在学习过程中更快更好地理解和掌握新知识,在提高学习效率的同时,也增强了学生学习的信心。

教师还可以利用多媒体教学资源来激发学生的学习兴趣。例如,在一节课结束时,教师可以播放与下一节课主题相关的视频或展示一些图片资料。这些多媒体资源能够引起学生的好奇心,增强他们对下一节课内容的期待感。

第二,制造悬念与变化。

电影中常常使用悬念来保持观众对剧情发展的推测和期待,编剧也常常在剧情设计中运用各种方法来让观众感受急转直下的变化之感。这种技巧不仅适用于电影制作,也可以应用到小学语文教学中。作为教师,我们应该善于利用制造悬念、创造变化等手法,提升小学生对下一步学习的期待值,使他们更高效地投入学习活动中。

制造悬念是激发学生兴趣的关键。在学习课文之前,我们可以提出引人入胜的问题,让学生产生好奇心和探索欲望,然后告诉小学生,答案就在本篇课文之中。例如,在教授《"诺曼底号"遇难记》时,我们可以先向学生介绍主人公面临的困境和挑战,然后告诉他们答案将在下一节课揭晓。这样一来,学生们就会迫不及待地想要了解故事的结局,从而更加专注地投入到学习中去。

创造变化也是提高教学效果的重要手段。使用不同的教学活动和方法,可以让学生感到新鲜和有趣,从而增加他们对学习的热情。例如,在教授《松鼠》时,我们可以组织小组讨论,让每个小组对文中松鼠的各个方面进行探究,并分享他们的发现。

另外,我们还可以进行角色扮演或群体游戏等活动,让学生在轻松愉快的氛围中学习和掌握知识。举例来说,在教授《将相和》时,我们可以设计一个角色扮演的活动,将学生分成几个小组,每个小组扮演其中某个人物,通过查阅资料和讨论,准备一个简短的演讲来介绍这个人物的生平和成就。这样的活动不仅能够让学生更好地理解历史人物的背景和贡献,还能够培养他们的表达能力和团队合作精神。

可以变换的教学方法还有很多,诸如利用多媒体工具(播放与课文内容相关的短片或动画,创造视觉上的悬念和变化以吸引学生的注意力;播放课文有声读物,让学生闭眼聆听,通过声音的变化感受故事的起伏)、运用实物展示(展示与课文内容相关的特定物品,让学生亲眼观察,增加学习的直观性)、实验(设计与科学类课文相关的简单实验,让学生亲手操作,体验科学原理,增加学习的互动性)等。

第三,相机导学与致用。

对于小学生而言,学习的目的往往是模糊不清、变换不定的。因此,教师要选择合适的时机和恰当的方式,结合具体的教学内容,引导学生把学习目标和未来人生图景(包括学习、生活、工作等)联系起来。这样,学生就能够明白当下的语文课堂学习在将来能够运用的各种场景,而且能够为他们带来成就和幸福。这样的认识将激发他们为未来而学、向未来进发的兴趣和雄心。

教师要善于把具体的语文课堂学习目标与学生未来的学习和生活结合起来,并用适宜的方式告知小学生。教师要深入了解每个学生的兴趣和需求,并根据这些信息来设计教学内容和方法。通过这种方式,学生能够意识到语文学习不仅仅是为了考出好成绩,更是与他们的未来学习和职业发展密切相关。

教师还要善于建立课内外联系,将即将学习的语文课程内容与学生的日常生活或他们感兴趣的话题联系起来。这可以通过引入生动有趣的案例、实例或者与学生的生活经验相关的讨论来实现。例如,在学习关于环保的文章时,教师可以引导学生讨论他们所在社区的环境问题,并鼓励他们提出解决方案。这样的教学方式不仅能够增强学生对知识的理解和记忆,还能够培养他们的批判性思维和解决问题的能力。

(二)驱除负能

在小学语文教学中,教师的角色不仅是知识的传递者,更是学生情感和心理的引导者。与唤醒期待相对应的则是教师要积极利用各种办法,努力驱除存在于小学生心中关于语文学习的负面能量,包括对既往学习经验中的不愉快乃至痛苦的记忆、感受,也包括他们对未来学习活动的担心、恐惧甚至由此产生的抗拒、逃避等心理。这些情绪如果不加以解决,将会影响他们的学习动力和效果。因此,在小学语文教学中,教师要从环境创设、人为干预以及机制建设三个方面入手来破解这一难题。

1.环境创设

悦语文教学认为,环境对人的影响是巨大的。为了消除部分小学生固有的负面认知经验及错误预期,改变环境是十分重要的举措。

最为简单且具有实效的就是改造教室环境。对于小学生而言,教室是承载他们学习、生活行为及情感经历的主要空间。他们对过往学习经历的记忆和感受,往往依托于教室空间及其布置。除旧布新,改造教室,可以让小学生获得对校园生活主要空间的新鲜感。这种感觉将会有效驱除之前的负面感受和记忆,从而为他们在之后的学习中产生愉悦的感觉做好物质上的准备。

例如,为了让学生感受到学习语文的乐趣,教师可以带领学生一起布置教室,让学生根据自己的特长,挂上自己最得意的作品。每个作品下面都附上学生的名字和作品简介,不仅美化了教室,也激发了学生的自豪感和参与感。又如,教师可以充分利用墙面展示学生语文学习的进步,可以是柱状图、"红花"园等,让学生看到自己的进步过程,也看到自己的努力被老师和同学认可,从而增强自信心和归属感。再如,学校可以设置一些非正式的阅读环境,提供舒缓的音乐和舒适的坐垫,配备图书、字卡和教育游戏。这个角落可以成为学生自主学习的场所,他们在这里可以自由选择书籍阅读,在放松的环境中享受阅读的愉悦。

变换课堂教学模式也是十分必要的行动。事实证明,不少小学生之所以会有不好的学习体验,往往是因为教师的教学模式过于大众化,而且以单向式、压制型和机械重复的教学模式为主。教师必须改变教学风格,在教学设计中关注个体尤其是存在学习困难的学生的需求,营造民主自由、多向互动、层次分明的学习氛围。

例如,有的学生曾经因为在课堂上朗读不流畅被同学嘲笑,对朗读产生恐惧。教师可以创设一个朗读分享群,定期安排班级的线上分享会,鼓励这些学生在群中相互分享朗诵视频或音频等,然后引导他们逐步由线上展示走向线下展示。这样就可以避免部分小学生最初在课堂上朗读的尴尬,有效减轻他们的课堂学习压力。

2.定"点"干预

在小学语文学习过程中,每位学生或多或少会产生一些不愉快的体验。这些体验可能源于对知识点的困惑、对阅读材料的理解困难,或者是写作时的挫折感。对于大多数学生来说,这些体验可能是暂时的,通过自身的努力和教师的指导,他们能够克服困难,继续前进。然而,对一部分学生来说,这些不愉快的体验可能会转化为严重的受挫经历。这些学生在学习过程中遇到了较大的障碍,导致他们对语文学习产生了畏惧和抵触情绪。在这种情况下,教师的角色变得尤为重要。教师应该格外上心,处处用心,准确捕捉学生的"痛楚点",精心设计"帮扶点",精准实施"增长点"。

首先,教师需要准确捕捉学生的"痛楚点"。教师要深入了解学生的学习情况,发现他们在哪些方面遇到了困难。这需要教师与学生进行一对一的交流,或者通过持续观察学生在课堂上的表现来发现问题。只有找到了问题的根源,教师才能有针对性地帮助学生解决问题。

其次,教师需要精心设计"帮扶点"。在了解了学生的"痛楚点"后,教师应该根据学生的实际情况,设计一系列有针对性的帮扶措施。这些措施包括提供额外的辅导时间、推荐适合学生的阅读材料、调整教学方法等。教师还可以鼓励学生参与课堂讨论,以提高他们的学习积极性和自信心。

最后,教师需要精准实施"增长点"。在设计了帮扶措施后,教师要密切关注学生的进步情况,确保这些措施能够真正帮助学生解决问题。同时,教师还应该关注学生在学习过程中的其他潜在问题,及时调整教学策略,以确保学生能够在语文学习中取得持续的进步。

在这个过程中,教师应该关心学生的情感需求,给予他们足够的关爱和支持。当学生感受到教师的关心时,他们会更愿意向教师敞开心扉,寻求帮助。这样,教师就能够更好地了解学生的需求,为他们提供更有针对性的帮助。

此外,教师还应该关注学生的心理健康状况。对于那些有着较为严重受挫经历的学生,教师应该及时发现他们的心理问题,并采取措施帮助他们恢复信心。教师可以与学校的心理教师合作,为学生提供心理咨询服务;或者组织一些课外活动,让学生在轻松愉快的氛围中释放压力,调整心态。

3.机制建设

有一千个读者就有一千个哈姆雷特。悦语文教学认为,这句话恰恰揭示了一个教育的真理,那就是在评价机制上,我们应该不断地努力再努力,研究再研究,使得我们的评价能够真正全面、准确地为学生的学业质量发展乃至作为"人"的发展画像。在前文我们说过,由于受到"唯试卷""唯考试""唯分数"等评价方式的影响,很多小学生被打上了"拖后腿""差生"等标签。由于他们在考试分数上的落后,教育评价者常常对他们做出全盘否定的评价结论,由此导致他们从学习到生活各个方面的经历和体验都极其糟糕。事实上,"尺有所短,寸有所长",语文成绩再差的学生,在语文学习的某个或者某几个方面也有值得肯定的地方,只不过当下的教育评价还没有或者还没想过从这些方面去评价他们。

所以,作为悦语文教学十分重要的一环,评价机制的改革势在必行。教师应该根据小学生语文学习各方面的实际情况,结合2022版新课标在文化自信、语言运用、思维能力、审美创造等方面设置的相关维度,设计个性化的评价标准,让每位学生的闪光点尽可能被发现;实施体系化的激励机制,让小学生努力的过程能够被直观地呈现出来;建立家校合一的评价组织,让学生不论在学校还是在家中,都能够获得及时的认可,从而为实现学习目标持续努力学习,享受学习带来的乐趣。为此,教师要做到以下几个方面:

首先,教师要设计个性化的评价标准。教师要全面了解每位学生的学习背景、兴趣、学习风格和能力水平,制定出更加符合个体差异的评价标准。

2022版新课标强调了文化自信、语言运用、思维能力和审美创造等维度的重要性。在评价标准的制定中,教师应当将这些维度融入日常的具体评价指标中,运用表现性评价,兼顾总结性评价和过程性评价,构建更加科学的教学评价体系。例如,可以通过学生的古诗文背诵来考查其对中华文化的理解和在文化自信方面的表现;通过日常对话和小组讨论来评估学生的语言运用能力;通过解决实际问题来观察学生的思维能力;通过书写、朗诵、绘画、手工等创造性活动来评价学生的审美创造能力。相较传统教学评价而言,表现性评价不仅注重结果,也注重过程,能够对学生产生更为有效的测试效果,提高教学评价的客观性、真实性和准确性[①]。

采用个性化评价标准的目的,是让每个学生都能在其擅长的领域发光发热。例如,对于在课堂讨论中表现活跃的学生,教师可以设计一些公开演讲或辩论活动,以此来评价和激励他们提高口头表达能力;对于喜欢写作的学生,则可以通过定期的作文比赛或作品展示,来认可他们的写作才能。通过这样的个性化评价,每位学生都能在自己的优势领域得到肯定和发展。

其次,教师要注意实施体系化的激励机制。根据小学生的心理特点,为了激励学生持续努力,教师可以采用多种方式将学生的学习过程以直观的形式呈现出来。例如,教师可以设置"学习进度墙",每位学生都可以在墙上用涂色、贴纸或者小旗标注自己的学习成就。这样不仅能够让学生看到自己的进步,也能激发他们之间的正向竞争。教师可以利用数字化工具如学习管理系统记录学生的每一次作业、测试成绩和参与度,生成可视化的学习报告,让学生和家长都能够清晰地看到学习轨迹。

激励机制应该关注学生的每一点进步,而不仅仅是最终的成绩。教师可以通过设立"周之星""月进步奖"等奖项,表彰那些在学习态度、学习方法或特定技能上有所提高的学生。例如,一个学期内,某位同学的阅读速度从每分钟200字提升到了300字,尽管这个成绩不是全班最高,但他的进步幅度值得表扬。通过这种方式,每个学生的努力都能得到认可,这将增强他们继续前进的动力。

最后,教师要努力建立家校合一的评价组织。家长参与评价时,不仅要关注学生的学习结果,更要关注学生通过学习形成的品质,发挥评价的检查、激励等功能[②]。为此,学校可以定期举办家长会,向家长介绍评价标准和激励机制,确保家长理解并能够在家庭中延续学校的教育理念。例如,如果学校鼓励学生通过阅读来提升自我,家长在家里也应该关注并评价小学生居家期间的阅读内容和形式,与教师共同提高孩子的阅读质量。为确保家校的认可和反馈能促进

---

① 何惠真.新课标导向下小学语文教学评价体系建设[J].教学管理与教育研究,2024(6):54-56.
② 刘焕胜.基于家校共育背景下的小学语文教学策略[J].教育界,2024(14):89-91.

学生积极学习,学校可以通过电子通信平台,如校园网或者专用的家校互动APP,实时更新学生的学习情况,让家长和教师能够第一时间了解到孩子的表现。这样及时迅捷的双向沟通,确保了学生在学校和家中都能获得及时的正面反馈和必要的指导。

家校合一的评价组织还应鼓励学生为自己的学习目标而持续努力。学校可以与家长共同制订学生的学习计划,并定期检查进度,调整目标。例如,某同学近期的学习目标是提高作文能力,学校教师可以提供有针对性的写作指导,家长则可以在家里和孩子一起寻找写作素材,捕捉写作灵感,并鼓励孩子参加校外的写作比赛。通过这种合作,学生能够在追求个人学习目标的过程中感受到来自学校和家庭的双重支持,享受学习带来的乐趣。建立家校共育评价机制,有利于增强评价的科学性和多样性,更好地了解学生的语文学习情况,发现学生在学习语文过程中存在的问题,有针对性地进行调整和完善,从而使家校共育发挥应有的作用,促进学生语文学科核心素养全面发展[1]。

(三)积累良循

在小学语文教学中,情感积累是影响学生学习态度和效果的重要因素。良性的情感积累能够激发学生的学习兴趣,增强学习动力,提高学习效率,并有助于形成积极的人际关系。美好情感的不断积淀和良性循环,能够为小学生形成自由健康、积极向上的学习经历奠定坚实的基础。

1.教师要积极建立健康和谐的师生情感关系

这种关系建立在相互尊重、理解和信任的基础之上。教师要真诚地对待每一位学生,关注他们的感受和需求。教师对学生的真诚关爱是构建和谐师生关系的基石。教师应该展现对学生真切的关心,倾听他们的心声,了解他们的个性和需求。

教师要公平公正地对待学生,避免偏袒和歧视。在处理班级事务和评价学生时,教师必须做到公平公正,避免任何形式的偏袒和歧视。公正的评价体系和奖惩措施能让学生感到每个人都被平等对待,这有助于树立教师的权威和公信力。

教师还要鼓励学生表达自己的想法和情感,并给予积极的回应。教师应当

---

[1] 刘焕胜.基于家校共育背景下的小学语文教学策略[J].教育界,2024(14):89-91.

鼓励学生积极表达自己的感受,这能够增强学生的自信和自我价值感。在教学过程中,教师可以设置开放性问题,鼓励学生发表自己的见解,并对此给予积极的反馈。通过肯定学生的创意和努力,教师能够进一步激发学生的学习热情。定期举行班会或讨论会,让学生在轻松的氛围中分享自己的想法,也是促进师生交流的好方法。

在条件许可的情况下,教师要争取参与学生的活动,与学生共同创造美好的学习回忆。共同的活动能够加深师生间的情感联系。教师可以参与并指导学生的课外活动、社会实践和文体比赛等,与学生一同体验学习的乐趣。在活动中,教师不仅是组织者和裁判,更是参与者和合作伙伴。通过这些共同的经历,师生之间能够建立起深厚的情感。这些美好的回忆将成为学生学习旅程中的宝贵财富。

2.营造立体全面的理解赏识氛围

在小学阶段,语文教学不仅是传授知识的过程,更是情感培养和审美熏陶的重要载体。充满理解与赏识的环境不仅能够激发学生的学习兴趣,还能增强他们的学习动力,并让学生充分感受到学习的乐趣和价值。

好孩子都是夸出来的。这是教育中一个获得普遍认可的原理。悦语文教学认为,教师应该经常表扬学生在语文学习方面的努力和进步。教师应该具有敏锐的观察力,留意学生在学习过程中的每一点进步,无论是阅读理解能力的提升、书写技能的改进,还是文学作品欣赏能力的增强,都值得给予及时的表扬。这种正面的反馈能够鼓励学生保持学习热情,增强自我效能感。

教师还要善于对学生的语文学习成果进行个性化评价。每个学生都有其独特的学习风格和能力水平,因此,教师在评价学生的语文学习成果时,应考虑个体差异,实行个性化评价。这要求教师根据学生的实际情况,设置合理的评价标准和期望值。

提供多样化的语文学习方式是当前语文教师需要研究的一个重要课题。社会发展的多元化带来了人的发展的多样化,不同学生的学习方式也不同。在核心素养培养目标下,语文课堂设计应更多借助实践性、情境化的综合性形式丰富教学形式,以多样化教学提高学生的综合素养[1]。为了满足不同学生的学习需求和偏好,教师可以提供丰富多样的学习活动和资源。如通过小组合作学

---

[1] 陈柄圳.小学语文多样化教学方式实施策略研究[J].天津教育,2023(10):87-88.

习、角色扮演、故事创编等互动形式,增加学习的趣味性,提高学生的参与度。同时,利用多媒体教学工具,如电子白板、学习软件等,为学生提供直观且具有吸引力的学习体验。这些多元化的学习方式能够适应不同学生的学习风格,让每个学生都能在课堂中找到乐趣。丰富多彩的语文课外活动是扩展学生视野、丰富学习体验的重要途径。教师可以组织诗歌朗诵会、故事会、作文竞赛等活动,让学生在轻松愉快的氛围中展示自己的语文才能。通过这些活动,学生不仅可以将课堂所学应用到实践中,还可以与其他同学交流想法,增进彼此的了解和友谊,从而在玩乐中学习,在学习中成长。

3.实施持续稳定的师生情感评价

在小学语文教学过程中,学生的情感状态对学习效果有着不可忽视的影响。为了促进学生的全面发展,教师需要关注学生的情感需求,建立并实施持续且稳定的师生情感评价机制。这样的评价机制能够帮助教师及时了解学生的内心世界,调整教学策略,以更好地满足学生的学习和情感需求。

定期的一对一交流是了解学生情感状态的有效途径。教师可以通过这种方式深入地倾听学生对语文学习的想法和感受,包括他们对课程内容的兴趣、学习中的困惑以及对教学方式的反馈。这种个别交流有助于教师发现每位学生在学习过程中的独特需求,从而提供更为精准的指导和支持。教师还可以通过日常观察和定期的问卷调查来收集学生的情感状态信息。观察可以是非正式的,如注意学生在课堂上的参与度和情绪表现;问卷调查则可以是正式的,如设计专门的情感状态调查问卷,定期让学生填写,以收集系统的反馈信息。

小学生的情感发展应该成为语文教学评价的重要组成部分。教师在评估学生的语文学习成果时,不仅要考虑他们的学业成绩,还要关注他们在情感、态度和价值观方面的发展。例如,评价标准可以包括学生的阅读兴趣、课堂参与度、与同伴的交流合作以及对文学作品的情感反应等。通过综合能力发展评价和情感态度评价,教师可以更全面地了解学生的学习状况,为他们提供更有针对性的指导。同时,这种多元化的评价方式也有助于激发学生的学习兴趣和积极性,促进他们的全面发展。[①]

[①] 袁焕然.以评促优,百花齐放——基于新课标探究小学语文多元化评价方式[J].求知导刊,2024(17):95-97+121.

教师要根据情感反馈调整教学内容和方法。收集到的学生情感状态信息对教师调整教学策略具有重要意义。如果许多学生在某一学习内容上表现出厌倦或困惑，教师就需要调整教学方法，使教学更加生动有趣，或者寻找更好的解释和示例来帮助学生理解。同样，如果学生对某些活动特别感兴趣，教师可以考虑将这些活动作为教学的切入点，以提高学生的学习动力和参与度。

通过定期一对一交流、日常观察、问卷调查以及将情感发展融入教学评价，教师能够全面地了解学生的情感状态，并根据这些信息调整教学内容和方法。这样的评价机制不仅有助于提升学生的学习效果，还能够促进他们情感的健康发展。

4.适时调整必要的师生情感交流

在小学语文教学过程中，教师与学生之间的情感交流是推动学生学习的重要力量。学生的情感状态和学习需求会随着时间的推移而发生变化，教师需要灵活地调整交流的方式和频率，以适应每个学生的发展。这种适应性的调整有助于建立更为默契和谐的师生关系，促进学生的个性化学习。

当学生遇到语文学习困难或情绪波动时，他们就会需要更多的情感支持和鼓励。在这些时候，教师应当增加情感支持和鼓励，包括加强与学生的个别交流，通过倾听他们的困惑和感受，提供有针对性的指导和安慰。例如，教师可以安排额外的辅导时间，帮助学生克服学习障碍，同时通过积极的语言来表达对学生的信任和支持。这种及时的情感支持能够帮助学生重拾信心，激发他们继续前进的动力。对于在语文学习中表现出高度积极性的学生，教师应当创造更多自主学习的机会。这类学生通常具有更强的学习动力和能力，因此，教师可以通过提供更高层次的学习材料、设置更具挑战性的任务或者引导他们参与课堂讨论，满足他们的学习需求。

教师与学生之间的沟通方式对情感交流的效果有着直接的影响。教师应该根据学生的个性和偏好，选择最合适的沟通方式。对于内向或不善言辞的学生，书面留言或电子邮件可能是更有效的沟通方式，这样他们可以有更多时间思考和表达自己的感受。而对于外向的学生，面对面的交流则更加直接和有效。教师可以通过观察和了解学生，选择最佳的沟通途径，确保信息的准确传达和情感的有效交流。

良性的情感积累是小学语文教学中不可或缺的一环,它对学生当前的学习经历及未来的学习活动都具有深远的积极影响。通过建立健康和谐的师生情感关系、营造理解赏识的学习氛围、实施持续稳定的情感评价以及适时调整师生情感交流,教师可以有效地促进学生情感的良性积累,为他们的全面发展奠定坚实的基础。教师的每一个细微动作和每一句温暖的话语,都可能成为学生心中宝贵的情感财富,伴随他们快乐学习,健康成长。

二 调控过程策略

调控过程包括对内容和形式两个方面的调控。

(一)"三化"——悦语文教学在内容上的创新性调节

1.教学内容情境化

如何让小学生乐学爱学?很重要的一点就是教学内容情境化。皮亚杰在认知发展阶段理论中,将儿童的认知发展分成了感知运动阶段、前运算阶段、具体运算阶段和形式运算阶段[1]。小学阶段的儿童处于以形象思维为主的具体运算阶段。形象化和生活化的情境有助于调动学生的积极性,帮助他们借助自己的已有认知和经验来吸收新知识[2]。教师要善于把教学内容转换成适宜且有趣的情境,从而助推小学生语文学习的有效性。在2022版新课标中,教学内容情境化是一个重要的要求。这一要求旨在通过创造丰富有趣的学习情境,让小学生在更加贴近生活、更具趣味性的环境中学习语文,从而提高学习效果和兴趣。

情境化教学的重要性不言而喻。它能够帮助学生更好地理解和吸收知识,因为它能够将抽象的概念与学生的实际生活经验相联系,激发学生的好奇心和探索欲,使他们在学习过程中更加主动和积极。情境化教学还能够培养学生的实践能力和创新思维,为他们未来的学习和生活打下坚实的基础。

创造情境包括故事情境(讲述与课文内容相关的故事吸引学生的注意力,激发他们的想象力和创造力)、生活情境(将学习内容与学生的日常生活联系起来,让学生在实际生活的情境中学习和应用知识)、游戏情境(设计语文游戏和

---

[1] 莱希.心理学导论[M].11版.吴庆麟,等译.上海:上海人民出版社,2017:398.
[2] 李泽龙.小学语文课堂情境化教学的思考[J].小学语文,2024(3):16-19.

活动,让学生在玩乐中学习,提高学习的趣味性和互动性)、探究情境(鼓励学生提出问题,并通过探究来寻找答案,培养他们的独立思考和解决问题的能力)等。

故事情境可以培养学生的想象力和创造力。故事情境通常以生动有趣的故事情节来吸引学生的注意力,让他们沉浸在故事中,从而激发他们的想象力。在故事情境中,教师可以引导学生进行角色扮演,让他们从不同角度思考问题,培养他们的创造力。故事情境还可以帮助学生理解抽象的概念和知识,使他们更轻松地掌握语文知识。此外,教师还可以鼓励学生自己创作与课文相关的故事,进一步培养他们的语言表达能力和创新思维。

游戏情境可以提升学习的趣味性和互动性。游戏情境是指将语文知识融入游戏中,让学生在游戏中学习。例如,在进行拼音教学时,教师可以设计"拼音接龙"游戏,让学生在游戏中练习声母、韵母的组合,同时锻炼他们的反应速度和团队合作能力。这种教学方式可以使学生在轻松愉快的氛围中学习,提高他们的学习兴趣。游戏情境还可以培养学生的团队合作精神和竞争意识,使他们在互动中不断提高自己的语文能力。此外,游戏情境还可以锻炼学生的反应速度和思维敏捷度,为他们今后的学习和生活打下坚实的基础。

生活情境有利于让学生学会将知识应用于实际。"融合生活,激发兴趣"的教育理念在小学语文生活情境教学中扮演着重要角色。小学生的学习兴趣往往与其生活经验、认知水平和年龄特点相关[1]。生活情境是指将语文知识与学生的日常生活相结合,让学生在实际生活中运用所学知识。例如,在学习描写四季变化的课文时,教师可以带领学生走出教室,观察校园中的植物,让学生亲身体验季节的变换,并用自己的语言描述所见、所感。通过这种方式,学生不仅能够更深刻地理解课文内容,还能学会如何将语文知识应用到实际生活中。这样不仅可以提高学生的学习兴趣,还可以帮助他们更好地理解和记忆知识。生活情境还可以培养学生的观察能力和实践能力,使他们能够更好地适应社会生活。

探究情境能够锻炼学生的独立思考和问题解决能力。探究情境是指引导学生对某个问题进行深入探讨和研究,培养他们的独立思考和问题解决能力。在这种情境下,教师可以提出一些具有挑战性的问题,引导学生进行思考和探

---

[1] 邹双双.融合生活 激发兴趣——生活情境教学法在小学语文教学中的应用[J].天津教育.2024(8):122-124.

索。学生可以通过查阅资料、讨论交流等方式,寻找问题的答案。这样不仅可以提高学生的自主学习能力,还可以培养他们的批判性思维和创新能力。探究情境还可以帮助学生树立正确的价值观和人生观,为他们的全面发展奠定基础。例如,在学习古诗《春日》时,教师可以引导学生提出对诗句的疑问:泗水在南宋时期不是已经落入金人之手了吗?朱熹为什么还能到泗水滨去赏春呢?然后组织小组讨论或开展小型研究项目,让学生通过查阅资料、讨论交流等方式,共同探索诗句背后的文化背景和深层含义。这样的探究过程不仅能够增强学生的研究能力,还能够让他们更加深入地理解文学作品。

在实施情境化教学前,教师需要根据教学内容设计合适的情境,准备必要的教学材料和辅助工具。在课堂上,教师应该迅速引导学生进入情境,激发他们的兴趣和参与欲望。在互动交流中,要鼓励学生在情境中自由探索和交流,通过小组讨论或角色扮演等活动提高他们的社交技能。在情境学习结束后,教师应引导学生进行反思和总结,帮助他们巩固所学知识和技能。

当然,创造真实且吸引人的情境可能需要大量的时间和资源。在当下,随着信息化手段的不断创新,教师可以利用多媒体技术来创造虚拟情境,也可以利用学校周边的环境作为现成的教学资源。信息技术的发展给教育教学带来了新的活力,在一定程度上能激发学生的学习兴趣,帮助学生构建有效的学习路径,加深学生对语文知识的理解。教师主动将信息技术融入教学,可以提高课堂教学质量和教学效率[1]。值得一提的是,学生的学习背景和兴趣差异,可能导致他们对同一情境的反应不同。这就要求教师应该了解学生的个性和需求,设计多样化的情境以满足不同学生的需求。

2.教学内容活动化

教学内容活动化要求教师在语文教学过程中,把相关教学内容转化成小学生喜闻乐见的活动,从而激发他们的学习动力,加深小学生对学习内容的认识。在当前的小学语文教学过程中,教师面临着将教学内容以吸引学生的方式呈现出来的挑战。

---

[1] 刘海英.核心素养下小学语文教学与信息技术融合路径[J].天津教育,2024(11):171-173.

为了激发学生的学习动力并加深他们对语文教学内容的认识，教师要灵活运用创意，将传统的教学内容转化为场景新颖、内容精练、形式丰富且指向素养发展的学科实践活动，让学生在实践活动中独立思考、合作探究，发展学生的自主探究能力，激发学生的学习潜能和主观能动性，强化学生的主人翁意识，提高学生的语文综合素养[①]。

（1）场景新颖。在传统的语文教学中，学生往往被限制在教室里，面对枯燥的教材和单一的教学方式，难以产生学习的兴趣和动力。因此，教师要创造新颖的活动场景，让学生在学习过程中感受到新鲜感和趣味性。

例如，教师可以组织学生参观博物馆、游览图书馆等文化场所，让他们亲身感受文学作品背后的历史和文化背景；或者组织户外实地考察，让学生在大自然中体验诗歌中的意境和情感。这样的活动不仅能够拓宽学生的视野，还能够激发他们对语文学习的兴趣和热情。

值得一提的是，日趋发达的多媒体和信息技术的应用可以大大降低创设活动情境的成本，利用视频、音频、动画等多媒体工具甚至AR、VR技术，可以使学习场景更加生动有趣，更加贴近小学生语文学习的实际需求。

（2）内容精练。在设计学科实践活动时，教师需要精心挑选内容，确保活动的精练。这意味着活动内容应该与学生的实际需求和兴趣相符合，同时也要与教学目标相契合。教师可以通过调查问卷、小组讨论等方式，了解学生的兴趣爱好和学习需求，然后根据这些信息设计活动内容。

例如，在学习《景阳冈》时，可以组织学生进行名著阅读分享会，让他们选择自己喜欢的人物、情节进行深入研读，并分享自己的感悟和体会；也可以组织影评写作比赛，就《水浒传》中"武松打虎"这一片段发表个人见解，发挥创造力，创作出个性鲜明的评论文章。这样的活动不仅能够提高学生的语文学习兴趣，还能够培养他们的批判性思维和创新能力。

（3）形式丰富。为了让学科实践活动更加生动有趣，教师要采用多种形式来设计和组织活动。除了传统的课堂讲解和作业布置外，教师可以尝试引入角色扮演、小组合作、游戏竞赛等多种形式，让学生在轻松愉快的氛围中学习语文知识。

例如，在《将相和》的教学中，教师可以设计角色扮演活动，让学生扮演文学作品中的角色，通过表演来理解和体验作品中的情感和人物形象；也可以组织

[①] 陈沐.小学语文学科实践活动的实施策略[J].语文世界,2024(7):20-21.

小组合作项目,让学生分组进行研究性学习,共同探讨课文中廉颇心甘情愿负荆请罪的原因。这样的活动不仅能够增强学生的团队合作能力,还能够提高他们的沟通和表达能力。

(4)指向素养发展。学科实践活动的最终指向始终是培养学生的语文核心素养,而不是为了活动而设计活动。教师要关注学生的个体差异和发展需求,设计能够促进他们取长补短的语文学科实践活动。

在设计小学语文学科实践活动时,教师应该注重培养学生的语文核心素养。通过设计多样化的活动,教师可以激发学生的学习兴趣,提高他们的学习积极性,从而更好地培养他们的语文核心素养。然而,教师在设计活动时不能仅仅追求活动的多样性,忽视了活动的实际效果。活动的设计应该是有针对性的,能够真正提升学生的语文能力。教师要深入了解每个学生的学习情况和需求,根据他们的个体差异来设计活动,使每个学生都能在活动中得到充分的锻炼和提升。

此外,教师还应该关注学生的发展需求。不同年级学生的语文学习需求是不同的,教师应该根据学生的实际情况来设计适合他们的活动。例如,对于低年级的学生,教师可以设计一些简单的阅读理解活动,培养他们的阅读兴趣和理解能力;而对于高年级的学生,教师可以设计一些更有挑战性的写作和口语表达活动,帮助他们提升写作和口语表达能力。

3.教学内容生活化

悦语文教学强调学以致用,学用合一。语文教师应该将教学内容与小学生的学校、家庭、社会生活紧密联系起来,让小学生认识到自己所学的语文知识和技能能够为现实生活服务,从而促使他们更加自觉地参与到语文学习中,更加努力地提升自己的语文核心素养。

在小学语文教育中,"学以致用,学用合一"是教学的重要原则。为了让学生认识到所学知识在生活中的应用价值,教师需要将教学内容与学生的生活实际紧密联系起来。这样,学生才能意识到语文学习的实用性,从而更积极地参与到学习中,自主提升语文核心素养。这种"研学结合"的模式可以有效地解决重理论轻实践的教学问题,为学生提供更多亲身参与的机会,让学生在直接参与社会实践中积累经验,拓宽学习渠道[1]。

---

[1] 康婷婷."研学结合"模式在小学语文教学中的实施策略[J].语文世界,2024(19):26-27.

（1）让语文学习连接学校生活。教师不仅要让小学生将语文学习与其他学科的学习相结合，还要引导小学生把提升语文素养和参与校园活动结合起来，做到学以致用，以用促学，学用互补共进。

教师可以设计一些跨学科的教学活动来实现教学内容的生活化，引导学生参与相关的校园活动来提升他们的语文素养。例如，可以组织学生参加读书俱乐部、"自然笔记"兴趣组等学校社团，让他们在实践中运用并提高自己的语文能力。同时，还可以鼓励学生参加学校的朗诵比赛、诗词大会、演讲比赛、辩论赛等活动。通过这些活动，学生不仅能够提高自己的口语表达能力，还能提高在校园生活中学习、运用语文的能力。

教师还可以通过创设实际情境来让学生将所学知识应用到生活中。例如，可以组织学生进行一次实地考察"落花生"的活动，让他们在实际环境中运用课堂上所学的语文知识来描述、评论花生的特点和品质，发表自己的学习感言。这样的做法不仅能够让学生更好地理解和掌握知识，还能够培养他们的实践能力和解决问题的能力。

设计综合性的作业来促进学生的学用互补也是很好的方式。例如，让学生运用所学的语文知识和历史知识完成一篇评述"田忌赛马"的文章，发表自己对于古人智慧的看法。这样的作业既能够巩固学生对语文知识的掌握，又能够培养他们的综合运用能力。

（2）让语文学习融入家庭生活。家庭是小学生最重要的情感发源地和归宿点。在家庭中，小学生完全可以运用语文学习的成果为家庭提供实用的服务，给家庭成员带来美的享受。这将为小学生增进家庭情感、融洽家庭氛围提供巨大的帮助，也将为他们获得家庭建设成就感打下良好的基础。

教师和家长要鼓励小学生将在学校学到的语文知识运用到家庭日常生活中。例如，孩子们可以用所学的语文知识帮助家人写信、读报，或是讲解一些有趣的故事、诗歌；再如，教师可以设计家庭作业项目，如家庭日记、家庭故事集等，增进家庭成员之间的交流和互动；还可以邀请家长参与学习活动，如家长和孩子共读一本书，共同讨论书中的内容，或者一起创作基于家庭生活的小故事……这些都能够为家庭带来知识的分享和美的享受。更为关键的是，当小学生能够用自己的语文能力为家庭做出贡献时，他们会深深地感受到自己对于家庭的价值。这不仅是对他们学习能力的肯定，更是对他们作为家庭一员的认同。这种成就感和认同感，将为孩子今后的成长打下坚实的基础，让他们更加自信地面对未来的挑战。这种感受不仅能够增进孩子与家人之间的情感联系,还能够促进小学生对语文学习价值的深度认知。

因此,小学语文教师认识到家庭在学生情感发展和语文学习中的重要作用是非常必要的。教师应该鼓励学生将在学校学到的知识运用到家庭生活中,同时也要关注学生在家庭中的表现,帮助他们更好地应用语文知识服务家庭,享受学习的乐趣。

(3)让语文学习进入社会生活。学生最终要走进社会,服务社会,建设更加美好的社会。然而,就目前的教育而言,相当一部分教师是从"象牙塔"走进校园、走进课堂,在日常生活中也都是"学校—家庭"两点一线的轨迹,他们对社会的真切体验和认识是相当有限的。更令人忧心的则是,相当一部分小学生在上学期间,从早上七八点入校一直到傍晚五六点离开校园,基本上都处在与社会隔绝的状态中;即便是周末,也有相当一部分学生被禁锢在各种补习班、特长班、兴趣班的篱笆墙内。

教师和学生与现实社会生活脱钩的情况正愈演愈烈。这样怎能培养出未来社会的建设者呢?在这样的情况下,悦语文教学认为,语文的外延就是生活,小学语文教学应该尤其重视让小学生的语文学习进入社会,让社会生活与小学生的语文学习尽可能融合。

首先,教师可以借助实际生活中事物与场景的特点,让学生亲身经历活动,亲身体验语文的情趣与活力,引导学生利用语文学习养成的技能和方法来观察和理解社会生活,调动学生学习的主动性,提高学习效率[①]。在小学阶段,学生开始接触各种文学作品,如诗歌、散文、小说等。这些作品不仅能够培养学生的语言表达能力,还能够帮助他们更好地理解和分析社会现象。例如,通过阅读《红楼春趣》,学生可以了解到中国古代社会的风俗习惯、伦理道德以及人物性格等方面的知识;阅读微小说《桥》,则可以感受到老共产党员——村支书公而忘私、舍己为人的社会主义新时期伟大精神……这些都将大大提升小学生对社会、对人生的认识水平。

其次,教师要鼓励小学生用语文学习收获的精神观念来体会和接受社会生活。在学习过程中,学生会接触到各种优秀的文学作品,这些作品中蕴含着丰富的人生哲理和社会价值观。例如,通过阅读《西游记》这部古典名著,学生可

---

① 魏巍,魏玉霞.新课标下小学语文生活化教学的实施方法[J].甘肃教育,2024(4):79-81.

以学到勇敢、智慧、团结等品质;而通过学习《论语》等儒家经典著作,学生可以了解到孝道、仁爱、忠诚等传统美德的价值。当然,民间故事《牛郎织女》中专制霸道的王母娘娘等反面角色也会给予小学生以警示:社会生活中也会有类似这样的人阻拦别人对幸福和自由的追求。不管是正面的体验还是负面的教训,这些精神观念都将对学生的成长产生深远的影响,使他们能够更好地适应社会生活并成为有责任感的公民。

最后,教师要引导小学生用在语文学习中形成的理念和境界,来构想和建设社会生活。在学习过程中,小学生会逐渐形成自己的人生观和价值观。这些理念将指导他们在未来的生活中做出正确的选择和决策。例如,通过学习《孟子》中的相关名言,学生可以了解到"人性本善"的观念,从而养成对他人的关爱和尊重;而通过学习《庄子》中的名句,学生可以了解到自然和谐的思想,从而倡导环保意识和可持续发展的理念。这些理念将帮助学生朝着构建更加美好的社会而不断努力。

(二)三步——悦语文教学在课堂学习过程中的调控策略

1. 激趣生疑

学贵有疑,只有带着疑问进行的语文学习活动才能发生真正的学习。在语文学习过程中,教师要激发小学生探索新知的兴趣,引导他们立足教学文本(如课文、阅读材料、拓展资料等)大胆质疑。

在语文学习中,教师期望学生能成为主动学习、勇于探索的人,而这一切的起点,就是他们能够在学习过程中积极发现问题并主动提出疑问。这不仅能够真正引发学习,还能够将学习活动推向更深的层次。长期以来,在小学语文教学中存在着教师问、学生答的状况。在这样的教学模式下,学生往往不能对文本内容进行整体把握,不能很好地感悟作者遣词造句的精妙,对文本的理解不深刻。因此,教师要善于设计激疑式的提问,引导学生对文本内容进行探究[①]。

教师要通过营造敢于质疑提问的教学氛围,激发学生的好奇心,鼓励他们勇敢地提出问题。在这样的环境中,学生不再满足于被动接受知识,而是变成了积极的探索者。教师在课堂上要创造一个开放包容的时空,鼓励学生大胆提

---

① 郑晓燕,刘继敏.激疑 激趣 激思——小学语文有效提问三策略[J].小学教学参考,2011(10):27.

问,无论是对课文内容的疑问、对作者意图的好奇,还是对语言表达方式的困惑,教师都要对学生提出的问题给予积极的反馈。无论问题简单还是离奇,都要认真对待并鼓励学生继续探索。课堂是学生学习和交流的主要场所,打造一个敢于质疑问难的课堂时空,对于培养学生的批判性思维至关重要。在这样的课堂上,学生能够对所学内容进行深入思考,不断提出"为什么"和"怎样"等问题。这种探究的过程不仅加深了他们对知识的理解,也锻炼了他们独立思考的能力。

合作解疑是现代教育的一种重要方式。通过创设乐于合作解疑的交流平台,学生可以在与同伴的讨论和合作中寻找答案。这种互动不仅能提高解决问题的效率,还能培养学生的沟通能力和团队协作精神。在这个过程中,每个学生都是知识建构的参与者,他们的主动性和创造性得到了充分的发挥。2022版新课标倡导自主、合作、探究的学习方式,其核心思想是以全体学生的发展需要为中心,以学生的主动参与为途径,以学生的个性发展为目标,让学生在参与中生动活泼地发展,在发展中积极主动地参与,让不同层次的学生都拥有同等的参与和发展的机会[①]。

教育的目标不仅是传授知识,更重要的是培养善于以问促学的新型人才。这样的人才不仅拥有丰富的知识储备,还具备持续学习和自我发展的能力。他们敢于面对未知,勇于挑战难题,正是这种精神推动了个人乃至整个社会的进步。

以古诗词学习为例。在小学三年级时,部分学生对古诗词产生了浓厚的兴趣。教师及时抓住这样的机遇,积极鼓励全班阅读了大量的古诗词。一次课堂上,有位同学提出了这样的问题:《山行》这首诗的首句"远上寒山石径斜"中的"斜"字,现代汉语拼音是xié,而古代汉语读作xiá。我们究竟要读哪个音呢?这个关于诗词韵律的问题引起了班上同学的热烈讨论。教师借此机会组织小组讨论,让学生共同研究古诗词的韵律美。通过这次活动,学生不仅对古诗词有了更深的理解,还学会了如何欣赏诗歌,并在教师的推动下,开始创作押韵的诗歌。从这个案例我们不难看出,当学生被鼓励去质疑和探索时,他们能够获得更深层次的学习体验,并在这一过程中提升能力和素养。

---

① 张华,谢祥琼.合作学习在小学语文阅读教学中的尝试[J].四川师范大学学报(社会科学版),2004,31(1):117-124.

宋代教育家张载就特别重视"善疑",提出"可疑而不疑者不曾学,学则须疑"[1]。明代教育家陈献章也认为:"前辈谓'学贵知疑',小疑有小进,大疑则大进。疑者,觉悟之机也。一番觉悟,一番长进。"[2]在语文学习中培养学生的质疑精神,不仅需要教师的引导和鼓励,更需要支持性的学习环境。通过营造质疑提问的氛围、打造善于质疑的课堂、创造合作解疑的平台、锻造以问促学的人才,我们可以为小学生的语文学习之旅提供动力和方向。这样的教育实践不仅能够帮助他们在学业上取得成功,更能培养勇于探索、敢于创新的精神。不忘初心,方得始终。在教育的征途上,我们应当始终铭记我们的使命——培养下一代具备质疑和探索精神的学习者。

2.入文体悟

在学生有了明确的质疑对象和探究方向之后,教师要及时组织他们借助教学文本(以教材文本为主,含阅读材料、拓展资料等)开展语文实践活动,把朗读、想象、体验、思考等语文学科实践活动充分拓展开来,从而获得属于个体的、真实而又独特的收获。

(1)朗读感知。朗读是语文学习的基础,不仅有助于提升学生的语音、语调和节奏感,更是小学生对文章进行整体感知的重要手段。教师可以根据文本内容和学生的兴趣,选择合适的方式组织学生自由读、分角色朗读或集体朗读。在朗读前,教师要指导小学生根据文本自身的特点选择合适的朗读方式。例如,戏剧文本可以让学生分角色朗读,感受不同人物的语言特点;诗歌则可以让学生在体会韵律美的同时,尝试表达自己的情感;散文则适合自己轻声地反复咏读,和作者进行精神上的交流。朗读后,教师则要注意引导小学生交流通过朗读获得的整体感受,以此获得对全文脉络的把握。

(2)览文析疑。在初步感知全文脉络、把握全文框架之后,教师要引导小学生把在质疑环节梳理出来的问题作为自己的学习任务,驱动后续的学习活动。这一环节对于培养学生的阅读理解和思维能力至关重要。

首先,教师应鼓励学生带着疑问走入文本。吴格明提出,语文知识应当是经过质疑和反思的知识;语文能力应当包含和渗透质疑和反思的能力;语文学习的

---

[1] 胡适.胡适读书随笔[M].武汉:华中科技大学出版社,2023:64.
[2] 樊树志.明史十二讲[M].北京:中华书局,2021:396.

过程,应当是渗透着质疑和反思的过程;语文方法应当包含质疑和反思的方法[①]。这意味着,教师要努力让学生在阅读过程中保持好奇心和探究精神,不断提出问题并寻找答案。教师可以通过辅助提问的方式引导学生思考,激发他们的学习兴趣和动力。例如,教师可以问"你认为这个故事想要表达的主要意思是通过哪些句段表现出来的?"或者"你认为这个人物的行为是否正确?具体原因何在?"这样的问题能够引导学生深入思考文本内容,培养他们的批判性思维能力。

其次,教师要引导学生在阅读文本的过程中边读边想。阅读是学生与作者、文本对话的动态过程。怎样阅读才能明白文本的含义,应让学生了解并掌握。对于小学生而言,随着年级的升高,他们在阅读时不仅要理解文字的表面意思,还要逐步思考其中的深层含义和作者的写作意图。教师可以通过引导学生关注文本中的关键字句、细节描写和异常之处,帮助他们发现与问题相关的线索和证据。教师还可以引导学生比较不同段落或章节之间的联系和差异,从而更好地理解文本的整体结构和主题。

最后,教师还要鼓励学生尝试将寻找到的线索、证据进行整合梳理,尽可能形成对问题的全面解答。学生要学会将收集到的信息进行分析和归纳,从中提炼出关键点和主题思想。教师可以通过组织小组讨论或写作活动等方式,帮助学生整理思路并表达自己的观点。这样的过程不仅能够提高学生的分析和综合能力,还能够培养他们的表达能力和团队合作精神。

需要注意的是,上述若干环节是循环往复的。当学生在寻找线索和尝试梳理答案的过程中出现错误时,他们又会产生新的问题,开始新一轮阅读之旅。这是正常现象,因为学习是一个不断修正和提升的过程。教师应该鼓励学生勇于面对错误,并从中总结经验和吸取教训。同时,教师也要给予学生足够的时间和空间去探索和思考,不要急于给出答案或做出评判。

通过引导小学生把在质疑环节梳理出来的问题作为自己的学习任务,并自主深入开展阅读活动,教师能够有效地促进学生的阅读理解和思维能力的发展。这是一个循环往复的过程,需要教师的耐心和支持,同时也需要学生的主动参与和努力。只有这样,学生才能真正掌握阅读技巧,提高自己的学习能力和综合素质。

---

① 吴格明.批判性思维素养应当是语文课程的重要目标[J].课程·教材·教法,2009,29(2):24-27.

（3）品文悟"道"。"五层次阅读能力"是福建省特级教师黄国才提出的关于阅读能力分级的一种观点。他将小学生语文阅读能力由低到高分为检索、理解、运用、评鉴、质疑创新五个层次，其中"理解"及以上部分，一般被认为是高层次阅读能力[1]。

检索是小学生阅读活动中的浅层次任务；而运用（指用语言文字表达自己的思考结果，可以细分为仿作与补白、转述与引用、解决问题）、评鉴（指做出判断的能力，可以细分为评价思想内容、评价语言形式）、质疑创新（指能就不理解的地方提出问题和对思想观点、表达方式等质疑问难的能力，可以细分为不懂就问、疑惑会问、怀疑敢问）等作为高层次阅读能力，则是小学语文教学中需要教师花费心思带领小学生努力攀登的高峰。这就是小学语文教学努力追求的阅读之"道"。

教师要善于捕捉可用于训练小学生运用能力的知识点和能力点。语文教材是语文教学的重要载体，承担着落实核心素养、促进语文学科素养的形成、传递主流文化和社会主义核心价值观以及培育时代新人的历史使命[2]。教师要深入了解教材内容，发现其中蕴含的丰富知识和技能，才能够有针对性地进行教学，帮助学生提升运用能力。

教师要提供足够的训练时间，让学生能够充分展开训练。阅读运用能力的提升需要时间和实践的积累，不能仅仅停留在表面形式上。教师应该给予学生充足的时间，让他们能够深入思考、反复练习，从而逐渐提升自己的运用能力。同时，教师还要避免给学生贴上标签或者走过场等做法，要真正关注学生的学习过程和成长。学生只有在充分的训练中不断进步，才能够真正掌握阅读运用的能力。

教师要注意各个训练点之间的体系化建构，力争让其呈现出螺旋上升的趋势。悦语文教学强调教师要将各个训练点有机地联系起来，形成一个有序的学习体系。只有这样，学生才能在不同的训练点之间建立起联系，形成一个完整的知识体系。同时，教师还需要引导学生逐步提升难度和深度，让他们在不断挑战中超越自己。

---

[1] 黄国才,朱乙艺."五层次阅读能力"模型构建实践研究[J].教育评论,2017(10):134-137.
[2] 陈先云.如何用好统编小学语文教材[J].民族教育研究,2022,33(5):43-49.

3.合作增智

合作交流、共创共赢是未来社会的基调。通过合作学习,儿童也可以从同龄人那里获得认知脚手架和中介,从而帮助彼此解决问题,分享彼此的知识和技巧,讨论大家的策略和知识[1]。悦语文教学在这一点上也是旗帜鲜明地提出师生、生生之间的合作学习主张。教师在小学生充分自主的独立学习之后,应该适时开展民主、平等的交流探讨活动,相互合作,彼此启发,增智集慧,共克难关。

教师要积极建立合作学习的基础。教师要为合作学习创造良好的环境。这包括建立安全、支持性的课堂氛围,让学生感到他们的意见和想法受到尊重。教师应该让每个学生都明白:每位同学的意见都应该得到重视,无论其是否正确或成熟。教师可以通过赞扬学生的努力、鼓励他们尝试新方法以及提供正面的反馈来营造这样的氛围。此外,为了确保合作学习的有效性,教师还应该明确合作的目标和规则。这样,每个学生都清楚自己在小组中的角色和责任,从而更好地参与到学习过程中。

教师要精心设计合作学习活动。教师可以根据教学内容设计小组讨论、角色扮演、案例分析等活动,让学生在合作中学习。这些活动不仅能帮助学生更好地理解知识,还能培养他们的沟通、协作和解决问题的能力。以《诺曼底号遇难记》为例,这是一篇描述海难事件的课文,其中的人物形象和情感变化都非常丰富。为了帮助学生更好地理解这些内容,教师可以设计一些合作学习活动,如"分角色朗读再现遇难现场""四人小组谈论哈尔威船长与船同沉的原因""班级辩论:哈尔威船长该不该这样牺牲自己?"等,让学生在小组内分享自己对人物形象的理解和感受。通过交流和讨论,他们可以从不同角度去看待问题,从而获得更全面的理解。

角色扮演是一种非常有效的教学方法。这种方法使人能够亲身体验他人的角色,可以更好地理解他人的处境,体验他人在各种不同情况下的内心情感,从而学会从他人的角度去知觉社会情境[2]。教师可以让学生扮演课文中的角色,通过模拟情境,让他们亲身体验人物的情感和行为。这样不仅可以帮助学

---

[1] 琼·利特菲尔德·库克,格雷格·库克.儿童发展心理学[M].和静,张益菲,译.北京:中信出版集团,2020:718.
[2] 李晓东,赵群.教育心理学[M].北京:北京大学出版社,2008:360.

生更深入地理解人物形象,还可以培养他们的表演能力和创造力。

案例分析也是一种很好的教学活动。教师可以选择一些与课文相关的实际案例,让学生进行分析和讨论。通过这种方式,学生可以将理论知识与实际情况相结合,从而更好地理解和掌握课文的主旨。

提供适时的指导和支持是合作学习得以顺利开展的必要保障。这包括帮助学生解决学习中遇到的问题,提供必要的资源和信息,以及对学生的表现给予及时的反馈。

然而,合作学习并不是一帆风顺的。例如,在学习《好的故事》这一课时,学生就可能会遇到各种困难。由于故事的文字结构复杂,学生可能会在梳理故事情节时感到困惑;或者因为故事的年代久远,学生对那个时代的社会背景和文化环境缺乏了解,从而影响他们对故事的理解。在这些情况下,教师的及时介入就显得尤为重要。教师可以通过多种方式来提供支持。教师可以引导学生有效地梳理故事情节,帮助他们理解故事的脉络。教师也可以直接提供一些相关的资料,如时代背景、文化特点等,帮助学生更好地理解故事的背景。教师还可以为学生提供必要的资源和信息,如相关的参考书籍、网站链接等,让学生有更多的途径去探索和学习。教师支持产生于学生学习过程中,是教师在学习或生活上对学生做出的支持行为,青少年获得教师支持水平越高,学业成就也越高,阅读能力就越强[1]。

在交流过程中,教师应该鼓励学生进行民主平等的交流探讨。这种交流方式包含三个方面:首先,每个学生都应该有机会表达自己的观点和想法,而且可以自由地分享自己的想法,不必担心被嘲笑或忽视;其次,其他学生应该尊重和倾听并及时给予应有的回应,学会倾听他人的意见,尊重不同的观点,并在适当的时候给予积极的反馈;最后,这种交流应该是多个回合的,也就是说,这种互动应该随着言语和思维上的交锋而逐步深入,学生们不仅仅是简单地交换观点,还要通过深入的讨论来推动思维的发展。在这个过程中,学生可以通过质疑、反驳、提问等方式来激发对方的思考,从而促进彼此的思维碰撞。这种多回合的交流方式可以帮助学生更深入地理解问题,培养批判性思维和解决问题的能力。

---

[1] 张艳红.青少年幸福的影响机制及培育路径研究[M].北京:中国社会科学出版社,2022:425.

教师要引导学生及时开展评价,反思合作学习。学生评价素养注重学生作为能动主体的存在价值,蕴含个体自我调节与自我改进的内在本质,契合综合素质评价所推崇的学生自主发展理念[①]。合作学习结束后,教师应该组织学生对合作学习进行评价和反思。他们可以分享自己在合作中取得的进步,如是否提高了阅读理解能力、是否学会了更好地表达自己的观点等;也可以讨论合作学习中遇到的困难和挑战,如沟通不畅、意见不合、延伸不足等。通过这种讨论,学生可以更全面地了解合作学习的优势和不足。教师还可以帮助学生分析成功和失败的原因,并鼓励学生提出改进建议,比如在合作前明确每个成员的角色和责任,或者在合作过程中定期进行反馈和调整等。

拓展合作学习的领域也是相当重要的。学语文应当是一个开放系统,而不能局限在课堂里自我封闭。事实上,生活中处处有语文,也处处要用到语文。语文学习的外延和整个生活密切联系,学语文最终是为了用语文,语文是"应用之学",而不是"应试之学"。构建开放的课堂,实现课内外、校内外沟通,可以加快学生语文认识结构的发展,增强他们的实践能力和创造意识[②]。除了在语文课上进行合作学习外,教师还可以将合作学习拓展到课外活动中。例如,学完了《海滨小城》后,可以组织学生进行社区服务,让学生感受创造美的环境的重要性。在学习完《爬天都峰》后,教师可以组织学生登山望远,凝聚合作精神等。这样的活动不仅能让学生在实践中应用所学知识,还能培养他们的团队精神和领导能力。

此外,教师还要善于和其他学科教师共同营造合作学习的氛围。开放的语文课程以学生的语文生活经验和成长需要为依据,强调语文学科与其他学科的有机联系,注重跨学科的学习,使学生在不同内容和方法相互交叉、相互渗透和整合中开阔视野[③]。

总之,拓展语文合作学习的领域能帮助学生更好地理解和应用所学知识。将合作学习拓展到其他学科和社会实践项目中,也能够提高学生的学习效率和兴趣。因此,教师应该积极探索和尝试不同的合作学习方式,为学生提供更广阔的学习空间。语文不是一个"独上小楼成一统"的独立王国,语文教师要与其他教师、家长合作,共同推动学生的合作学习。

---

① 魏善春,林梓媛.培养学生评价素养 推动综合素质评价[J].中国考试,2023(9):1-9.
② 李建明.拓宽语文学习领域 培养创新实践能力[J].中国教育学刊,2004(2):49-51+59.
③ 刘本武,李金国.小学语文课程与教学[M].北京:北京师范大学出版社,2013:33.

三 调谐评价

《义务教育课程方案（2022年版）》提出，全面落实新时代教育评价改革要求，改进结果评价，强化过程评价，健全综合评价，着力推进评价观念、方式方法改革[①]。教学评价是对学生学习反应的一种强化。为了让小学生的语文学习活动的认知结果和情感持续得到及时有效的强化，教师必须用好评价这个工具。悦语文教学在此方面提出了"三多"策略，包括评价的角度要多元、评价的主体要多重、评价的形式要多样。

（一）角度多元

由于小学生语文学习活动过程中的相关元素是复杂多变的，所以教师对小学生语文学习的评价角度应该也必须是多元的。

在小学生语文学习过程中，评价是一个至关重要的环节。由于小学生的认知水平、情感态度和技能发展都处于不断变化和成长的阶段，因此，教师在进行评价时需要采用多元评价方法，以全面、客观地反映学生的学习情况。

1.认知能力评价

认知能力是学生语文学习的基础，包括字词认读、句子理解、篇章把握等。教师可以通过笔试、口试等形式，评估学生对语文知识点的掌握程度。此外，还可以通过观察学生在课堂讨论和作业中的表现，了解他们的思维过程和问题解决能力。

2.情感态度评价

情感态度包括学生对语文学习的兴趣、动机、自信心等。这些因素虽然难以量化，但对学生的学习成效有着深远的影响。教师可以通过观察学生在课堂上的表现、参与度以及课外阅读的积极性等，来评价学生的情感态度。

[①] 中华人民共和国教育部.义务教育课程方案（2022年版）[S].北京：北京师范大学出版社，2022：14.

3.技能发展评价

语文学习不仅要求学生掌握知识,还要求他们具备一定的技能,如朗读技能、写作技能、沟通技能等。教师可以通过实际的朗读、作品以及小组合作中的互动表现,来评价学生的这些技能。

4.学习过程评价

学习过程评价关注学生学习的全过程,包括学习策略、学习方法、学习习惯等方面。教师可以通过检查学生的笔记、学习计划、课堂参与情况等,来评价学生的学习过程。

5.创新思维评价

在语文学习中,创新思维十分重要。这包括学生是否能提出新颖的见解、是否能够创造性地使用语言等。教师可以通过学生的创意写作、课堂发言等,来评价学生的创新思维。

6.综合性评价

综合性评价是指将学生各方面表现综合起来进行评价。这可以通过学生的综合素质报告、学习档案等方式来实现。综合性评价有助于教师全面了解每个学生的学习状况,为教学提供指导。

(二)主体多重

《义务教育语文课程标准(2022年版)》中明确提出,要注重评价主体的多元与互动,以及多种评价方式的综合运用,充分利用现代信息技术促进评价方式的变革。在实施评价的过程中,教师对学生的评价是其中重要的一环,但不是唯一的。在这一点上,悦语文教学强调教学评价的主体应该是多重的,除了教师评价,还应该包括小学生的自我评价、同伴评价以及家长评价乃至社会评价,它们共同构成多方位的评价主体体系。

1.教师评价

教师作为专业教育人员,他们的评价通常侧重于学生的学业成绩、课堂参与度、作业完成情况以及考试表现等方面。教师评价应该是公正、客观的,能够提供专业的反馈,帮助学生认识到自己的优势和需要改进的地方。

2.自我评价

自我评价鼓励学生进行自我反思,了解自己的学习习惯、进步和困难。通过自我评价,学生可以培养自主学习和自我管理的能力,这对于终身学习非常重要。

3.同伴评价

同伴评价是学生之间的相互评价,可以帮助学生学会如何给予和接受建设性的反馈意见,还可以促进学生之间的合作和沟通,增强团队精神和同理心。

4.家长评价

家长对孩子的学习有着独特的观察角度,他们的评价可以反映学生在家的学习态度和行为。家长的参与和支持对于学生的学习动力和情感安全感至关重要。

5.社会评价

社会评价可以来自社区等方面。这种评价有助于了解学生的社会实践活动和社交能力。同时,社会评价的介入会倒逼小学生将在学校所学知识和技能应用到实际生活中。以这样的方式参与社会活动,有助于培养他们的综合素养。

在构建多主体、多方位评价体系的过程中,我们要明确评价目标,不仅要明确评价的目的是什么,还应该保证评价标准是公开透明的;还要制订科学而详细的评价计划,包括评价的时间、方式、参与者等。在实施评价时,要按照计划进行,确保每个环节都得到有效执行。对于从各方面收集来的评价数据,教师要及时进行分析,找出学生的优势和不足,以适当的方式将评价结果及时反馈给学生和其他相关人员,并根据反馈进行教学或学习的改进。

随着教育理念的不断更新,评价体系也应该不断创新和完善,以适应新的教育需求。多主体、多方位的评价体系有助于全面了解学生的学习情况,促进学生的全面发展。通过构建这样的评价体系,可以更全面地了解和支持学生的学习,促进家校社合作,提高教育质量。教师、学生、家长和社会都是教育的重要参与者,他们的共同参与有助于形成支持性的教育环境,为学生的全面发展打下坚实的基础。

(三)形式多样

《义务教育语文课程标准(2022年版)》指出,义务教育语文课程评价要有利于促进学生学习,全面落实语文课程目标。要根据不同年龄学生的学习特点和不同学段的学习目标,选择恰当的评价方式。在小学阶段,学生的好奇心和求知欲非常旺盛,他们对学习的热情需要得到妥善的引导和激励。教师在评价小学生的语文学习时,应该采用丰富有趣的形式进行有效的激励,以保持学生的兴趣和动力。

1.口头激励

在日常教学中,教师应及时给予学生正面的口头反馈,如"你的想法很独特!""你做得很棒!"等,这些简单且有针对性的话语能够增强学生的自信心。

2.肢体语言认可

肢体动作反映着一个人的情绪。教师可以通过微笑、点头、鼓掌等肢体语言来表达对学生的认可和鼓励,这种非言语的激励方式对学生的情绪影响很大。在学生回答问题或展示作品时,教师可以和学生并排而站,传达出对他们努力的肯定,增强他们的参与感。

3.展示性评价

教师可以通过举办诗歌朗诵会、故事复述比赛、书法展览等活动,让学生有机会在公众面前展示自己的学习成果。教师相机进行评价,可以增强学生的自信心和成就感,同时也能提高他们的表达能力和公众演讲技巧。

4.创造性评价

教师可以鼓励学生进行创意写作、绘画或戏剧表演,将语文学习与其他艺术形式结合起来,以此评价学生的创造力和表达能力。教师在这些活动的过程中对学生的创新思维和独特见解给予认可和奖励,可以大大激发他们的创新精神。

5.情感化评价

在评价过程中,教师应表达对学生的关心和支持,避免过于严厉的批评或负面评价,以免打击学生的积极性。情感化评价有助于建立良好的师生关系,创造温馨和谐的学习环境。

通过上述丰富有趣的评价方式,教师可以有效地激励小学生的语文学习,帮助他们建立积极的学习态度,促进其全面发展。教师需要不断探索和尝试新的评价方法,以适应不同学生的需求,为学生的成长奠定坚实的基础。

第五章

悦语文教学的要素特征分析

第一节　悦语文教学的内容与目标

一般而言,教学内容和教学目标的确定,与课程标准要求、语文教材要素、学生学习需要、教学资源支撑以及教师既有水平等多方面因素息息相关,悦语文教学在此方面也须关注上述因素。不过,悦语文教学特别关注学习主体愉悦而有效地提升语文核心素养,既要注意小学生通过愉悦学习获得发展的过程,也要注意他们因素养提升而愉悦的过程。因此,悦语文教学在内容选择和目标设定上应该体现以下特点。

一　教学内容与教学目标的科学性和系统性

在小学阶段,完整全面的教学内容和科学合宜的教学目标至关重要。悦语文教学也必须坚持教学内容与教学目标的科学性和系统性。这不仅关系到学生语言能力的培养,也关系到学生终身学习能力和人文素养的培养。因此,教师要依据课程标准、学生的认知发展水平及个人的教育理念,科学选择教学内容,系统设定教学目标。一般而言,教学内容和教学目标都应涵盖语言文字运用、阅读理解能力、写作表达能力、口语交际技巧、文学素养培养、思维能力提升、文化传承意识等方面。

在兼顾上述各方面的基础上,我们要注意以下几个原则。

一是遵循课程标准。国家制定了小学语文课程标准,明确了学生在小学阶段应掌握的基本知识和技能。教师在选择教学内容时,必须确保符合这些标准,能够覆盖必要的基础知识点,如汉字的读写、词汇的积累、基本句型的理解和应用、简单的文学鉴赏以及表达能力的提升等。

二是尊重学生的认知水平。在全面深化课程改革阶段,服务于学生核心素养的学情分析,是有效教学的核心和关键[①]。小学生的认知水平随着年龄的增

[①] 马思腾,褚宏启.基于学生核心素养发展的学情分析[J].现代教育管理,2019(5):124-128.

长而逐渐提高,但存在个体差异。教师在选择教学内容时,应考虑到这些差异,选择既能满足大多数学生需求又具有一定挑战性的内容。例如,对于低年级学生,可以多选择一些图文并茂、富有节奏感的儿歌和童谣,以激发他们的学习兴趣;对于高年级学生,则可以适当增加一些叙事性和逻辑性较强的文章,以培养他们的阅读理解和表达能力。

三是注重实用性与趣味性。小学语文教学内容应贴近学生的生活实际,注重实用性,使学生能够在日常生活中应用所学知识。同时,教学内容应具有一定的趣味性,以吸引学生的注意力,激发他们的学习动机。例如,可以通过故事、游戏、角色扮演等形式,让学生在轻松愉快的氛围中学习语文。

四是关注文化教育融入。语文教学不仅起着促进汉语学习和普及文学知识的作用,还能推动传统文化的传承,提升学生的修养[①]。因此,在选择教学内容时,应包含一定数量的传统文化元素,如古诗文、成语故事等,以此增强学生的文化认同感和民族自豪感。同时,也应关注现代文化的传播,让学生了解多元文化,培养开放的视野。

五是促进思维能力发展。教学内容的选择应该有助于培养学生的思维能力,包括逻辑思维、批判性思维和创造性思维。可以通过谜语、脑筋急转弯、开放式问题等形式,鼓励学生思考和探索,培养他们独立分析和解决问题的能力。

六是适度考虑教学资源的支撑。现代教育技术为语文教学提供了丰富的资源。教师应灵活运用多媒体、网络等资源,丰富教学内容。例如,可以通过动画、视频等形式,使抽象的语文知识变得直观生动。

科学选择小学语文教学内容是一项复杂而重要的任务。教师需要根据课程标准、学生的实际情况以及自身教育理念,综合考虑多方面因素,精心挑选和组织教学内容,以促进学生的全面发展。

二 教学内容与教学目标的多元性和适切性

悦语文教学强调学生中心、注重个性发展和激发内在动力。对于小学生而言,语文不仅是学习的基础学科,更是培养综合素质的重要途径。因此,制订适宜、多元的语文学习目标,可以为小学生提供愉悦的学习环境,使他们在轻松愉快的氛围中掌握知识、发展能力、塑造品格。

[①] 李春秋.阅读教学中渗透传统文化的策略探析[J].语文建设,2018(17):78-80.

基础教育新课改以来,课程改革专家组认为,应以学生发展为本,全面规划学生发展的目标、学习内容和学习方式[1]。悦语文教学在确定教学内容、教学目标时,特别要关注小学生的学情,包括他们的学习起点、学习兴趣和需求等,有针对性地进行选择、设置。教师要深入了解小学生的心理发展特点、认知能力以及学习兴趣等,从而选择丰富多元且符合个体需要的教学内容,设置利于个体自我实现的教学目标,从而促进小学生的自主、愉悦发展。

小学生正处于生理和心理快速发展的阶段。他们好奇心强、求知欲旺盛、想象力丰富,但注意力集中时间较短,学习兴趣多变。因此,在选择内容和制订目标时,在保证系统性和全面性的基础上,我们应充分考虑学生的这些特点,确保适切性和多元性,以激发学生的学习热情,促进其全面发展。主要有如下原则值得关注:

一是学生中心原则。要尊重每个学生的个性和兴趣,提供足够多样的学习内容让小学生选择,为不同的学生量身定制学习目标,让学生在学习过程中自主寻找自己的位置和可能达到的目标。只有这样,小学生才能在为自己选择的目标奋斗的过程中获得真实的愉悦感。

二是知识与能力并重原则。既要注重知识的传授,也要重视能力的培育,如阅读理解、语言表达、创造性思维等。

三是灵活性与适应性原则。根据学生的学习反馈和教学实际情况,及时调整教学计划和学习目标。

四是跨学科原则。跨学科教学可以促进学习者打破学科学习间的界限,在实践运用中建立多学科知识间的联系,实现综合素养的发展[2]。打破学科界限,将语文教学与其他学科知识相结合,有助于形成跨学科的综合学习模式。

为小学生的语文学习量身定制学习目标,可以更有效地推动他们的自主学习。每个学生的学习能力、兴趣和需求都是独特的,只有根据他们的个体特点来设定学习目标,才能激发他们的学习动力,提高学习效果。

首先,我们可以根据学生的年龄和认知水平,为他们设定基础性的学习目标,如掌握生字新词、理解课文大意等。这些目标是每个学生都需要达到的,可以确保他们具备基本的语文知识和能力。

---

[1] 廖哲勋.评新课改中不同知识观引发的激烈争论[J].课程·教材·教法,2014,34(12):14-21.
[2] 邱志凯.小学语文跨学科学习的多学科融合形态[J].教学与管理,2024(23):31-34.

其次，我们可以根据学生的兴趣和特长，为他们设定拓展性的学习目标。例如，对于喜欢阅读的学生，我们可以鼓励他们阅读更多的课外书籍，提高阅读能力和阅读素养；对于喜欢写作的学生，我们可以引导他们多写多练，提高写作水平。这样的目标可以满足学生的个性化需求，激发他们的学习兴趣和创造力。

最后，我们还可以根据学生的实际情况，为他们设定具有挑战性的学习目标。这些目标可以稍微超出学生的现有水平，但又在他们的能力范围之内，需要他们付出一定的努力才能达成。这样的目标可以激发学生的挑战精神和进取心，促进他们的自主学习和自我发展。

在设定学习目标的过程中，我们还应该注重目标的可操作性和可衡量性。小学阶段的语文教学，教师需要设置科学的教学目标，并在目标的指引下，实现教与学、教与评以及评与学的一致性[1]。教学目标应该具体明确，让学生清楚地知道他们需要做什么、怎么做以及达到什么标准。同时，我们还应该定期检查和评估学生的学习进度和目标达成情况，及时给予反馈和指导，帮助他们调整学习策略和方法，更好地实现自主学习。

因此，为小学生的语文学习量身定制学习目标，是推动他们自主学习的重要手段。我们应该根据学生的个体特点和需求，合理设定目标，并注重目标的可操作性和可衡量性，以激发学生的学习动力和提高学习效果。

悦语文教学内容和目标的确定，既要求教师读通课标，深刻把握课标精神，也要求教师吃透教材，教材不仅是教师上课的重要凭借，也是学生直面的精神食粮；更要求教师时刻立足学生立场，从"学"的角度出发，遵循小学生发展的规律，借由教材照亮学生的思想，点燃学生的生命，引领学生的人生。

---

[1] 陈雪霞.基于教学评一体化的小学语文教学策略新思考[J].当代家庭教育，2023(14)：159-161.

第二节 悦语文教学的方法选择

悦语文教学在方法的选择上,尤其重视小学生自主合作探究学习的开展,突出以小学生的学习为中心,凸显自主学习、自主发展,强调以真实的学科实践为基础,让小学生充分体验语文学习的乐趣,在愉悦的学习活动中获得发展,因语文学习得到发展而感到愉悦。

一 自主学习

自主学习与传统教学模式不同,学生占主体地位,教师是其学习的引导者,当学生疑惑时,或者思想出现偏颇时,教师要对其进行指引[①]。悦语文教学鼓励小学生自己设定学习目标,自我监控学习进度,培养自主学习能力。

众所周知,自主学习是一种以学生为主导,主动参与并控制自己学习过程的学习方式。它强调学生的主动性、独立性和自我调节能力。悦语文教学主要从如下五个方面进行小学生自主学习能力的培养。

(一)激发参与之翼

在教育的长河中,语文学习如同一条蜿蜒的溪流,贯穿并滋养着孩子们的心灵花园。如何引导孩子们积极参与到自己的心灵花园的耕耘之中?这需要支持并鼓励小学生积极地参与学习过程,而不是被动地接受知识,让他们愿意投入时间和精力去探索、实践和理解新知识。

基础教育中,非正式学习无处不在,随时随地都可能发生。它具有自然性、自由性和自主性。良好的学习氛围可以促进学生非正式学习的发生[②]。要激发小学生对语文学习的主动参与性,首要任务是点燃他们对语文的热情。小学生

---

① 张波.自主学习模式在小学语文阅读教学中的运用[J].陕西教育(教学版),2024(9):22-24.
② 裴红霞.非正式学习:打开小学生语文学习的另一向度[J].中国教育学刊,2023(6):107.

天生拥有探索世界的好奇心和丰富的想象力,这正是激发学习热情的宝贵资源。教师可以通过讲述生动有趣的故事、设计富有创意的语言游戏、组织角色扮演等活动,让孩子们在愉悦的氛围中自然而然地接触语文,感受语言的魅力。例如,通过举办故事会,让孩子们上台讲述自己的故事,不仅能够锻炼他们的口语表达和思维能力,还能够增强他们的学习自信心和积极性。

阅读作为语文学习的重要组成部分,对于提升学生的语文素养至关重要。因此,培养孩子们的阅读兴趣和习惯,是提高他们主动参与性的关键。我们可以创设书香校园,家长可以营造书香家庭,共同为孩子提供充满书籍的成长环境。定期的主题阅读活动、亲子共读时光、阅读分享会等,能够让孩子们在阅读中找到乐趣,从而主动地去探索和学习。在这个过程中,孩子们不仅能够增长知识,还能够学会思考和感悟。

写作是语文学习的重要方面,能够帮助孩子们更好地表达自己的思想和情感。兴趣是学生乐于学习、持久学习的动力源泉,写作教学要从培养学生的写作兴趣入手。学生品尝到作文成功的喜悦,就会期待下一次的成功[1]。教师应该鼓励学生尝试各种形式的写作,如日记、信件、小故事等,并提供积极的反馈和指导。通过写作,孩子们不仅能够锻炼自己的语言组织和表达能力,还能够学会从不同的角度观察和思考问题,能够养成"我手写我心"的主动表达习惯和意识。

下面以想象习作指导课《猫和老鼠——听音想象习作》课堂实录为例,具体谈一谈如何让小学生积极主动地参与到课堂中来。

《猫和老鼠——听音想象习作》教学设计与评析

教学目标:

1.通过创设声音情境,使学生根据所听到的声音展开合理而丰富的想象。

2.通过学生自主组合声音,有序创编完整而丰富的故事情节,写一段情节完整、表达有序的话。

3.培养学生乐于表达,乐于与别人分享自己的习作成果,学会欣赏别人习作中的长处。

4.关注不同层次学生作文水平的差异,引导学生准确而生动地对故事情景进行描述。

---

[1] 赵婧.把写作的自由还给学生[J].中国教育学刊,2020(6):108.

教学重点：自主选择并组合声音，有序创编完整而丰富的故事情节。

教学难点：把脑海中想象到的情景用合理而具体的话写下来。

课前互动

1.教师播放声音，同学们说说这是什么声音，它使你想起了什么情景。

2.游戏：学生听声音猜谜，老师揭示谜底。

(1)播放老鼠得意的叫声；

(2)播放物体落水的声音；

(3)播放刹车的声音；

(4)播放猫惨叫的声音。

学生自由地说一说。

预设一：猫中了老鼠布置的陷阱。预设二：主人痛打猫。预设三：猫被同伴暴打。

教学过程

一、听音想象

(一)听音"连"声，联想情景

1.师导入：想象给我们的生活带来了无穷乐趣，刚才我们由这些声音想到了一些有趣的故事情景。(板书：声音——情景)

2.播放两种声音，指导联想：

(1)播放猫的惨叫及老鼠得意的叫声，思考：把这两个声音连起来听一听，放在一起想象一下，你能想象到什么？

(2)启发想象，连"声"成"段"。

学生根据两种声音说出自己想到的画面。教师鼓励学生说得更具体些。

(3)教师小结：当我们把两种声音连在一起想象，就可以想到很多有趣的故事情节。(板书："连"声——情节)

3.启发再组合：

假如让你再加入一种声音，把故事接着往下编，你会选择什么声音，编什么故事？

学生发言。教师点评。

(二)听音组合，创编情节

1.导入：老师为大家准备了一些有趣的声音。大家听一听，说说分别是什么声音(播放一组声音：破碎声、刹车声、老鼠得意的叫声、柔美的钢琴声、猫的惨叫声、物体落水声)。

2. 可以从中选择几种声音，也可以加入自己想到的其他声音，排好它们的"出场顺序"，填在记录纸上的方格里。根据自己组合的声音想一想故事情节，也可以在桌上用两只手分别扮演猫和老鼠，玩一玩猫和老鼠的游戏，编一编故事。

3. 学生说、演，师生点评，鼓励不同的、有创意的组合。

4. 师小结：同学们编的故事娓娓动听，说明大家已经学会有条理地编故事了。

二、激趣写作

1. 鼓励创编：今天咱们要给《猫和老鼠》写续集。请同学们开动聪明的脑筋，用你们丰富的想象力和创造力，根据自己选择的声音，有条有理、有声有色地写故事。今天咱们要评选出优秀编剧奖。

2. 学生写作，教师巡视。

三、展示交流

(一)学生作品1和2(叙事完整、有条理者)

1. 投影出示作文，请作者说说自己选择的几种声音及其出场顺序，有感情地朗读自己的作文。教师相机指导词句标点。

2. 学生点评：写得好的地方是_____。

3. 教师点评：

(1)故事讲得完整吗？想象合理吗？

(2)对照声音的出场顺序，点评叙事的条理性。

(二)学生作品3(场景描写优秀者)

1. 学生点评：写得好的地方在_____。

2. 教师点评：

(1)圈画好词好句。

(2)针对重点句子进行赏析。

A. 声音描摹精彩【拓展描写声音的方法】

(1)形容表现法　　　(2)比喻手法

(3)象声词模拟法　　(4)感受式表现法

B. 动词使用准确：圈画——师生评议——修改——读一读。

(三)学生自愿展示作文，教师读文，简要点评

(四)颁发优秀编剧奖

四、课堂小结

用心聆听声音,展开丰富的想象。每一种声音都可以给我们带来生动的画面,声音的组合更为我们带来有趣的情景,为我们的生活增添许多乐趣。

五、拓展作业

思考:猫和老鼠之间发生了什么事情?结果如何?为刚才写的内容加上开头、结尾,使之成为一篇完整的习作。

四年级的学生在经历了对童话近十年的熟悉之后,对于童话的特点有一定的了解。在生活中,他们经常喜爱幻想,喜爱编故事,童话故事也在此列。同时,由于他们在语言文字上也有了较为丰厚的积淀,因此具备了一定的创编故事的能力。本课在教学时,尝试引进声音作为学生想象的生发点,通过声音唤起他们的生活体验和感受,唤醒他们脑海中的文学艺术形象,在老师的启发下,由单音、组合音逐步提高听音想象能力,编写有趣的童话故事。

纵观本课教学,我们可以寻找到悦语文教学激发学生积极参与课堂的如下密码:

1.选材新颖,形式活泼,激发了学生主动探求的欲望

学生读童话作品,总是通过生动形象的语言进入故事,借助想象感受人物形象[1]。本课把猫和老鼠的叫声作为写作的材料引进课堂,对大多数学生而言,是一种全新的强烈的刺激。声音的世界是丰富的,是人类获得知识的一个重要宝库。日常生活中的各种声音,尤其是动物的叫声富有表现力,经常能够引发我们的种种遐想。儿童对声音是敏感的,本堂课开场的各种动物叫声及课堂中穿插出现的声音,不论是老师用课件提供的,还是学生模拟猫和老鼠的叫声,都给作文课堂注入令学生兴奋的因素,使得他们整节课始终处于高度集中的主动探究状态。

此外,听故事、编童话是小学四年级学生喜闻乐见的学习方式。课堂上老师编故事给学生听,学生还可以对老师的故事"评头论足";学生们编故事进行交流、展示,能够得到老师和同学们的掌声,因此学生想说,乐说,争说,会说……尤其值得一提的是,学生自主提供猫和老鼠的各种叫声,自由组合,自编故事,体验了童话的乐趣,克服了害怕作文的情绪。

---

[1] 宣莹.童话文体单元教学思考与探析[J].语文世界,2024(22):88-89.

2.提供支点,有效指导,让学生插上想象的翅膀自由飞翔

学生在习作中一定会遇到各种困难,但教师无法用一堂课就解决所有的问题,教师要做的就是抓住学生迫切需要解决的困难①。听猫和老鼠的声音展开想象,创编故事,虽然有趣,但由声音到具象、由无形至有形的创作过程无疑是十分具有挑战性的。为避免学生的想象陷入思维无序、情节雷同、故事无意义等误区,本堂课上教师注重为学生提供想象的支点,采取了如下做法:

(1)引导学生关注"猫鼠关系",梳理故事情节,避免思维无序。课堂一开始,教师便明确本堂课编的是猫和老鼠的故事,帮助学生锁定故事的主人公;在听猫和老鼠的声音时,教师让学生大胆想象猫和老鼠之间到底发生了什么事情,帮助学生明确了思维的方向;在师生编故事这一环节,又通过编讲故事和师生之间的互动评价、谈话,启发学生从猫和老鼠的关系上想象,既构建了故事的基本框架,又启发学生新编猫鼠关系,打破了传统的猫抓老鼠的单一关系。

(2)鼓励学生构思"猫鼠身份",大胆展开想象,杜绝情节雷同。要想让习作向深度学习迈进,须使学生对习作产生兴趣,充满情感,变"要我写"为"我要写"②。人物身份是打开学生记忆宝库大门的金钥匙。学生拥有了这把钥匙,就可以赋予猫和老鼠各种角色,挖掘和利用他们在现实生活中的直接经验和文化精神生活中的间接经验,甚至可以联通他们的梦幻世界,将他们熟悉的人物原型"组装"到猫和老鼠身上,赋予猫和老鼠个性化的言语、行为、神态、心理,从而使故事带上了创作者的独特色彩。

(3)启发学生挖掘"猫鼠贡献",开启储备宝库,编有意义的故事。为了避免美国动画片《猫和老鼠》中诸多雷同的猫鼠追赶打斗情节给学生习作带来负面影响,老师有意在示范创编故事时带领学生思考:猫鼠非得打斗吗?猫鼠和睦相处甚至互帮互助,不是让故事更有趣也更有意义吗? 如此的干预似乎是老师强加给学生的预设,却不尽然。对于学生而言,要从已有的印象中逃离,重构猫鼠新关系有难度。在笔者前几次试教中,学生在自然状态下(即老师未加干预、引导)创编猫追老鼠故事的比例达到80%以上,且处处可见动画片的踪迹。对学生思路的开拓、思维的引导是快速引领学生离开误区、走上坦途的高效途径。

---

① 何捷,李扬.搭建习作支架,写出独特想象——"我来编童话"(三上)习作教学及评析[J].小学语文教学,2024(Z2):23—26.
② 朱旭光.深度学习理念下习作指导策略的转型[J].教学与管理,2020(11):29—31.

在师生的互动中,学生渐渐懂得挖掘猫鼠的优点,笔下出现了猫鼠合办培训学校、猫鼠亲子游、万能猫拯救地球、机灵鼠智破奇案等既有趣又有意义的故事。

3.现场实践,当堂评价,趁热打铁有效提升

现场的鲜活体验给了学生充足的写作灵感与素材,在自由的课堂时空里,学生们现场创作,一个个生动有趣的猫鼠故事如约而至,一阵阵清爽的课堂新风扑面而来……

"评价即学习"强调评价本身就是一种学习的过程,体现评价与教学的一体性,促进教、学、评的有机衔接[①]。现场作文完毕,学生面对自己的得意之作,翘首以待的就是一份肯定,来自老师、同伴以及自我的肯定。对老师而言,当堂的及时评价是高效提升学生习作水平的极佳途径。此时老师要引导学生先读文自改;后立足创作要求,欣赏他人作文,发现亮点,学习优点。虽然仅短短十分钟,但收效令人惊喜:从抓住声音的情绪展开想象,到构建有趣的情节,至用词的准确优美,甚至声音的传神描摹,学生都有了不小的进步。

打开一扇窗,能发现一片新天地。走进声音的世界,原来也是这般绚烂多彩!提供支点,展开想象之翼,习作原来也可以如此有趣!习作之道,贵在真、趣!

此外,悦语文教学还需注重发挥家长参与的重要作用。家长不仅是孩子的第一任教师,更是他们成长路上的伙伴。家长天然地肩负着把孩子从以依赖为主培养至能独立自主的教养任务。作为教育的重要主体,家长要给予孩子优质的家庭教育,培养孩子的学习兴趣。通过家庭教育的支持与配合,教师更容易调动学生参与语文教学活动的积极性,激发学生探索语文知识的欲望,感受语文世界的魅力[②]。通过共读共议书籍、共同完成写作任务等方式,家长可以积极参与到孩子的语文学习中来,成为他们学习的合伙人、引路人、支持者。这样的亲子互动,不仅能够增进家庭成员之间的感情,还能够培养小学生自主学习和运用语言文字的能力,激发孩子对语文学习的主动性。

悦语文教学认为,小学生的语文学习应当是一种积极主动的参与过程。创

---

① 张丽敏,余琴.情境促发真实交流 评价赋能习作全程——四年级上册《写信》课堂实录与评析[J].语文建设,2023(8):42-47.
② 马丽.家庭语文教育中培养小学生语文学习兴趣的对策[J].当代家庭教育,2024(12):79-81.

造有趣的学习环境,培养阅读习惯,鼓励创造性写作以及家长的积极参与,都可以激发孩子们对语文学习的热爱,让他们在语文世界里自由翱翔,收获知识的同时,也收获成长的快乐。为孩子们的语文学习插上主动参与的翅膀,让他们在知识的天空中飞得更高、更远,这是悦语文教学的追求。

(二)张开监控之眼

学习的自我监控能力是指学生对学习活动进行自我调节与控制的能力。它包括学习过程中的确定目标、制订计划、选择方法、管理时间、调节努力程度、执行计划、反馈与分析效果、采取补救措施等能力[1]。在小学语文教学中,培养学生的自我监控能力是一项非常重要的任务。悦语文教学中,我们要积极搭建平台,提供实践,引导反思,让学生能够对自己的学习过程(包括了解自己的学习进度、检查理解程度以及识别可能的误区等)进行监控和评估。教师要教给学生自我监控的策略和技巧,帮助学生理解自我监控的概念,使其认识到自我监控在语文学习中的重要性并积极主动地运用。

为此,我们需要进行如下环节的培养和训练。

首先是引导并帮助小学生做时间的主人。这是帮助小学生学会自我监控的前提条件。很多小学生无法自省、自察、自控的原因就在于没有时间观念,不懂得把握时间,当然也就谈不上效率的提升。我们要帮助小学生建立有规律的作息时间,在充分沟通协商的基础上,帮助他们制订一个相对固定的时间安排表(包括每天的学习时间、娱乐时间和休息时间),逐步建立起时间观念和效率概念,在此基础上引导他们学会管理时间,合理分配时间,以完成各科目的学习任务。教师可以教会他们使用机械表、相关的APP等时间管理工具,以提高效率。这有助于培养孩子的自律性,让他们逐渐养成按时学习、定时休息的习惯。

其次是引导并帮助小学生做学习的主人。教师要创设外部条件对学生的学习行为进行干预,每个阶段在完成自己制订的目标时,以多样的激励策略,激发学生内在的学习信心、兴趣,调动学生的积极性[2]。一是引导并帮助小学生设

---

[1] 姜晓波,时妙文."双减"背景下小学生学习行为自我调控与有效学习实证研究[J].基础教育论坛,2023(18):12-14.
[2] 姜晓波,时妙文."双减"背景下小学生学习行为自我调控与有效学习实证研究[J].基础教育论坛,2023(18):12-14.

定明确的学习目标,与他们一起讨论并设定短期和长期的学习目标,确保他们知道自己要达成的目标,这有助于提高孩子的学习动力和自我监控能力。二是增强小学生的自主学习能力,一方面要鼓励孩子主动寻找解决问题的方法,而不是依赖家长或老师的指导;另一方面,要适时提供必要的技术支持和策略指引,必要时还可以通过提供适当的资源,引导他们独立思考和解决问题。三是引导小学生学会阶段性地对照学习目标进行自我小结、反思,总结有效的做法,思考需要改进的地方。有必要的话还可以鼓励他们形成书面的条文或图示,为以后的学习提供方向和途径。四是建立奖励机制,在他们达到某个阶段的学习目标时给予表扬,这有利于强化学生的内在动机,帮助他们找到学习的乐趣,激励他们继续努力学习,提高自我监控能力。

最后就是要注意培养良好的沟通习惯,形成通畅的沟通机制。在传道、授业、解惑的过程中,师生间积极的互动关系是培养学生核心素养的基础[①]。一方面,教师要与学生保持良好的沟通,了解他们在学习过程中遇到的困难和挑战,及时给予必要的关心和支持,帮助他们渡过难关。另一方面,教师也要注意培养小学生主动沟通的习惯,引导和帮助他们养成有困难及时向老师(或家长)倾诉的好习惯。

以上种种,都需要教师给予学生充分的实践和反思机会,包括在教学过程中设计一些需要学生自我监控的学习任务,如独立阅读、写作、讨论等。教师要鼓励学生反思自己的学习过程和成果,找出问题和不足,提出改进措施;定期与学生进行交流,了解他们的学习进展和困难,给予必要的指导和帮助。值得一提的是,每个孩子形成自我监控能力的速度不同,关键是要保持耐心,也需要家长的大力支持。

从《一分钟》想开去
——让学生学会自我监控

在小学语文教学中,课文《一分钟》提供了一个极具教育意义的案例,旨在向学生传达时间和自我管理的重要性。故事讲述了主人公元元因为贪睡一分钟而引发的一系列后果,包括焦急的等待、不停的叹息、步行的辛苦以及脸红的尴尬,最终深深后悔并从中吸取教训。这样的经历,虽然简单,却蕴含着关于时间管理和自我控制的深刻教育机会。

[①] 宋雯洁.小学语文教学中的共情之美[J].语文教学通讯·D刊(学术刊),2021(12):41-43.

（一）教学目标细化

1. 学生能够详细描述《一分钟》的情节，并理解其中的核心道理，认识到时间观念的重要性。

2. 学生能够通过课堂活动和作业，开始自我观察与评估，学会规划和利用自己的时间。

3. 激发学生对时间管理的责任感，理解守时对个人和集体的意义。

（二）教学过程设计

1. 引入与激发兴趣

(1)故事导入：以互动方式讲述《一分钟》的故事，通过提问引导学生思考迟到的后果。

(2)视频展示：播放关于时间管理的动画短片，为学生提供直观的时间管理概念。

2. 课文学习与深入讨论

(1)详细解读：以读代讲理解课文，对其中的关键词汇进行注释，确保学生全面理解。

(2)角色扮演：学生分角色朗读，体会不同角色的心理变化。

(3)小组讨论：在个体思考的基础上，探讨在实际生活中如何避免类似的迟到情况，如何合理安排自己的时间。

3. 实践活动与体验

(1)"一分钟任务"：学生在一分钟内尽可能完成一项指定任务，体验一分钟的价值。

(2)时间模拟游戏：设置一系列与时间相关的决策点，让学生选择并体验不同选择的结果。

4. 自我反思与制订计划

(1)自我反思：每位学生回顾自己一周内的时间管理情况。

(2)制订计划：在家长指导下，学生制订自己的时间管理计划，包括上学、作业、休息及娱乐时间。

5. 总结与家庭作业

(1)分享心得：学生分享本次学习的心得，特别是对时间管理的认识。

(2)家庭作业：学生与家长一起制订一个周末的时间管理计划，并用画或者写的方式记录这一过程。

【设计效果说明】

通过《一分钟》这一教学实例,我们不仅帮助学生理解了文本内容,还引导他们通过具体活动体验了时间的价值,培养了自我反思和自我管理的能力。这种教学方法将对学生未来的学习生活产生深远的影响,帮助他们在面对各种挑战时能够更好地管理时间,提高效率,减少因管理不善带来的遗憾和尴尬。

通过详细的教学设计,我们希望能够更有效地培养小学生的自我反思和自我管理能力,使他们从小树立正确的时间观和学习观,为未来的学习和生活打下坚实的基础。

(三)练就评价之脑

大脑是人体的统帅。它不仅协调了四肢、控制了脏器,还对诸多系统进行统一的指挥。在小学生的自主学习体系中,学生自我评价的地位就如同大脑之于人体一般。学生自我评价是指学生选择某些比较实用且科学的检测方法,全面地对自我学习的信息、资料进行收集,参照预定的学习要求和目标,对自己的学习以及与学习相关的种种因素进行判断、分析和调控,从而为促进学习和发展的学习策略提供依据的活动[①]。自我评价能力是提高学习效果的关键。在悦语文教学中,让小学生尽可能清晰地认识到自己的学习行为及成果,在自己的学习图景中找到正确的定位,从而更自觉、更清晰、更坚定地开展下一步学习,是非常关键的策略。

小学生语文学习的自我评价能力需要从如下方面进行培养。

第一,梳理自我评价标准。我们必须让学生了解语文学习评价标准,比如在掌握字词、流畅朗读、理解内容、了解写法、把握主旨、审美鉴赏、迁移创造等方面应该达到怎样的水平。教师要在日常的教学活动中潜移默化地教会他们根据这些标准来评价自己的表现,并根据自我评价进行必要的调整,逐步掌握适合自己的评价标准和模式。

第二,教会学生使用评价工具。在小学生的学习生涯中,学习日志、反思笔记、自我评价表等,能够帮助他们记录自己的学习过程和进步。老师还可以为学生提供一些自我评价的工具,例如以下几种:

目标设定表:主要用于语文学习任务开始前,让小学生预先设定自己的学

[①] 何玉胜.巧用学生自我评价提升初中语文学习质量[J].课外语文,2021(16):42-43.

习目标并记录在表格中。通过设定目标,小学生能够方向明确地进行自我提升,同时也能够激发他们的积极性。

自我评价表:可用于任务过程中或者任务结束后。老师设计或者师生一起设计一些简单易懂的问题,让小学生针对自己的学习、行为、情绪等方面进行评价,例如:"今天我是否认真听讲了?""我是否与同学们友好相处了?"等。通过填写自我评价表,小学生能够更清晰地认识自己的表现,并思考如何改进。

情绪记录表:主要用于学生课后总结。老师可让小学生记录自己每天的情绪变化,例如"今天让我感到开心的事情是什么?""让我感到难过的事情是什么?"等。通过记录情绪,小学生能够更好地了解自己的情感状态,并学会调控自己的情绪。

行为观察表:也是用于学生课后总结。让小学生观察自己的行为,例如"我今天是否主动帮助了同学?""我是否遵守了课堂纪律?"等。通过观察自己的行为,小学生能够更好地认识自己的行为习惯,并思考如何改进。

第三,鼓励积极的自我对话。评价的目的不是甄别和选拔,而是促进学生达成学习目标,树立信心,积极向上。儿童处于集体的活动中,他们喜欢表扬和鼓励,教师要抓住这个特点组织教学,开展活动[①]。引导小学生开展自我评价时,不仅要引导其发现自己的不足,更为重要的是肯定自己的进步和优点,使他们形成积极的学习态度,尤其是在后续的学习活动中更加主动地思考、探索和解决问题,从而培养自主学习能力、批判性思维和积极心态。这就需要我们帮助小学生在学习过程中培养自我对话的能力和习惯。

为此,悦语文教学应该打造良好的评价环境,为小学生创造一个安全、积极的学习环境,使他们愿意分享自己的想法、感受和困惑,鼓励他们主动学习,勇于提出问题,善于发表见解,乐于分享成果。只有在这样的环境中,小学生的评价意识、能力和习惯才能健康生长,确保自我评价能力的稳定性和持续性。这种环境的营造既需要教师以民主平等、宽容悦纳的教学精神对待所有学生,也需要全体学生以互相欣赏、相互尊重的心态真诚参与,合力构建。

在此基础上,教师要引导小学生大胆进行自我评价。小学生的评价习惯基本上都是从评价他人开始的,教师要引导他们在评价别人的过程中,慢慢尝试

---

① 周健明.探析新课程理念下语文课程的学生评价[J].内蒙古师范大学学报(教育科学版),2004(8):43-45.

并逐步学会自我评价。在师生之间的对话和交流过程当中,教师应当帮助学生理解教学内容,理解其他人,并在互相理解的基础上理解自己[①]。教师可以先设计一些引导性的问题,例如"你觉得今天你做得最好的是什么?""你在学习中遇到了什么困难?你是如何解决的?"等,然后逐步引导学生自主设置一些内省式的问题,如"我这道题目做错了,是什么原因呢?""我该如何改进我的学习方法?"等,引导学生主动评价自己的学习过程和成果。在小学生初步建立起自我评价意识并掌握自我评价基础技能之后,教师则要大胆地让他们对自己的学习活动过程和结果展开自我评价。自我评价是一种内隐式的评价方式,因人而异,因时而异,所以教师还应适时在班级中搭建合宜的平台,以供小学生交流自我评价的经验和做法,帮助他们科学、艺术地开展此项活动。

在小学生自我评价的形成过程中,教师要重点培养他们的批判性思维,鼓励他们批判性地看待自己的学习成果。小学生在自我评价中可以问自己"这个答案真的是最好的吗?""还有没有其他的解题方法?"等。这样的批判性思维能够帮助学生更全面地认识自己的学习,激发他们探索更多可能性的欲望。同时,教师要积极地提供反馈和支持,一方面要肯定他们的努力和进步,指出需要改进的地方,并提供具体的建议和指导;另一方面,也要鼓励他们保持积极的心态,相信自己有能力解决问题并取得进步。

通过以上方法,小学生可以形成自我积极对话的能力,提高自主学习能力,形成正确的自我评价能力。这将有助于他们在未来的学习和生活中更好地应对挑战。

(四)训练调节之臂

当小学生通过自我监控发现自己的学习偏离预定轨道的时候,他们应该有能力调整自己的学习策略和方法,以适应不同的学习任务和环境。这就是自我调节能力,涉及情绪控制、时间管理和策略资源的合理应用。在悦语文教学中,教师要努力发掘并培养小学生根据自我监控情况对自己的学习行为进行自主调节的能力。

[①] 杜建军.论新型师生关系的构建—基于哈贝马斯交往行为理论的研究[J].河南大学学报(社会科学版),2018,58(4):129-135.

教师要引导学生关注情绪对学习的影响。情绪在学习中具有重要作用,快乐愉悦的学习体验会影响学生的学习态度、学习意愿、情感智力的发展等。当学生在学习过程中体验到愉悦和成就感时,更容易建立积极的情感连接,形成对学习的积极态度,对学科产生正面情感体验,有助于构建学科的正面形象,更愿意投入时间和精力来学习[①]。因此,一方面教师要始终不遗余力地激发小学生的内在学习动机,要通过设计有趣味和启发性的教学内容,激发学生对语文学习的兴趣和好奇心,鼓励学生参与课堂活动,让他们感受到自己在学习过程中的主动性和重要性。另一方面,教师要教给他们一些简单的情绪调节技巧,如默想、深呼吸、放松训练、短暂休息等。

教师要引导小学生关注自己的学习效益和学习时间之间的关系。在语文学习方面,面对不同难度的学习任务,所使用的时间是否科学合理往往决定了小学生语文学习的效果。人天生就有趋利避害的本能,对于难度系数较大的学习任务,小学生本能地会选择逃避,用较短的时间草草应付,诸如鉴赏、评价、创造等高阶思维题目经常会被小学生视为畏途而放弃。在悦语文教学中,教师要努力提高学生的自我效能感,积极引导、鼓励小学生关注自己在有一定难度的语文学习任务上所花费的时间,坚持通过增加时间投入、开拓思考维度等方式调节自己的学习模式,逐步实现正视困难,迎难而上。

教师还要引导小学生学习自我调节的一些策略。比如,设置合适的语文学习目标,制订相应的学习计划,分门别类地克服问题,扬长补短,等等。同时,鼓励他们根据实际情况调整学习策略,以适应不同的学习需求。

合理应用资源进行自我调节也是小学生需要努力掌握的技能。当小学生发现单靠自己无法有效调节学习过程、达到理想学习效果时,他们应该学会寻找和应用资源帮助自己。这些资源包括硬件(如班级和家庭学习环境、学习辅助工具等)、软件(电脑、手机、IPAD等的内置软件),以及主动接受成年人(老师、家长等)或者同伴的提示、监督、管理。悦语文教学尤其注重小学生自主营造有利于语文学习的环境,使其在学习时能够全神贯注于手上的任务。

上述培养过程,需要来自教师和其他成人或者较为成熟的同龄人的指导。教师要给予学生足够的支持和鼓励,帮助他们建立自信心。要给予学生及时的

---

① 黄翠华."学为中心"课堂的应然追求:积极的学习体验[J].教育理论与实践,2024,44(17):41-45.

反馈,让他们了解自己的学习进展和需要改进的地方;鼓励学生之间的互相评价和交流,以促进共同进步。

自主学习是一种积极主动、自我调节和目标导向的学习方式,要求学生具备独立思考、分析及解决问题的能力,也需要教师提供适当的指导和支持。悦语文教学尤其重视培养自主学习能力,使学生可以更好地适应未来的挑战,并在终身学习的道路上取得成功。

二 合作学习

悦语文教学提倡"学用合一",注重培养具有合作意识的未来型人才,因此关注小学生合作学习能力的提高,倡导以小组合作的方式进行语文学习。因此,鼓励学生之间的互动和协作,特别是通过小组讨论和合作在共同完成学习任务的过程中提升个体和集体的学习效果,是悦语文教学中一种十分重要的策略。

合作学习是以小组为基本形式,以集体授课、学生个人学习为基础,通过组织学生进行合作性的学习交往活动来完成个人和小组任务,并以小组成绩为评价标准的学习活动[①]。良好的小组合作学习具有分组结构均衡、目标达成一致、教学有效整合、组间互助提升、整体评价优先等特征。不过,在实际教学中,合作学习经常面临一些挑战,如学生之间缺乏有效沟通、拒绝分享和配合等,导致合作学习效率低,甚至影响教学任务的完成等。这些问题之所以会产生,往往和目标不清晰、分组不合理、规则不明确、技巧不成熟等因素相关,需要教师的正确指导和有效管理。

下面结合具体的案例来说明悦语文教学在合作学习方面的特质及实现路径。

---

① 蒋波,谭顶良.合作学习:种种误识与基本要素[J].全球教育展望,2006,35(12):27-31.

《汉字真有趣》合作学习方案

活动步骤	活动目标	活动内容	合作成果预设
第一步	明确活动目标，达成"悦"指向	阅读课本内容，学习第一个大模块【汉字真有趣】，明确本次活动的目标、任务：以小组合作的方式，选择活动内容，搜集整理资料，制订活动计划并开展活动。	确认活动目标： 1.乐于收集并勇于创编字谜；掌握猜字谜的方法，培养乐学会学品质，培育猜字谜文化氛围。 2.学会收集并交流趣味汉字资料(体现汉字特点的古诗、歇后语、对联、故事等)，培育文化积淀。
第二步	明确活动内容细节	群体讨论交流，根据目标达成情况，补充完善合作学习活动细节，如字谜具体要求是什么，趣味汉字主要有哪些类别等。	形成活动细则： 1.通过阅读材料懂得从文字谜、画谜、故事谜这三类来搜集字谜，通过多种方法，如查找图书、网络搜索、请教别人等，从中了解字谜的结构规律。 2.搜集体现汉字特点的古诗、歇后语、对联、故事等资料，开展趣味汉字交流会。
第三步	制订活动计划	确定参考材料、搜集内容和人员分工。根据老师提供的活动计划案例制订本小组的活动计划，并确定本小组的展示形式及细节。	制订活动计划： 1.小组成员根据参考材料和分工，分别搜集三类字谜和趣味汉字材料。 2.小组成员参考范例，合作讨论活动计划的标题和正文分别写什么。 3.小组成员确定本组的展示形式(海报、演示文稿、黑板报等)，安排好展示的细节(主持、分享等)。
第四步	活动成果制作	周末通过查找图书、上网检索、请教合适的人等方法搜集相关资料，在充分考虑展示时间及形式后，进行资料的筛选和梳理，并制作活动成果。	制成活动成果： 1.将搜集到的资料进行筛选、梳理及制作加工。 2.猜字谜：可以出示演示文稿，让其他同学猜。也可以举行猜字谜游园会，把谜面贴在教室里，猜出字谜的同学可以摘下回答。 3.趣味汉字交流会：可以用海报展示、黑板报展示、演示文稿展示，也可以表演。

续表

活动步骤	活动目标	活动内容	合作成果预设
第五步	课堂合作展示	安排两个课时进行课堂合作展示。展示前要明确注意事项(如流程的把控、全员参与、课堂互动等)和评价标准。	课堂合作展示： 1.小组明确展示要求,主持人把本小组的活动主题、每个成员展示的内容讲解清楚。 2.每一位成员展示时,其他成员都要参与,注重与同学的互动。 3.展示的内容应丰富有趣,形式多样有创意,展示时准备充分,大方自信,完成一场生动有趣的展示活动。
第六步	活动小结反思	活动后对本次小组合作学习进行总结与反思,做得好的地方总结经验,做得不好的地方总结教训,反思自身在小组合作中存在的问题。	活动之后反思： 1.回顾活动的过程,总结、反思自己的表现： (1)你是怎么和组员合作的？ (2)活动中遇到了什么困难？ (3)你是否有做得不好的地方？下一次准备如何改进？ 2.回顾小组活动的情况： (1)小组成员之间的分工合作是否明确、有效？ (2)是否按计划完成了任务？ (3)小组合作出现了什么问题？你认为可以怎么改进？

从上述案例中,我们可以发现悦语文教学在小学生语文合作学习活动中的实现路径：

1.明确合作学习目标有助于达成共识

在活动开始之前,教师应采取讨论、讲授等相结合的方法让学生透彻地理解合作学习的意义和目标,形成"共赢共悦"的清晰指向,让语文合作学习成为小学生乐于接受并参与的一种教学形式,帮助团队成员建立信任,相互支持,从而提高团队的凝聚力,为合作学习的顺利开展做好必要的心理和情感准备。

在活动过程中,明确的目标是激发团队成员的积极性的重要因素,可以使他们更加投入地参与学习过程。明确的目标有助于团队成员了解自己在实目标过程中的分工和责任,从而以更加认真负责的态度主动、自觉地完成任务。明确的目标还有助于团队成员将精力集中在最重要的任务上,从而提高工作效率。它还能帮助团队评估自己的进度,从而及时调整策略,以确保最终取得成功。

当团队成功实现目标时,成员们会感受到成就感,这有利于提高他们的自信心和积极性。通过共同努力实现目标,团队成员可以学会相互信赖、协作和支持,从而培养强烈的团队合作精神。

因此,确立目标是合作学习取得成效的重要前提。为了确保有效性,目标应该是具体的、可衡量的、可实现的、相关的和有时间限制的(即SMART原则)。同时,团队成员应该参与到设定目标的过程中,以确保他们对目标有充分的认同感和责任感。

2.协商调配有助于角色的合理分配

教师应根据学生的个体差异(如能力水平、性格特点、兴趣需求和学习风格等)进行合理分组,确保每个小组成员的多样性和互补性。在此基础上,教师要在小组内为每个学生分配特定的角色,如组长、记录员、发言人等,使每个人都有参与感和责任感。

合理、有效的分组可以促进学生之间的互动、交流和合作,从而提高学习效果。通过合理分组,我们可以将具有不同技能和知识背景的学生组合在一起,使他们能够互相学习、分享观点、解决问题和共同完成任务,从而提高整体的学习效果。合理的分组还可以确保每个小组内的学生能力水平相对平衡,避免出现能力悬殊的情况,让每个成员都能充分发挥作用,这将大大提高学生的参与度,使他们更加积极地投入到学习过程中,从而提高学习效果。在合作过程中,合理分组有助于培养学生的团队合作精神,使每个学生都明确自己在小组中的角色和责任,从而增强责任感,也使他们学会相互支持、协作和共同解决问题。

在悦语文教学中,为了实现合理分组,我们可以采用以下策略。

一是要充分了解学生的特点,尤其是语文学习方面的特点。在分组之前,教师应深入了解学生的能力水平、兴趣需求和学习风格,以便进行有效的分组。小学生在语文学习各个方面都具有各自的特点,包括语言发展阶段(如句式、词汇量、语法理解和表达能力等)、认知特点(如形象思维、抽象思维等)、注意力(如集中程度和持续时间等)、兴趣和动机(如引发兴趣和动机的关联事物、强度和持续时间等)、学习风格(如主动型、被动型等)等等。这些特点的发现与收集,需要教师通过家访、观察、访谈(包括和家长、学生等的访谈)、作品分析等途径予以实现,并作必要的归纳整理及分析提炼。

二是我们应探索并设置科学而明确的分组标准。基于对以上特点的把握,我们可以根据如下维度对小学生进行合理分组。我们可以根据学生的能力水平分组,将不同水平的学生搭配在一起,以便他们互相学习和帮助;也可以考虑学生的学习风格,将喜欢动手操作的学生与喜欢阅读、写作的学生组合在一起,以便他们从不同的活动中受益;我们还可以考虑学生的兴趣,将有共同兴趣的学生分在一组,以激发他们参与学习活动的热情。在此基础上,我们有必要定期调整分组,以便学生有机会与不同的同学合作,从而扩大他们的社交圈,并从不同的同伴那里学习。教师应根据课程目标和学习任务设定明确的分组标准,以确保分组的合理性。

三是在合作学习过程中,小组组建是开展合作学习的前提和基础。小组组建的质量直接影响到合作学习的效果。合作学习必须重视小组的组织建设工作[1]。教师应根据实际情况灵活调整分组,以确保学生的学习效果。

比如观察学生的互动情况。教师通过密切观察每位小学生在小组内的互动情况,可以发现是否有学生被边缘化或过度主导了小组活动。如果发现这些情况,教师应该考虑重新分组,以确保每个学生都有机会参与并贡献自己的力量。

再如评估学习成果。如果某个小组的成员在学习成绩上出现明显差异,教师可以考虑调整分组,以平衡各个小组的学习水平。

教师也可以通过访谈收集反馈信息。向学生收集关于合作学习的反馈信息,可以了解他们在小组内的感受和遇到的问题;或不定期组织学生进行合作学习后的自我反思,思考、交流自己在团队中的角色、贡献以及需要改进的地方。这些反馈可以帮助教师了解哪些分组策略有效,哪些需要改进。

在合作学习过程中,教师应提供必要的支持和指导,帮助学生解决团队合作中的问题。如果某个小组遇到困难,教师可以适时介入,帮助他们找到解决问题的方法。

总之,教师要及时获取学生集体和个体的学习情况,灵活调整分组策略,从而确保合作学习的效果最大化。

---

[1] 蒋波,谭顶良.合作学习:种种误识与基本要素[J].全球教育展望,2006,35(12):27-31.

3.平等商议合作规则有助于活动顺利开展

小组应制定合作的基本规则和行为准则,包括相互尊重、倾听、平等参与等,以维护小组合作的秩序和效率。

小学生在语文合作学习活动中应该遵守的规则,主要有如下几个方面:

一是分工合作,指向目标。在开始合作学习之前,所有学生都要理解合作学习的目的和意义,以及自己在团队中的角色和任务。每个小组成员应该牢记自己的分工和职责,比如负责人、记录员、发言人等,以便高效协作。

二是积极参与,有效沟通。所有学生都应积极参与讨论,要避免被边缘化或沉默不语;也不提倡"一言堂"或个人主义。在活动中要努力提升沟通技巧,包括清晰地表达自己的想法和倾听他人的意见。

三是相互尊重,互助互学。在小组讨论中,每个成员都应该有机会表达自己的观点,其他成员应该倾听并尊重不同的意见。小组成员之间应该相互帮助,共同解决问题,通过合作学习达到共同进步。

四是遵守纪律,管理时间。不论什么合作活动,都应维持课堂的基本纪律,不影响他人或其他小组学习。尤其要注意合理分配讨论和活动的时间,确保每个环节都能在规定时间内完成。

五是基于文本,合理选材。合作学习的依据应该是文本,确保讨论和活动围绕文本内容展开,以保证语文学习的知识性和思想性。使用的学习内容和材料要适当,避免无关的话题干扰学习进程。

六是结果共享,集体改进。小组合作的结果应该向全班同学展示和分享,以便于相互学习和评价。在合作学习后,要进行反思和总结,找出不足之处并改进。在个人成长的同时也要注重发展团队合作精神,认识到集体智慧的重要性。

七是教师指导,评价激励。教师应在整个合作学习过程中提供必要的指导和支持,帮助学生解决困难和问题。教师要建立合理的评价机制,对学生的合作学习给予积极的反馈和适当的激励。

梁启超曾在《新民说》中说:"凡一群之立也,少至二三人,多至千百兆,莫不赖有法律以维持之。其法律或起于命令,或生于契约。"[①]以上规则都将帮助小学生语文合作学习更加有序、高效,提升他们的语文素养和综合能力。

---

① 梁启超.新民说[M].北京:商务印书馆,2016:149.

三 探究式学习

古人云：工欲善其事，必先利其器。对于小学生而言，什么是"事"，什么是"器"呢？在悦语文教学中，我们认为，小学生的好奇心、求知欲以及能够支撑二者的感觉、知觉乃至心理、思维等素养是"器"；其学业的发展则是"事"。所以，对于小学生的语文学习而言，首要的是培育他们对语言文字敏锐的感知力以及对自然、社会细致的觉察力，并努力将二者联结起来，实现"语文·生活"的融合感知模式。这就需要我们积极引导小学生开展探究式学习。

探究式学习是一种以学生为中心的教学模式，它强调学生在学习过程中的主动性和自主性，注重激发学生主动探索和深入研究语文知识的过程，培养他们的批判性思维和创新能力[1]。

悦语文教学认为，"悦"是一种自发、自主的学习状态，尤其注重小学生见文思义，披文入情，把僵化的文字还原为生动的形象，进而串联为活动的情节，从而实现与文本同频共振。在表达方面，悦语文教学也注重小学生将目之所见、耳之所闻、肤之所触以及心之所念以最真实最合宜的方式呈现出来。上述种种，都发源于小学生敏锐而自觉的探究行为。因此，悦语文教学十分重视对小学生探究式学习能力的培养。

在悦语文教学中，探究式学习的方式主要包括引导性探究（教师通过巧妙设计问题和活动，引导学生积极思考，鼓励他们提出疑问并寻求解答，从而在探究过程中深化对语文知识的理解和掌握）、合作性探究（学生在小组合作的模式下共同完成探究任务，通过相互交流和协作，培养团队合作精神，同时促进个体的主动学习和责任感）、自主性探究（鼓励学生独立或在小组内自发地探索和研究语文知识，发展其自我学习的能力和习惯，提高解决问题的能力）等。

不管哪一种探究式学习，都会对小学生的主动发展和全面发展产生良好的助力，这是悦语文教学始终不渝的追求目标。探究式学习鼓励学生主动提出问题，并通过自己的努力寻找答案，这样可以有效地提高他们的自主学习能力和解决问题的能力，有利于培养学生的主动学习意识和探索能力[2]。通过探究式学习，学生可以在语文学习的过程中，不仅学习到知识，还能够提升自己的语言

---

[1] 程月红.探究式教学法在小学语文教学中的运用思考[J].学苑教育，2024(5)：28-30.
[2] 吴兴勤.语文大单元教学探索——以统编版九年级上册第一单元为例[J].中学课程辅导，2024(4)：57-59.

运用和审美创造等综合能力,而且,学生在主动状态下能够更好地理解和欣赏中华文化,从而增强文化自信。探究式学习鼓励学生跳出传统思维模式,采用多元化的思考方式,这对于培养学生的创新精神和批判性思维具有重要意义[①]。它不仅关注知识的传授,更重视学生个性的发展和创新能力的培养,有助于学生成为适应未来社会的全面发展的人才。这些目标的实现,将有助于学生在未来的学习和生活中取得成功,获得愉悦。

下面是笔者执教的一个案例,以此来呈现悦语文教学在探究式学习方面的一些追求及相应的策略。

"悦"探究,充分感知"军神"特质

《义务教育语文课程标准(2022年版)》指出,阅读教学是学生、教师、文本之间的对话过程。在悦语文教学中,我们认为在小学阶段,尤其要注重开展探究式学习,着力培养小学生和文本直接对话的能力,让他们在对话文本的过程中走进课文,走进作者,走进人物的内心世界,结合自己的生活经验产生独特的情感体验及阅读收获。在此过程中,教师要全面发展小学生的语文素养,丰悦他们的语文生活。

【教学思路】

五年级下册第四单元的主题是"家国情怀",编排了《古诗三首》和《青山处处埋忠骨》《军神》《清贫》四篇课文,以及"阅读链接"《丰碑》。这些课文旨在引导学生深入感受爱国主义精神,学习英雄模范的高贵品质。语文要素是"通过课文中动作、语言、神态的描写,体会人物的内心",从属于"文学阅读与创意表达"学习任务群。

学生在四年级时,已经掌握了通过人物的动作、语言、神态体会人物心情、感受人物品质等阅读方法,这一单元的学习既包括体会人物的感情,也包括体会人物的心理活动及变化,角度更多元,需要学生对人物内心体会得更丰富、细腻、深入。《军神》一课中,为了让小学生对"军神"刘伯承的形象认知更加清晰丰满,从而受到情感熏陶、心灵震撼,教师引导小学生与文本展开多维对话,抓住刘伯承异乎于寻常人的表现,整合学习资源,入情入境体验,深入探究学习。

[①] 陈俊颖.基于多元文化视角的语文课堂教学设计研究[J].中华活页文选(教师版),2023(16):52-54.

通过以上分析,结合课程标准"阅读鉴赏"学习领域对第三学段的目标要求,以及"文学阅读与创意表达"学习任务群对第三学段的目标要求,本单元我们以"百年家国情怀,我说英雄故事"为主题,设计学习任务:

任务一　走近人物,了解英雄故事

(一)叩问课题,激趣说"神"

(二)交流资料,初知"军神"

任务二　学习方法,走进英雄内心

(三)引发探趣,入文寻"神"

(四)交流展示,品文味"神"

1.品词析句,感受人物形象,体悟"军神"特质

(1)深挖"需要",初悟为国为民情怀;

(2)深研"抓破",感悟坚韧不拔意志;

(3)深探"72刀",领悟超常"钢铁"精神。

2.探究写法,赏析侧面描写,领会"军神"魅力

(1)引导关注,发现"详略不当"之谬:大量笔墨写沃克医生(配角)?

(2)入文探寻,感悟侧面描写之妙:冷面医生为何动容?

(3)立足全文,感受谋篇布局之美:正面侧面交相辉映!

任务三　拓展交流,我说英雄故事

(五)拓展阅读,续读"军神"

(1)推荐阅读,全面了解;

(2)交流收获,拓展认知。

立足于文本的教学,可使工具性和人文性得以和谐统一,达到润物无声的效果。

【教学目标】

1.能有感情地朗读课文。

2.读懂表现刘伯承为"军神"的重点语句,借助语言、动作、神态等感受人物的内心世界,体会刘伯承坚强的意志。

3.初步了解正面描写与侧面描写相结合表现人物精神的写作方法。

4.通过变换人称、引用原文、增减内容、加入感受等方法,会用沃克医生的口吻讲述这个故事,为单元任务"百年家国情怀,我说英雄故事"做准备。

【教学过程】

　　　　　　任务一　走近人物,了解英雄故事

一、叩问课题,激趣说"神"

1.出示单元任务:百年家国情怀,我说英雄故事。出示课题(板书:《军神》),激趣提问:什么样的人能被称为"军神"呢?

2.课文中的"军神"说的是谁呢?让我们一起走进课文,去认识一下课文中的"军神"。

【设计意图:引导学生谈一谈对"军神"的理解,为文本的理解做好情感上的准备。】

二、交流资料,初知"军神"

1.自由朗读课文,读准字音,读通句子。

2.检查预习。

3.简介刘伯承。

4.试着用自己的话讲一讲刘伯承的故事。

【设计意图:通过查阅资料,了解刘伯承的事迹,为人物形象的感知做好知识准备。】

三、初读课文,了解故事

1.自由读课文,梳理英雄故事,完成思维导图。

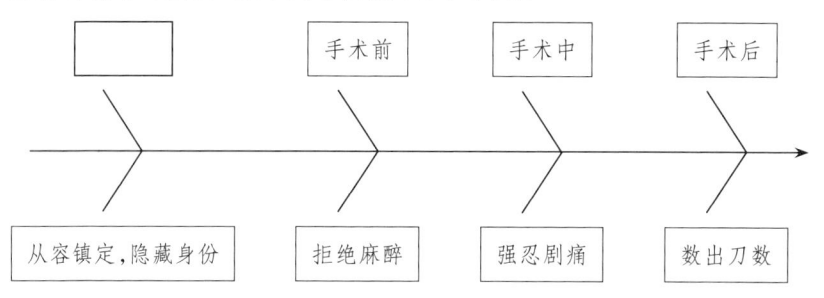

```
         手术前        手术中        手术后

────────────────────────────────────────▶

从容镇定,隐藏身份    拒绝麻醉    强忍剧痛    数出刀数
```

2.借助思维导图,说一说课文主要讲了什么故事。

【设计意图:梳理文章的主要内容,探究刘伯承被称为"军神"的原因,引领学生初步感知英雄人物形象。】

　　　　　　任务二　学习方法,走进英雄内心

一、引发探趣,入文寻"神"

导入:通过昨天的学习,我们了解到沃克医生已经知道刘伯承不是一般的人,是一位军人。他和一般的军人又有哪些不同呢?请同学们自己读读课文的

2~5自然段,找一找哪些地方是一般的军人做不到的,而他做到了?(让学生自由发言后引导归纳)

板书:拒绝麻醉,一声不吭数清刀数。

【设计意图:抓住核心问题,"牵一发而动全身",以此为线索展开教学活动,思路清晰,能有效促进学生与文本的对话。阅读教学要关注并经历"整体—部分—整体"的过程。这里是经历第一个整体。】

二、交流展示,品文味"神"

(一)直面刘伯承——品词析句,感受人物形象,体悟"军神"特质

1.深挖"需要",初悟为国为民情怀

(1)为什么不用麻药?刘伯承担心损坏脑神经,只是从爱惜自己身体的角度考虑的吗?

预设:病人平静地回答:"沃克医生,眼睛离脑子太近,我担心施行麻醉会影响脑神经。而我,今后需要一个非常清醒的大脑!"

(2)刘伯承为什么说"而我,今后需要一个非常清醒的大脑"?

(出示)刘伯承曾经说过:"孙膑失去了双腿,依然可以千军万马;我失去一只眼睛,只要还有健全的大脑,也可以驰骋疆场,为祖国效汗马之劳。"

刘伯承不用麻药,是怎么想的呢?

(出示)刘伯承想:为了_____,为了_____,我不能用麻醉药。(口头练说)

(3)这是刘伯承的人生目标,也是他能忍受巨大痛苦的动力。刘伯承就是怀着这样为国为民的信念,坚决不使用麻醉药。

【设计意图:阅读能力的提高、语文学习能力的发展必须在立足文本的基础上"超越文本"才能最终完成。在钻研教材、整合资源的基础上,抓住这一空白点进行适度的延伸拓展,然后再顺势出示相关资料,能丰富学生的感受和理解,初步激发情感,有效提升对话的层次。这样既架设了文本与学生间的交流平台,又增强了学生对文中主人公的感性认识。】

2.深研"抓破",感悟坚韧不拔意志

(1)不用麻药意味着什么?(要忍受难以忍受的痛苦)

所以沃克医生愣住了,问道:"你,你能忍受得了吗?"刘伯承的回答只有一个字"能",从这平静、简单的回答中,你们体会到了怎样的不简单?(足够的胆量、勇气、自信、决心,钢铁般的意志)

刘伯承坚决不用麻醉药,这是一般军人不容易做到的。正是这一典型的英雄事迹,让我们初步感受到了刘伯承有如神一般的钢铁意志。

(2)还有哪些语句让我们体会到,一般的军人做不到,他做到了?

(出示):"年轻人一声不吭,双手紧紧抓住身下的白色床单,汗如雨下。手术结束,崭新的床单竟被抓破了。"读这段话你的第一感觉是什么?用一个字概括就是"疼"或"痛",这是怎样的疼呢?(锥心疼、撕心裂肺、肝肠寸断等)

(3)这段话中有一个"疼"字吗?让我们再自由地读读这个句子。当你读到哪个词语的时候,你的心为之一颤?在旁边写下你当时的感受。

引导学生从"一声不吭""紧紧抓住""抓破了""青筋暴起""汗如雨下""竟"等词语中感受刘伯承的坚强意志,体会抓住人物动作、神态表现人物内心的方法。

适当补充:

①谁能补充受伤时的资料?他是怎么受的伤?深入体会刘伯承的痛。

②在你的想象中,这是一种怎样的"抓"?你能想象当时的场面吗?请同学们想象一下,他还会有其他表现吗?

3.深探"72刀",领悟超常"钢铁"精神

(1)是啊!常人无法承受这72刀啊!可是,刘伯承他一声不吭。下面就让我们穿越时光隧道,与刘伯承一起经历那次特殊而又令人难忘的手术,真真切切地走近刘伯承。

播放电影《青年刘伯承》片段,定格在"抓破白垫单的青筋暴起的汗如雨下的手"上。手术台上的哪些情景给你印象最深?你又有什么感受?

【设计意图:恰当地运用多媒体课件创设情境,能使学生受到更真切的感染,使语言学习丰富、生动起来。教师适时播放电影《青年刘伯承》片段,使学生如临其境,同主人公"亲密接触",再让学生把感受表达出来。然后,再读课文第四自然段,他们的感受会随之加深。】

(2)引读:同学们,这可是没打麻醉药的手术呀!刘伯承的这个手术可是做了整整三个多小时啊!

一刀,两刀,三刀,引读:年轻人一声不吭……

四十刀,五十刀,六十刀,引读:年轻人一声不吭……

七十刀,七十一刀,七十二刀,引读:年轻人一声不吭……

这坚强的意志就如钢板一样坚硬,真的堪称"军神"。

【设计意图:此时反复地引读,学生与文本的主人公进行了一次又一次的跨越时空的心灵对话,学生的情有感而生,朗读便水到渠成地达到了声情并茂的境界,真正引导学生走出文本,又走进文本。超越"文本"与回归"文本"得到有效统一。】

4.小结:同学们,作者就是这样抓住人物语言、神态、动作的描写,层层递进地向我们展现了刘伯承的"军神"形象。我们通过直接描写的词句走近刘伯承,读出了他的勇气,读出了他的坚强。

(二)侧悟刘伯承——探究写法,赏析侧面描写,领会"军神"魅力

1.引导关注,发现"详略不当"之谬:大量笔墨写沃克医生(配角)?

本文的主要人物是刘伯承,但对沃克医生的神态和语言也作了大量细致的描写,这是为什么呢?请同学们找出描写沃克医生动作、语言、神态的语句,借助表格,小组交流沃克医生的表现和内心变化,体会沃克医生当时的感受,了解这样写的好处。

2.入文探寻,感悟侧面描写之妙:冷面医生为何动容?

(1)生阅读,找到描写沃克医生的语句。

(2)借助表格,抓住人物言行之变,小组交流沃克医生的表现。

	问诊时	手术前	手术中	手术后
沃克医生的表现	惊疑 冷冷地 目光柔和	眉毛扬了起来 生气地说 再一次愣住	双手微微发抖 汗珠滚滚 忍不住开口	擦着汗 吓了一跳 惊呆 失声喊道
沃克医生的内心	冷漠	生气—惊讶	关切	敬佩

2.出示沃克医生的五句话,指导学生结合提示语读好语句。

(1)沃克医生**愣住**了:"你,你能忍受得了吗?"(疑惑)

(2)手术中,一向镇定的沃克医生,这次却双手**微微发抖**。他对年轻人说:"你要是挺不住,可以叫出声来。"(关切)

(3)沃克医生**擦着汗**,对年轻人说:"我真担心你会晕过去。"(佩服)

(4)沃克医生**吓了一跳**:"一共多少刀?"(惊讶)

(5)沃克医生**不禁失声喊道**:"了不起!你是一个真正的男子汉,一块会说话的钢板!你是一位军神!"(敬慕)

【设计意图:在这个过程中,充分体现以读为本,读中理解,读中感悟,尊重学生的独特感受,既加强了读书的指导,又引导学生揣摩文章有特色的表达方法——侧面描写。既注重了语文的人文性,又注重了工具性,使两者达到和谐统一。】

3.师引读描写沃克医生的语句,再次感受刘伯承在手术中面对的剧痛,侧面体悟刘伯承"军神"形象。

师引读：

(1)因为沃克医生知道不用麻醉药在手术中将要面对的剧痛,所以当刘伯承拒绝麻醉时,他惊疑地对刘伯承说：

"你,你能忍受得了吗?"

(2)手术中,一向镇定的沃克医生也一反常态地双手颤抖起来。因为他清楚地知道刘伯承所要忍受的煎熬,所以他关切地对刘伯承说：

"你要是挺不住,可以叫出声来。"

(3)难熬的手术终于结束了,沃克医生告诉刘伯承,手术中他其实一直绷着一根弦：

"我真担心你会晕过去。"

(4)当刘伯承还能勉强一笑告诉他一直在数他的刀数时,他太惊讶了,他吓了一跳：

"一共多少刀?"

(5)当刘伯承准确地告诉他三个多小时的手术一共72刀时,他再也忍不住了,他不禁喊道：

"了不起！你是一个真正的男子汉,一块会说话的钢板！你是一位军神！"

4.手术中不用麻醉药能忍受剧烈疼痛的病人,沃克医生也许碰到过,但能这样一刀又一刀数清刀数的特殊病人,沃克医生在此之前绝对没有碰到过,太不可思议了,太神奇了,所以他不禁失声喊道：

"了不起！你是一个真正的男子汉,一块会说话的钢板！你是一位军神！"

(1)想象一下,沃克这样喊时脸上会露出怎样的神情？哪个词语告诉我们这一点？("失声")

(2)这段话连用了三个什么标点？你们知道表达了什么感情吗？能把这段话读好吗？

(3)钢板有什么特点?(坚硬)刘伯承的什么像钢板一样坚硬?板书:意志如钢。

(4)像他这样坚如钢铁、毅力超凡的人才能称为真正的男子汉,真正的军人,是军人当中的骄傲!读:"了不起!你是一个真正的男子汉,一块会说话的钢板!你是一位军神!"

3.立足全文,感受谋篇布局之美:正面侧面交相辉映!

(1)生交流:作者为什么要花这么多笔墨描写沃克医生?

(2)师小结:正面侧面描写相结合,通过沃克医生的心理变化侧面突出刘伯承钢铁般的意志。

任务三　拓展交流,我说英雄故事

(一)拓展阅读,续读"军神"

1.视角转换,我讲英雄故事

(1)出示任务,引导学生总结方法,明确标准,讲述故事。

手术结束后,目送着刘伯承渐行渐远的背影,沃克医生的心情久久不能平静,他迫不及待地想把这件事讲给家人听。

评价标准	
1.能按照事情的起因、经过和结果把故事讲完整。	☆
2.能自信大方、语言清晰,把故事讲通顺。	☆☆
3.能抓住印象最深刻的地方,把故事讲细致。	☆☆
4.能借助语言、动作、神态描写,体会内心变化,把故事讲生动。	☆☆☆

(2)初讲:同桌试着把这个故事讲一讲。借助评价表师生点评,指出优缺点。

点评引导:在把故事的起因、经过、结果讲清楚的基础上,怎样把故事讲得更丰富、更生动呢?

(3)学生补充。引导两名学生将手术部分讲具体,将沃克医生的心理活动讲出来。

(4)根据师生互评补充,再次请生尝试讲故事。

【设计意图:通过让学生转换视角讲故事,再次深化对人物形象的感知,进一步体会军神刘伯承的高大形象。在讲故事的过程中,利用自评、互评和生评,提升学生的表达能力和语文素养。】

2.拓展文本,开讲英雄故事

(1)推荐阅读《刘伯承传》,丰富人物形象,尝试讲述刘伯承的其他故事。

(2)自主阅读《丰碑》,试着运用这节课学到的方法,抓住人物言行,以不同视角讲好英雄故事,为"百年家国情怀,我讲英雄故事"班级故事会做准备。

【设计意图:运用课上学到的方法,自主阅读《丰碑》,体会人物形象,讲好英雄故事,延伸了学习成果。】

从上述案例,我们不难发现,悦语文教学主要运用的探究式学习的展开步骤如下:

(1)启发引导:教师通过巧妙设计问题和活动,引导学生积极思考,鼓励他们提出疑问并寻求解答,从而在探究过程中深化对语文知识的理解和掌握。

(2)任务驱动:以学生感兴趣的学习任务为起点,激发学生的学习兴趣和求知欲,让学生在解决问题的过程中学习和掌握新知识。

(3)自主探究:学生独立或在小组内自发地探索和研究语文知识,发展其自我学习的能力和习惯,提高解决问题的能力。

(4)合作探讨:学生在小组合作的模式下共同完成探究任务,通过相互交流和协作,培养团队合作精神,同时促进个体的主动学习和责任感。

(5)情境创设:创设特定的教学情境,让学生在模拟的真实环境中进行语文学习,增强学习的实际应用能力。

(6)资源整合:利用多媒体等现代教育技术手段,整合各种教学资源,为学生提供丰富的学习材料,拓宽学习视野。

(7)反思总结:在学习过程中,鼓励学生进行自我反思和总结,对自己学习过程及结果的优劣进行评价,并开展基于自我内省的探究,以帮助自己巩固所学知识并提升自我认知能力。

(8)成果展示:通过作品展示、汇报演出等形式,让学生将探究学习的成果展现出来,增强学生的成就感和自信心。

(9)评价反馈:建立多元化的评价体系,对学生的探究过程和结果给予及时反馈,帮助学生认识到自己的进步和不足。

(10)拓展延伸:在学生掌握基础知识的基础上,提供更多的拓展活动,如阅读更多的文学作品、参与语文竞赛等,以满足不同学生的学习需求。

教师要通过上述途径鼓励学生多读书,多思考,培养学生使用科学的方法观察、思考和解决问题的能力,如通过观察、体验、想象、联想、比较、分析等方式来深入理解语文材料。这样的深入阅读可以提升小学生对文本的理解和鉴赏能力,使之见词思物,睹物生情,真情满怀,由此不断增加文化底蕴,提升文化品位。

总的来说,小学语文探究式学习不仅仅是教授语文知识,更重要的是通过探究活动,培养学生的独立思考能力、问题解决能力和终身学习能力。这种学习方式有助于学生形成积极主动的学习态度,为未来的学习和生活打下坚实的基础。

四 项目式学习

悦语文教学认为,在小学语文教学中开展项目式学习具有深远的意义。教师引导学生围绕一个主题,自主规划和执行项目,并形成某种形式的作品、成果,以此培养学生的研究能力和创新思维,不仅能够提升学生的学习效果,促进其全面发展,更为主要的是,悦语文教学在培养小学生的目标指向上是引导儿童"知行合一""学以致用",将语文学习中获得的真善美"知"之于内,悦纳自己;"行"之于外,悦纳他人,悦纳世界。从这一点上来说,项目式学习是培养小学生活用语文习得,融入自然社会,创造幸福人生的重要训练场。这是实现由"悦语文"到"悦人生"飞跃的必修课。

首先,项目式学习有利于培养主动学习能力。在项目式学习中,学生需要围绕项目核心任务,自主探索和解决问题,这有助于培养学生的主动学习能力,使他们从被动接受知识转变为主动寻求知识。

其次,项目式学习有利于提高小学生的综合素养,尤其是在促进深层次理解、增强实践技能方面有着较为明显的推动作用。项目式学习强调通过跨学科的项目,让学生将语文知识与其他学科知识相结合,提高他们的综合素养和跨学科思维能力。学生在完成项目的过程中,需要深入理解和应用语文知识,这有助于他们构建深层次的知识理解,而不仅仅是表面的记忆。此外,这样的学习方式往往涉及实地考察、数据收集和实际操作等环节,能够增强学生的动手能力和解决实际问题的能力。

极为重要的一点是,项目式学习有利于激发学习兴趣,促进个性化学习,发展学生的创新和批判性思维,使他们适应未来教育及社会生活趋势。通过与生活紧密相关的项目主题,学生能够感受到学习的实用性和趣味性,从而激发他们对语文学习的兴趣。学生根据自己的兴趣和强项选择学习路径,这有助于个性化学习,让每个学生都能得到最适合自己的教育。面对开放性的问题和任务,学生需要创造性地思考,提出解决方案,这有助于培养他们的创新能力和批判性思维。教育越来越强调学生的综合素质和实际应用能力,项目式学习正是培养这些能力的有效途径。

最后,项目式学习有利于提升学生的合作与沟通能力,培养责任感和自我管理能力,使他们成为具有合作能力和领导能力的人才。项目式学习通常需要小组合作完成,这不仅能够提升学生的团队合作精神,还能锻炼他们的沟通和协调能力。在学习过程中,学生需要承担各自的责任,这有助于培养他们的责任感和自我管理能力。

总之,项目式学习是一种以学生为中心的教学方法,它强调学生的主动参与和实践经验,对于培养学生的核心素养具有重要作用[1]。在小学语文教学中,通过项目式学习,学生不仅能够提高语文学科能力,还能够在更广泛的领域得到发展,为其未来的学习和生活打下坚实的基础。

那么,如何在语文教学中有效开展项目式学习呢?悦语文教学在此方面的建议有如下三个方面:

首先是项目主题和任务的确定要贴近生活。教师要选择与学生生活经验相关,能够激发学生兴趣且能够参与,通过努力能取得一定成果的主题[2],如"我的伙伴""我们的班级""我的家乡""节日的故事"等,让学生能更投入地参与到项目中。同时要设定清晰的项目目标和任务,比如写一篇关于某个主题的小研究报告、制作一本关于某本书的读书手册等,确保任务既有挑战性,又能由学生在有限的时间内完成。

其次,通过一定的标准将学生分成小组进行合作学习,每个小组的成员分工协作,共同完成项目任务。这不仅能够培养学生的团队合作能力,还能提高他们的社交技能。活动实践中,教师要注意引导学生通过多种途径搜集信息,包括阅读相关书籍、上网查找资料、采访家长或社区成员等。要教会学生如何

---

[1] 吴明盼.基于核心素养的小学语文项目式学习实践对策[J].天津教育,2023(17):132-134.

[2] 段海燕.有效提问引领学生深度学习—深度学习视角下的小学语文课堂有效提问策略[J].名师在线,2023(31):70-72.

筛选、整理并综合这些信息,同时大胆安排一些实地考察或社区活动,让学生在实践中学习和体验,增加学习的趣味性和实践性。在此过程中,教师要培养学生利用技术工具的能力,鼓励学生利用多媒体技术和网络资源丰富项目内容,比如使用在线文档、创建博客或微信公众号等,让学生掌握一些基本的信息技术能力。要启发学生整合跨学科内容,尽可能地将语文与其他学科知识相结合,如音乐、美术、科学、数学等,让学生在语文学习中拓宽视野,形成综合性的知识结构。

最后,展示与评价引导也是十分重要的环节。教师要鼓励学生进行创造性展示,以多样的形式展示他们的项目成果,如口头报告、海报、PPT、视频或模型等。这样的展示可以增强学生的创造力和表达能力。在项目结束后,教师要组织学生进行反思,让他们分享学习过程中的收获、困难和解决办法。同时,教师也应给出客观的评价和建议,帮助学生认识到自己的进步和需要改进的地方。为了丰富参与对象,教师和学生可以邀请家长、社区成员参与项目活动,这不仅可以增强学生的学习动力,还能促进学校与家庭、社区的联系[①]。

通过上述策略,教师可以有效地在小学语文教学中开展项目式学习,不仅提高学生的语文能力,还促进了综合素质的发展。

---

① 徐传秀.新课标背景下小学语文多元评价策略[J].教育,2024(16):24-26.

"我心中最美的风景"推介会项目化学习方案

项目名称	"我心中最美的风景"推介会	项目时长	1-2周
学科	小学语文	项目类型	学科项目化学习
相关学科	信息技术、美术	年级	五下

项目阐述：	
依据本单元的人文主题"世界各地"，紧扣语文要素，以"'我心中最美的风景'推介会"为学习主题，统摄该单元学习全过程，言语实践环境围绕"推介会"这一情境任务进行一体化设计。 　　在任务发布时，引导学生明确"推介会"的内容和目标，结合教材自主规划路径，通过"搜集资料，寻找美景之最""改编讲词，为最美风景代言""畅所欲言，推介最美风景"一系列任务，让学生在情境中获得信息、了解世界、学习方法；借助多种形式的语言实践活动，帮助学生感受说明性文字、描写性文字的特点，进一步增强语言表达的准确性、规范性；通过阅读、讲解、写作、推介，引导学生用热情的态度、健康的心理关注大千世界，用自己的语言进行介绍，进而更加热爱这个世界，热爱生活。	
问题	本质问题：如何介绍一个地方？ 驱动性问题：如何举办一场"我心中最美的风景"推介会？
教科书和相关资料	五下第七单元主题为"世界各地"，一共三篇课文。前两篇是抒情散文，后一篇是散文与非连续性文本。 世界文化遗产的文献资料。 讲解推介技巧的文献资料。
学习目标	1.借助比较阅读等方式，体会课文所介绍的国家的风土人情，用自己的话分析不同表达方式的妙处。 2.感受图片、文字的不同表达效果，认识不同媒介的作用；初步掌握查找资料、运用资料的方法，利用图书馆、网络等渠道获取资料；尝试运用多种方式整理信息。 3.能体会课文中静态描写和动态描写的表达效果，并交流总结。 4.合作策划简单的推介活动；用自己喜欢的方式，结合资料表达交流。 5.在阅读和交流中激发学生了解世界多元文化的兴趣，使其热爱世界，热爱生活。

续表

项目名称	"我心中最美的风景"推介会	项目时长	1-2周
学科	小学语文	项目类型	学科项目化学习
相关学科	信息技术、美术	年级	五下
项目阶段性任务			

项目准备：推荐组长、设计队标、确定目的、组建群聊、讨论方案；讨论一：举行一场"我心中最美的风景"推介会的基本条件；讨论二：达到基本条件的方法。沟通交流合作。

项目实施：搜集资料，寻找美景之"最"；阅读课文，感受美景；寻找自己身边的最美风景。想—查—理—写—展、别、练、讲。畅所欲言，推介最美风景。学习收集整理。

项目成果：讲词撰写（列出提纲、文本修改）；组内试讲（模拟推介、形象凝练）；校内推介（拍摄记录、制作视频）。写作口才实操。

项目学习成果与评价：

项目成果
1.撰写推介词。
撰写推介词，交给语文老师审阅。老师对稿子的不足之处进行批注，并返回小组修改。
2.组内试讲。
推介员在小组内进行试讲。组员根据评价量表对推介员的表达、体态等方面进行评价。
3.校内推介。
推介员在校内进行讲解，根据听众的反应，对讲解内容进行调整，并请各相关人员拍摄记录，整理项目成果，以讲解视频、微信推文、手抄报等方式公开。
项目呈现方式
1.向同学、家人等进行推介展示，并用视频记录。
2.整理活动成果进行推送。
成果的呈现方式
图文作品、小视频。

续表

项目名称	"我心中最美的风景"推介会	项目时长	1-2周
学科	小学语文	项目类型	学科项目化学习
相关学科	信息技术、美术	年级	五下
项目学习成果与评价	项目学习评价		

评价表1

"我是小小推介员"评价表			
推介员		评价指标	星级
	内容	1.条理清楚，重点突出	☆☆☆
		2.能根据听众的反应及时调整讲解内容	☆☆☆
	表达	1.语气、语速适当	☆☆☆
		2.流畅、自然	☆☆☆
		3.有表情、动作辅助	☆☆☆
		4.与听众有眼神交流	☆☆☆

评价表2

评价主体	评价内容及结果	
自我评价	你喜欢"我心中最美的风景"推介会这一活动的哪些部分？ ☆多渠道、多角度搜集资料的过程。 ☆整理资料，列出讲解提纲的过程。 ☆试讲、讲解的过程。	
	通过研究学习，你学到了哪些知识、技能？ ☆最美风景的相关信息。 ☆多渠道搜集资料的方法。 ☆列讲解提纲。 ☆有条理、语气适当地讲解。 ☆能根据听众的反应，对讲解内容进行调整。	
教师评价	对推介会感兴趣的情况	☆☆☆
	讲解时有条理、有取舍	☆☆☆
	善于发现、思考和探索	☆☆☆

续表

项目名称	"我心中最美的风景"推介会	项目时长	1-2周
学科	小学语文	项目类型	学科项目化学习
相关学科	信息技术、美术	年级	五下
项目学习实践活动	第一阶段:项目启动 1.组建学习小组,推荐组长,给学习小组取名字并思考名字的含义。 2.设计小组标识,请美术老师帮助;组建合作小组沟通群,请家长协助。 3.小组合作讨论。 【讨论一】举行一场"我心中最美的风景"推介会,应该怎么做? ①选定最美风景:选定要推介的最美风景; ②明确美在何处:根据搜集到的相关信息,明确推介要点,重点突出; ③推介语言美化:发音标准,语言规范,制定推介表达标准和评价量表; ④推介成果推广:确定推介会的呈现方式、场地、活动后成果的宣传。 【讨论二】举行一场"我心中最美的风景"推介会,获得相关信息、知识的方式有哪些? 路径一:借助网络搜索、到图书馆查阅书籍等方式自主搜集资料。 路径二:借助本单元课文学习,体会语言表达特色。 路径三:通过小组合作探究,开展项目调查研究。 4.小组讨论确定活动任务。 【任务一】搜集资料,寻找美景之"最" 【任务二】改编讲词,为最美风景代言 【任务三】畅所欲言,推介最美风景 第二阶段:项目实施 任务一:搜集资料,寻找美景之"最" 活动一:阅读课文,感受美景 ☆乘坐最灵动的小艇——《威尼斯的小艇》 ☆走进最宁静的牧场——《牧场之国》 ☆探秘最神秘的建筑——《金字塔》 (一)小组合作,探究为什么威尼斯的小艇、荷兰牧场、金字塔可以成为最美的风景? (二)学生汇报讨论结果。教师引导学生结合具体语句,感悟作者介绍事物的方法。 活动二:寻找自己身边的最美风景 1.组内交流讨论:在我们的身边隐藏着哪些常被我们忽略的美景? 2.记录下自己感兴趣的景点,筛选其中一到两处,感兴趣的同学可以进行实地考察。 3.通过交流分享和回忆、实地考察的经历,确定自己本次推介会想要推荐的地方。		

续表

项目名称	"我心中最美的风景"推介会	项目时长	1-2周
学科	小学语文	项目类型	学科项目化学习
相关学科	信息技术、美术	年级	五下

项目学习实践活动	
	美景考察计划表
	在听同学分享时,我对以下景点感兴趣:
	| 景点 | 吸引我的理由一 | 吸引我的理由二 |
	|---|---|---|
	| | | |
	| | | |
	经过比较,我最终决定去(　　　　　)考察。
	注:可打卡一到两处景点,简单记录下自己实地考察时的所见所闻。有条件的同学可以附上照片,不方便实地考察的同学也可以通过视频、图片等方式在线游览。

任务二:改编讲词,为最美风景代言

活动一:想一想,所读文章的可借鉴之处

(一)交流前三篇课文的写作方法,为本次最美风景代言提供可迁移运用的方法。

1.围绕美景最主要的特点进行介绍,如威尼斯小艇的"趣"、牧场之国的"静"、金字塔的"奇"。

2.按照一定的顺序,从几个方面进行介绍。

3.丰富表达方式,如文字、图片、表格等。

4.运用动态描写和静态描写,增强文章的表达效果。

5.运用一定的修辞手法,如比喻、拟人等。

(二)结合具体语段,谈谈这样介绍的好处。

(三)结合自己要介绍的美景,列出写作提纲,并思考需要哪些资料支撑。用列表的形式梳理写作思路。

活动二:查一查,搜集所需要的资料

(一)依据自己的提纲,有目的地搜集资料,交流搜集资料需要注意的问题。

(二)总结方法。

《威尼斯的小艇》《不可思议的金字塔》就是围绕中心,从多个方面有目的地搜集资料,这样可以大大提高效率。不要忘记记录资料的来源,便于后期整理和运用。

(三)依据所需资料,完善提纲。

题目				
开头	(紧扣风景最主要的特点)			
中间	准备介绍哪些方面	需要搜集哪些资料	搜集的相关资料	表达方式	写作方法
结尾	(点题抒情)			

续表

项目名称	"我心中最美的风景"推介会	项目时长	1-2周
学科	小学语文	项目类型	学科项目化学习
相关学科	信息技术、美术	年级	五下

活动三:理一理,分类筛选资料

(一)围绕中心,确定写作题目,列出提纲。

写作提示:

根据要介绍的内容分类整理资料,如描绘外观和结构的,记录历史变化的,讲述相关故事的。

筛选资料,剔除无关信息。如果资料不够完善,可以继续搜集、补充。

(二)对搜集到的资料进行细化整理,如圈画、删减、补充、分类等,运用到习作中。

活动四:写一写,用笔为最美风景代言

1.修改完善自己所列的提纲和整理的资料,自主写一写自己感兴趣的一处风景,完成代言。

2.讨论交流:怎样才能更好地为最美风景代言?

3.学生自主习作,完成宣传的图文编辑工作。

活动五:展一展,共赏美景风情

(一)将习作进行展示。

出示习作评价表:

评价标准	自我评价	同学评价
内容符合要求	☆☆☆	☆☆☆
突出主要的特点,详略得当	☆☆☆	☆☆☆
按照一定的顺序,介绍了多个方面	☆☆☆	☆☆☆
能恰当运用多种修辞手法	☆☆☆	☆☆☆
书写工整,语句通顺,无错别字	☆☆☆	☆☆☆

(二)按照评价标准,对所写习作进行自我评价。

(三)教师巡视,发现典型习作,重点进行指导。

1.引导学生按照评价标准,说一说习作中出现的问题。

2.小结存在的问题:主要特点介绍得不够清楚;不同的方面没有分段介绍;没有按照一定的顺序;全篇照搬资料,没有自己的语言;没有运用多种说明方法等等。

(四)四人小组内互评。

(五)教师巡视,发现修改后的典型习作,并展示交流。

(六)把全班同学的材料编成一本《最美风景推荐手册》。

续表

项目名称	"我心中最美的风景"推介会	项目时长	1-2周
学科	小学语文	项目类型	学科项目化学习
相关学科	信息技术、美术	年级	五下

任务三：畅所欲言，推介最美风景

活动一：列一列，确定介绍顺序

(一)观看讲解视频。

老师提供讲解视频，学生观察视频讲了什么内容，起到了怎样的作用。

视频推荐：《风度中国》

(二)小组交流在列提纲时需要注意哪些问题。

1. 材料之间要有相关性。分析哪些材料与讲解的内容密切相关，哪些关系不大，可以有所取舍。

2. 材料之间要有条理性。在整合材料时要注意讲解顺序，梳理一条清晰的线索，如可以列出地点转换的线索等。

(三)学生完成列提纲。

通过拟定提纲，事先安排好讲解的顺序和主要内容，做到条理清楚，重点突出。

提 纲	
开头语	示例：各位游客大家好！欢迎来到美丽的××景区。
概括介绍	可以介绍位置、范围、地位、历史、现状、发展前景、景物的成因、历史传说、文化背景等。
推荐的理由	
结束语	示例：今天的旅程就到这里，期待你们再次光临，再见！

活动二：练一练，把握语气，预设听众反应

(一)自主思考并讨论，平时旅行途中自己最喜欢什么类型的导游讲解。

(二)组内归纳总结，好的讲解有什么共同之处？我们在讲解时可以怎样做？

1. 条理清晰，要提前想好先讲什么后讲什么，顺序要明确。

2. 语气、语速要适当，讲解者语气要温和自然，语速要不急不缓。

3. 可以用动作、表情辅助讲解，配上适当的肢体语言，能让讲解更清楚。

4. 可以做一些小卡片，标注要讲的关键信息。

(三)组内同学互讲，彼此提出修改意见。

推介最美风景评价标准：
- 有没有按照一定的顺序
- 逻辑是否合理
- 语言是否通顺
- 是否出现语病
- 能否脱稿
- 动作、表情是否自然
- 有没有与听众互动
- 能够根据听众的反应调整自己的内容

项目名称	"我心中最美的风景"推介会	项目时长	1-2周
学科	小学语文	项目类型	学科项目化学习
相关学科	信息技术、美术	年级	五下
	活动三:畅所欲言,推介最美风景 (一)组内推举代表在校内推介。 1.每组时间控制在三分钟左右。 2.讲解时,条理要清楚,语气、语速要适当,善用动作、表情等。 3.可以在黑板上写下关键词,将收集的图片资料投影,或者做成课件、影像等。 (二)感兴趣的同学也可按照自己喜欢的方式录制讲解视频,生成二维码。汇总全班同学的讲解二维码,制作特色打卡攻略集。 第三阶段:项目成果 1.讲词撰写。 列出推介词提纲并填充完整,交给语文老师进行审阅,由老师对稿子的不足之处进行批注,并返回小组进行修改。 2.组内试讲。 推介员在小组内试讲,组员根据评价量表对推介员从内容、表达、体态等方面进行评价。 3.校内推介。 推介员校内进行讲解,根据听众的反应,对讲解内容进行调整,并请相关人员进行拍摄记录。最后整理项目成果,以讲解视频、微信推文、手抄报等方式公开。		

第三节 悦语文教学的保障机制

悦语文教学保障机制的建设是一个多维度的系统。为确保教学活动的有效性与愉悦性相结合,提升学生的学习兴趣,我们有必要从学习环境、教师发展、评价机制、家校合作等方面进行系统的建构和优化。

一 创建积极有利的"悦"环境

积极、有利的"悦"环境包含两个方面:一是构建安全且有支持力的物理环境;二是营造温馨且有效能感的心理环境。

(一)构建"悦环境"的核心原则

悦环境的"悦",主要指环境建设应该服务于学生的身心感受,能够给予学生的学习活动足够支持,使他们借助环境获得积极的学习效能感。因此,构建"悦"环境有如下几个核心原则:

(1)以学生为中心原则。尽管悦语文教学强调以教师为主,但教学设计应始终围绕学生的需求和利益进行,关注每个学生的个体差异,提供个性化的教学支持。

(2)确保安全性原则。保障环境硬件的安全,无安全隐患,让学生能安心学习。更要注重营造心理层面的安全空间,学生可以自由表达自己的想法,而不担心被否定、被嘲笑甚至被放弃。

(3)营造积极学习氛围原则。教师要创建鼓励探索、提问和表达的学习环境,正面反馈与激励学生,让学习变得更具吸引力。

(4)师生积极合作原则。鼓励师生之间的互动合作,建立密切的师生关系。通过共同参与课堂活动,促进师生之间的相互理解和信任。

(5)提供必要资源支持原则。要配备必要的学习材料和设施,如图书报刊、学习用具、多媒体等,利用现代技术手段增强教学的互动性和趣味性。

(二)"悦环境"实践措施

1.教室布局和装饰方面

(1)优化:优化教室空间布局,设置不同功能区域,如阅读角、写作区、讨论区等,对于实现小学生愉快学习语文课程具有显著的作用。

首先,阅读角为学生提供了一个安静舒适的阅读环境。在这里,学生可以沉浸在书籍的世界中,感受文字的魅力,提升阅读理解能力。阅读角可以配备各种类型的书籍,包括故事书、科普书、诗歌集等,以满足不同学生的阅读需求。

其次,写作区的设置有助于培养学生的写作能力。在写作区,学生可以专注于书写作业、练习作文或者创作自己的小故事。教师可以在这个区域提供写作指导和反馈,帮助学生提高写作技巧。

再者,讨论区的建立促进了学生之间的交流与合作。在讨论区,学生可以围绕某个话题或文本展开讨论,分享彼此的观点和想法。这种互动不仅能够加深学生对语文知识的理解,还能够锻炼他们的语言表达能力和批判性思维能力。

最后,这些不同功能区域的合理布局,让教室变得生动有趣,有利于激发学生的学习兴趣和创造力。每个区域都有其独特的功能和氛围,能够满足学生不同的学习需求和偏好,从而使语文学习变得更加愉快和有效。

(2)美化:使用生动的装饰物和学生作品来美化教室,营造充满激励和创意的环境,对小学生愉快学习语文课程具有显著的益处。生动的装饰物能够为教室创造充满活力和趣味的学习环境。色彩鲜艳的墙壁、富有创意的教学海报以及与语文相关的装饰物,如内容为古代汉字的装饰画或经典文学作品的插图,可以吸引学生的注意力,激发他们对语文的兴趣和好奇心。这样的环境能够帮助学生在轻松愉快的氛围中学习,提高他们的学习积极性。展示学生作品是激励学生的有效方式。将学生的作文、诗歌、书法作品等挂在教室的显眼位置,不仅能够表扬和鼓励那些努力的学生,也能够激发其他学生的学习热情。看到自己的作品被展示出来,学生会感到自豪,从而更加积极地参与到语文学习中。充满激励和创意的环境能够促进学生的创造力和想象力的发展。在这样的环境中,学生更容易产生新的想法,更愿意尝试新的表达方式,这对于培养他们的写作和语言表达能力至关重要。

2.教学方法创新方面

(1)结合语文教学内容,设计富有创意的游戏和活动,能够有效激发学生的学习兴趣,提升悦语文教学的课堂效益。创意游戏和活动能够将抽象的语文知识转化为具体有趣的体验[1]。例如,通过角色扮演游戏,学生可以亲身体验故事中的角色,从而更深入地理解故事情节和角色性格;拼字比赛、成语接龙等游戏则能够让学生在轻松愉快的氛围中学习新词汇和成语,增强他们的语言运用能力。富有创意的活动能够激发学生的学习兴趣和参与度。通过与语文相关的实践活动,如故事大王、写作工坊、小小辩论家、诗歌鉴赏会等,学生可以在实际操作中提升自己的语文技能。这些活动不仅能够让学生感受到学习语文的乐趣,还能够帮助他们将所学知识应用到实际生活中。这些游戏和活动还能够促进学生之间的交流与合作。在团队竞赛或小组合作活动中,学生需要相互沟通、协作,共同完成任务。这不仅能够培养他们的团队合作精神,还能够提高他们的语言表达能力和社交技巧。

(2)采用多样化的教学方法,如社区考察、采风写生、小先生讲坛、同主题分享等,可以激发学生积极参与课堂活动,使他们真正成为课堂小主人。社区考察能够让学生走出教室,直接接触社区环境和文化。通过实地考察和调查,学生能够更直观地了解社会现象和文化背景,将课堂知识与实际生活相结合,增强学习的实践性和意义性。采风写生则提供了一种艺术与语文结合的学习方式。通过实地观察和艺术创作,学生能够锻炼自己的观察力和表达能力,在欣赏自然美景和文化风貌的过程中,提升对语言文字的感知和运用能力。小先生讲坛是一个让学生充当老师角色的活动。在这样的活动中,学生需要独立准备教学内容,并向同学们进行讲解。这种方式不仅能够提高学生的自信心和公众演讲能力,还能够促进他们对知识的深入理解和掌握。同主题分享活动鼓励学生围绕同一主题展开研究和讨论。这种活动可以培养学生的独立思考能力和批判性思维,同时,通过分享和交流,学生能够从不同角度理解问题,拓宽视野,增强学习的深度和广度。

多样化的教学方法是悦语文教学课堂呈现勃勃生机的重要手段,它们能够激发学生的参与热情,使小学生从被动接受知识转变为主动探索和分享,真正成为课堂的小主人。

---

[1] 顾秋花.巧用多元实践活动,建构核心素养下小学语文品质课堂[J].求知导刊,2024(10):86-88.

二 教师专业成长与发展

名师才能出高徒。提升小学语文教师在悦语文教学的教育理念、教学方法和评价策略等方面的水平,是提高小学语文教学质量、促进学生全面发展的关键因素[①]。因此,悦语文教学在实施过程中必须时时关注教师群体的专业成长和发展,采取有力的措施确保教师团队及时更新教育观念,有效实施悦语文教学。同时,也要为教师的发展做好相应的软硬件支撑,使他们能够轻装上阵,从容不迫地开展教学和研究。

(一)科学规划教育培训与专业发展

1.定期组织培训课程

组织教师参加关于悦语文教学的培训和研讨会,以了解最新的教育理论和实践方法;也可以鼓励教师参加线上课程,自主学习提高。在理念更新方面,要引导教师确立以学生为中心的教学理念,重视学生的兴趣和需求。在技能提升方面,要注重培训教师掌握多样化的教学方法,如游戏化学习、故事叙述等。在情感共鸣方面,要帮助教师学会建立与学生的积极互动,培养深厚的师生情感。在课堂实践方面,则要提供实际教学案例分析,让教师通过模拟或实习的方式不断更新悦语文教学模式。

2.持续鼓励教师阅读

悦语文教学相关书籍、研究论文是教师专业成长的必要养料,为保持教师与理论前沿的同步并进,应持续鼓励教师阅读悦语文教学相关书籍、论文。学校可以建立专业书库,精选与愉快教学相关的书籍和论文,便于教师随时借阅。同时,将阅读材料与教师的专业发展、教学改革等紧密结合,使阅读成为教师职业成长的有机部分。鼓励设立读书俱乐部,组织教师形成读书小组或俱乐部,定期举行会议,分享阅读心得,促进思想交流。搭建在线学习平台,利用网络资源,创建在线学习社区,鼓励教师参与线上讨论,分享电子书籍和论文。定期开展读后活动,鼓励教师在阅读后撰写心得体会、教学设计或进行课堂实践,将理

---

① 王国露.组织高效语文课堂活动,推动学生核心素养培养[J].安徽教育科研,2024(25):19-21.

论应用到实际教学中。实施奖励制度,对于积极参与阅读并能有效将所学知识应用于教学的教师,给予表彰或物质奖励。邀请专家导读经典书籍或最新研究成果,指导教师优化自己的教学实践。做好时间保障,在学校工作计划中为教师预留固定的阅读和研究时间,确保教师有足够的时间进行深入学习。做好跟踪反馈,建立教师阅读跟踪系统,记录教师的阅读进度和实践效果,提供个性化的指导和帮助。

3.更新专业发展计划

为了更好地实施悦语文教学,语文老师应该从多个维度不断更新和深化自己的专业发展计划。文化素养是语文教师不可或缺的素质。教师应深化自己的文学和文化知识,通过阅读经典文学作品、参与文学创作等方式提升个人文学修养,将文化教育自然地融入语文教学之中。在教学方面,教师应不断提升教学技能,学习如何将游戏、故事、戏剧等有趣的元素融入传统的语文教学中。同时,教师应跟踪最新的教育技术发展,利用多媒体工具和互联网资源丰富教学内容,提高教学互动性[1]。在研究方面,教师要培养教学研究能力,定期阅读专业文献,参与教学改革项目,或自主开展课题研究,以科学的态度探索更有效的教学方法。通过研究反思,教师能根据学生的反馈和教学效果,持续优化教学策略。

职业情感是教师专业成长的重要驱动力。应积极培养教师对职业的热爱,通过参与教师培训和职业发展课程来提升职业满意度,增强职业荣誉感,从而更积极地投入到工作中。良好的人际交往能力对于建立和谐的师生关系和家校合作至关重要。教师应主动提升与学生沟通的技巧,了解他们的需求和兴趣,同时加强与家长的联系,为学生提供生动、有效且充满乐趣的学习环境,促进学生的成长。

4.倡导自主研究探索

在行动研究方面,悦语文教学强调要鼓励教师参与或自主开展愉快教学的行动研究。这种研究可以帮助教师更深入地了解如何创造积极的学习环境,以及如何通过不同的教学方法和策略来提高学生的学习效率。悦语文教学认为,教师应积极探索适合自己班级和学科的"悦"教学策略。教师要善于分析学生

---

[1] 戴丽飞.小学语文教学与信息技术的融合策略探究[J].甘肃教育研究,2024(2):103-105.

的学习需求,要通过问卷调查、访谈或观察,了解自己班级的特点,包括学生的兴趣、学习风格和需求。教师要根据需求分析的结果,设定具体的教学目标,这些目标应该旨在提高学生的参与度和学习成效。教师还可以设计或选择一系列教学策略以激发学生的兴趣,促进积极学习,例如合作学习、项目式学习、游戏化学习等。在此之后,教师要将设计好的策略应用到教学中,并收集学生的反馈,以评估这些策略的效果。根据反馈结果,教师可以调整教学策略,以更好地适应学生的需求和提高教学效果。

悦语文教学鼓励不同学科的教师之间的合作。这种跨学科的合作可以帮助教师们共同开发悦语文教学项目,这些项目可以结合不同学科的知识,提供给学生更为丰富和综合的学习体验[①]。例如,语文教师和科学教师可以合作开展关于观察爬山虎的项目,让学生在学习科学知识的同时,也能提高文学素养。这样的跨学科项目不仅能够增加学习的趣味性,还能帮助学生建立知识之间的联系,促进深度学习。

5.及时分享实践经验

悦语文教学特别注重教师间实践经验的分享,倡导定期举行教学案例分享会,让教师介绍和讨论在实施悦语文教学中的成功经验和面临的挑战。建议定期组织一定范围内的观摩学习,安排教师互相观摩,特别是那些成功实施悦语文教学的教师的课堂。这样的活动是提升教师业务能力的有效方式。

我们鼓励教师在特定的教学领域或兴趣点上建立专业学习社群。这些社群可以是线上的,也可以是线下的。在这些社群中,教师可以更深入地探讨教学问题,共同研究解决方案。有了学习社群,我们就可以安排教学分享会,每月一次或每学期两次,邀请教师分享他们在悦语文教学中的成功案例、创新策略或面临的挑战。这样的活动可以促进教师之间的交流,激发新的教学思路和灵感。此外,可以定期安排教师互相观摩,通过观摩同事的授课,教师可以了解不同的教学内容、方法和技巧,同时也可以从学生的反应中获取即时反馈信息。结合教学案例分享会和观摩授课,学校可以组织相关的专业发展培训,如教学策略培训、教学技术培训等,帮助教师将在分享会上获得的启发转化为实际的教学技能。

[①] 张昕颖,周燕华.新课标视域下的小学语文跨学科学习[J].河南教育(教师教育),2024(7):64-65.

在此基础上，教师应根据分享会和观摩授课的体验，制订个人的专业成长计划。这个计划应包括希望探索的新策略、想要改进的教学领域以及长期教学目标。对于积极参与分享会和观摩授课，并在教学中取得显著进步的教师，学校应给予一定的激励和认可，以示对他们努力和成就的肯定。

通过这些措施，教师不仅能够从同行中学习到悦语文教学的具体方法和策略，还能够在专业社群中得到支持和鼓励，从而有效促进业务成长和教学实践的改进。

(二)积极创设支持性环境和教学激励机制

1.建设校内外支持网络

建立一个专业特征明显的支持性社群，包括校内的同事和校外的教育专家，有利于教师随时获得帮助和资源。要关注心理辅导和支持，通过与专业机构合作提供心理健康支持，帮助教师应对工作压力，维持良好的心态。

在建立学术和专业属性明显的校内外支持网络方面，我们倡导、鼓励教师根据兴趣和教学科目加入或创建专业学习社群。这些社群可以是校内的教研组、跨校的教育协作团体，甚至是虚拟的网络社区。也可以定期邀请教育领域的专家学者来校进行讲座、研讨会或是工作坊，提供最新的教育理念和教学方法。积极与高等教育机构、教育研究机构建立合作关系，为教师提供进修和研究的机会，如访问学者项目、联合课题研究等，也是有力措施和必要途径。鼓励教师参与国内外的教育会议、研讨会和培训，拓宽视野，同时鼓励外出学习的教师回校后进行分享和交流。利用现代信息技术，建立线上资源共享平台，收集和分享教学资源、研究成果、教学案例等。建立资源库也是极为重要的一种手段。学校还要重视建立有效的反馈和评价机制，让教师能够从学生、家长和同事那里获得及时的反馈，持续改进教学实践。

教师的心理健康对于悦语文教学的落实以及学生的学习体验至关重要。学校可以设法与专业机构合作，提供心理健康支持，帮助教师应对工作压力，维持良好的心态[①]。学校可以与专业的心理健康机构建立长期合作关系，共同制订针对教师的支持计划。定期邀请专业机构的心理学家或咨询师为教师提供心理健康培训，教授压力管理、情绪调节等技能。对于有心理咨询和治疗需求的教师，学校和机构应该提供定期的心理咨询机会，可以是一对一的个别咨询，也可以是小组

---

① 李兴燕.中小学教师心理健康问题与调节[J].教书育人,2023(19):31-33.

形式的集体辅导。学校还应该建立紧急情况下的心理健康干预机制,确保在教师面临极度压力或心理危机时,能够及时获得专业帮助。学校工会可以组织各种健康促进活动,如户外拓展、健身课程等,帮助教师放松身心,增强团队凝聚力;还可以定期收集教师对心理健康支持服务的反馈,并进行效果评估,以便不断优化服务内容和形式。

2.建立教学资源支撑渠道

这包括教材、教具和信息技术等软硬件方面的支持,如开发和引入富有创意的教材,以激发学生的学习兴趣;提供充足的教学资源,如学习软件、教具学具、多媒体设备等,使教学活动更加生动有趣。

学校可以开发与引入创意教材,激发学生的学习兴趣,如绘本、诗歌、故事集、研学教材等,吸引学生的注意力,提供丰富的学习体验。学校还可以积极推广使用教育学习软件,如在线词典、阅读理解App、写作辅助工具等,这些软件能够帮助学生更好地学习和练习。根据学生的年龄特点,引入适合的教具学具,比如低年级的拼字游戏、语言学习卡片等,可以使学习过程更加有趣。整合网络资源也是常用的方法,通过利用互联网资源,如在线图书馆、教育网站等,为学生提供丰富的阅读材料和学习资源;建立互动学习平台,如论坛、博客、微信群等,鼓励学生在这些平台上发表作品,进行交流和讨论。

3.形成科学有效的奖励机制

这包含给予教师更多民主参与学校管理的权利和机会;将悦语文教学成效作为学校教师评价标准之一,为有志于发展的教师提供职业发展机会及职业晋升机会。[1]

学校可以组建不同的教师委员会,如课程发展委员会、教学质量委员会等,让教师在专业领域内有更多的发言权和决策权。开展民主评议活动,定期组织教师对学校的教育教学工作进行评议,收集教师的意见和建议,促进学校管理的透明度和公正性。建立科学全面的教师评价体系,将悦语文教学的成效纳入教师的评价体系中,通过学生的学习兴趣、参与度、创造力等指标来评估教师的

---

[1] 李岚.基于教育信息化背景下高校教师数字素养培养路径探索[J].学周刊,2024(28):146-149.

教学效果。为悦语文教学制定具体、可量化的评价标准,如学生的课堂互动频率、作业创新程度等,使评价更加客观和公正。实施多元化评价方式,采用学生评价、同行评价、专家评价等多种方式,全面评估教师的愉快教学成效,并将悦语文教学的成效与教师的职称晋升、奖励机制等挂钩,激励教师积极参与教学改革实践。

4.其他方面

除了上述三个方面的支持之外,学校还要积极争取相关政策支持,比如向学校管理层和教育主管部门陈述悦语文教学的重要性,争取政策和资金支持,为悦语文教学获取灵活的教改空间,为教师提供一定的支持,允许并鼓励实践新的教学方法。

又如,打造正面的学校文化,建设积极、开放、包容的学校文化,使教师愿意尝试新事物并从错误中学习。培育团队合作精神,通过团队协作来共同解决问题,增强归属感和动力。

通过上述措施的实施,小学语文教师能够不断更新教育理念,积极采用悦语文教学法,创造积极向上、充满活力的教学环境,从而有效提升学生的学习热情和效果。

三 建立"悦"指向的评价与激励机制

(一)建立全员全方位全过程的评价机制

悦语文教学极其重视建设正面、积极的评价体系,尤其重视对学生不懈努力和相对于自己之进步的认可,坚决反对只看最终成果优劣的"一锤定音"式的片面评价[1]。

1.积极建构促进小学生个性化成长和群体性进步并重的评价体系

悦语文教学认为,在构建评价体系时,要确保它既能关注每个学生的个性化成长,又能兼顾学生群体的共同进步。为了实现个性化成长,评价体系鼓励小学生大胆、主动地展现他们的独特才能和兴趣,可以通过提供多样化的评价

---

[1] 安富海.学生发展增值评价:理论阐释与实践进路[J].教育研究,2023,44(9):64-75.

任务和项目来实现,如故事表演、创意写作、文学分析、口头报告等。这些任务可以让学生在展示自己擅长领域的同时,也有机会探索新的领域。在兼顾学生群体的共同进步方面,评价体系应该包含一些标准化的评估元素,以确保所有学生都达到一定的基本标准。这可以通过定期的语文测试、作文评分和口语考核来实现。这些评估结果可以为教师提供大致的参考,了解学生群体的整体水平,并据此调整教学策略。为了实现全体学生的个性化成长和群体进步,悦语文学业质量评价体系还需要具备灵活性和适应性。这意味着评价体系应该随着学生需求的变化而变化,不断调整和完善。例如,当发现某个学生群体在某个领域存在普遍问题时,评价体系可以相应增加这方面的评估权重,以引导学生和教师更加关注这个领域。

全员性包括评价主体的全员参与——这包括除了教师评价这一主要渠道之外的学生个体和家长群体[1]。因此,评价体系还应该把小学生的个体评价和家长的"第三方评价"汇总起来,以实现真正的"全员评价"。

我们要鼓励学生进行自我评估和反思,让他们认识到自己的学习进步和需要改进的地方。例如,学生可以在完成一个阅读项目后,写下自己的阅读体会和收获,以及未来希望提高的技能。这种自我评估不仅有助于学生形成自主学习的能力,还能让教师更好地了解学生的需求,从而提供更有针对性的指导。

除了对学生个体和群体的评估,评价体系还应该重视家校合作。家长是学生学习过程中的重要伙伴,他们的参与和支持对学生的成长至关重要。因此,评价体系应该鼓励家长参与学生的学习过程,如家庭阅读活动、家庭写作项目等。通过这些活动,家长可以更好地了解孩子在学校的学习情况,并为他们提供适当的支持和鼓励。

综上所述,小学语文学业质量评价体系需要综合考虑个性化成长和群体进步,通过多样化的评价任务、自我评估、标准化评估、家校合作以及对评价体系的调整,来实现对学生语文能力的全面评估和促进。这样的评价体系能够激发学生的学习热情,提高他们的语文素养。

---

[1] 邓统湘,李心怡.基于核心素养的形成性教学评价路径建构[J].中学语文,2022(34):77-80.

2.不断建设、完善指向明晰、兼顾全面的全方位评价体系

在当前的教育环境中,小学语文教学质量评价体系的建设与完善变得尤为重要。这是一个复杂而多维的系统。悦语文评价体系更需要综合考虑多个方面的因素进行建构。一是评价内容须结合课程标准,锚定核心素养,凸显质量画像;二是评价方式要丰富多元,力争多角度描述个人成长轨迹。

(1)评价内容要结合课程标准,锚定核心素养,凸显质量画像。

课程标准是制定评价体系的基础,要确保评价内容和方式都符合课程标准的要求。悦语文教学评价体系旨在通过多元化、立体化的评价方式,全方位描述小学生的语文学习情况,凸显学科学习质量画像。这包括构建多维度评价标准,评价体系应涵盖语文学科的各个核心素养(文化自信、语言运用、思维训练、审美创造)。每个维度都应设定明确的评价指标和标准,确保评价内容的全面性。例如,不仅要评价学生的基础知识和基本技能掌握情况,还要考察其分析、综合、推理、判断、迁移、创新等思维能力,更要关注其审美鉴赏、审美创造、文化认同、文化传承等素养的发展情况。

(2)评价方式要丰富多元,力争多角度描述个人成长轨迹。

在评价体系中,要注重过程性评价与结果性评价的结合。过程性评价关注学生在学习过程中的表现,如课堂参与度、学习态度、合作精神等,而结果性评价则侧重于学习成果的展示,如笔试成绩、综合性学习项目的成果等。两者结合起来,可以更全面地反映学生的学习状况。考虑到学生的个体差异,评价体系应允许一定程度的个性化,通过学生档案袋、个人反思日记等形式,记录每个学生的独特学习路径和成长轨迹,展现其个性化的学习成果。在此方面,我们要充分利用信息技术和人工智能,如在线学习平台、智能教学软件等,收集学生的学习数据,进行数据分析,为精准评价提供支持。同时,也可以通过多媒体展示、网络互动等方式,增加评价的趣味性和有效性。此外,评价体系应鼓励家长和社区参与,将学生在家庭和社区中的表现纳入评价范围。通过家长会议、社区活动等方式,让家长和社区成为评价的合作伙伴,共同关注和支持学生的学习。

悦语文教学评价体系倡导通过过程性评价与结果性评价相结合、普适化与个性化相融合以及家、校、社区合作等方式,借助信息技术,全方位描述小学生的语文学习情况,为每个学生绘制学习质量画像。这样的评价体系有助于激发学生的学习兴趣,促进其全面发展,同时也能为教师的教学提供有价值的反馈。

3.积极构建合宜的、可操作性强的全过程评价体系

悦语文教学评价体系关注学生在学习过程中的每一步努力,包括课前准备、课堂参与、课后温习及作业(含综合性实践任务等)完成情况等。这些方面的评价能够更全面地反映学生的学习态度和能力。我们强调注重个性化进步,认为每个学生的学习起点和潜力都不同,评价体系应当鼓励学生与自己比较,而不是仅仅与他人比较。通过记录和比较每个学生相对于自己之前学习情况的进步,可以更公正地评价学生的表现。同时,悦语文教学建议采用多种评价方式,如口头报告、项目作业、学习档案等,更全面地评估学生的语文能力,而不仅仅是借助笔试成绩来判断学习的优劣。

此外,悦语文教学重视评价的时效性,认为评价体系应当及时给予学生反馈,指出他们的优点和需要改进的地方;及时给予鼓励和支持,帮助学生建立自信,激发学习动力。家长和其他科任教师共同参与学生的评价过程,以更好地了解学生的表现,共同制订提升计划,促进学生全面发展。

总之,积极而全面的评价体系有助于学生认识到学习是一个长期的过程,他们的每一份努力都是宝贵的,从而更加热爱学习,更愿意接受挑战。

(二)建立多样多渠道多层次的激励机制

建立激励机制是教育过程中不可或缺的一环。它能够有效地提振学生的学习自信心和成就感,从而确保小学生的语文学习行为可以持续高效进行[1]。悦语文教学认为,在实施激励措施的过程中,教师应整体设计,有序实施,力争做到形式多样化,渠道多元化,目标愿景多层次化。

1.激励形式多样化

完善的激励机制应该包括口头表扬、精神鼓励以及适度的物质奖励等。这些形式相互结合,会让小学生适时获得成就感、存在感和幸福感,从而保持足够的学习动机,持续开展语文学习活动。

口头表扬是即时反馈的一种形式,能够立即肯定学生的表现,高效且直接地让学生感受到自己的努力被认可。这种正面肯定能够迅速提升学生的自信心,使他们更愿意积极参与学习活动。

---

[1] 谢家安.浅析在小学班级管理中运用激励机制[J].学周刊,2022(23):177-179.

为了确保口头表扬达到预期的教学效果,我们要注意如下实施要点:

确保表扬的真诚性。教师在给予口头表扬时,必须确保每一句赞美都发自内心,真挚而不做作。真诚的表扬更能触动学生的心,使他们感受到情感的真诚度,产生正面的效果。

明确具体的行为或成就。有效的表扬应当针对学生的具体行为或成就,而不是笼统的夸奖。例如,不要仅仅告诉学生"你做得好",而应该指出"你在思考这道阅读题时的逻辑思维非常清晰,回答很有创造性"。

表扬的时机要准确而及时。表扬应当在学生表现良好之后立即给予,这样可以加强行为与积极结果之间的联系。适时的表扬能更有效地强化学生的正向行为,使其更可能在未来重复这种行为。

控制表扬的频率。虽然表扬是鼓励学生的重要方式,但过度频繁的表扬可能会降低其价值感,甚至使学生产生压力。教师需要找到适当的平衡点,根据学生的具体表现和需要来调整表扬的频率。

结合肢体语言更能打动人心。非言语的交流方式如微笑、点头、拍肩膀等肢体动作,可以增强口头表扬的效果。这种肢体语言不仅能传达教师的肯定和支持,还能增进师生间的情感联系。

把握表扬的公平性原则。在教学过程中,教师需要注意公正地给予每个学生表扬。公正并不意味着每个学生都应该得到相同程度的表扬,而是根据他们的实际表现给予相应的认可,避免偏袒和不公[①]。

通过注意这些细节,口头表扬不仅可以提升学生的自信和动力,还可以建立积极的教学氛围,促进学生的整体发展。

精神鼓励则更多关注学生的内在成长,如对学生品德、毅力和创造力的认可。这类鼓励有助于学生形成长期的学习目标和积极的人生态度,增强他们面对挑战时的坚持和勇气。在小学语文教学过程中,精神鼓励是培养学生内在动机和积极学习态度的关键工具。在实施过程中,我们要注意如下要点。

强调过程的重要性。教师应鼓励学生享受学习过程,而不仅仅是关注结果。当学生在课堂上尝试新的学习方法或在作文、阅读中表现出创意时,教师可以赞赏他们的探索精神和努力。

---

① 姚晓芳.关注核心素养优化课堂评价——小学语文课堂教学评价的有效性探究[J]. 语文教学通讯·D刊(学术刊),2018(3):39-41.

培养成长心态。教师要向学生传递成长心态的信息,即能力和智力是可以通过努力不断发展的。当学生遇到困难时,教师可以鼓励他们将挑战作为成长和学习的机会。

个性化的认可。每个学生都有独特的个性和才能。教师应该观察并认识到学生的差异,并提供有针对性的精神鼓励。例如,对于喜欢写作的学生,可以在其作文中出色的叙述或想象力上给予表扬。

建立正向反馈机制。教师要定期与学生进行一对一的交流,了解他们的感受和困惑,提供个性化的指导和鼓励。这种反馈不仅限于学业成绩,也要重视学生的情感和心理状态。

创造支持性学习环境。教师要营造充满尊重和支持的课堂氛围,让学生充满安全感地表达自己的观点和感受。教师可以引导学生彼此鼓励和反馈,构建互助合作的学习社区。

教师要以身作则。教师自身的行为和态度对学生有着深远的影响,通过展示如何积极面对挑战和不断学习,教师可以成为学生学习的榜样。

鼓励自我反思。教师要引导学生进行自我反思,帮助他们认识到自己的进步和需要改进的地方。通过自我反思,学生可以更好地理解内在价值和外在表现的关系。

精神鼓励可以成为激发学生学习兴趣和积极人生态度的强大动力,帮助他们在个人成长的道路上持续前行。

物质奖励在激励机制中也占有一席之地,但需要适度使用。在小学语文教学中,物质奖励可以作为一种辅助手段来激发学生的学习兴趣和动力。然而,物质奖励的使用需要谨慎,以免过度依赖物质刺激,影响学生的内在动机[①]。以下是实施物质奖励时需要注意的几个方面:

明确告知奖励的标准。物质奖励应该与学生的具体表现紧密相关,例如,对完成特定挑战或达到学习目标的学生给予奖励。要确保所有学生都清楚地知道如何才能获得这些奖励,并且标准要公平、公正。

强调奖励的象征意义。使用物质奖励时,教师应解释奖励背后的象征意义,强调这是对学生努力和成就的认可。避免让学生把物质奖励当作努力的目的。

---

① 徐晓林.物质奖励和表扬的比较及其对小学教育的启示[J].中小学教师培训,2015(11):64-66.

适度控制频率和价值。物质奖励不应过于频繁,否则可能使学生产生功利心理,只为了奖励而学习。同时,奖励的价值不宜过高,以免超出合适的教育范畴,影响学生对学习本身价值的认同。

使用多样化奖励方式。除了物质奖励外,教师可以使用多种类型的奖励,如减免一定比例的作业、给予额外的课外活动时间等,丰富激励方式,避免过分依赖物质奖励。

培养内在学习动机。在使用物质奖励的同时,教师应通过各种教学策略,如设置具有挑战性的任务,鼓励学生发现学习的乐趣,培养内在学习动机。

争取家长积极配合。教师应与家长进行沟通,确保家长理解学校使用物质奖励的原则和目的,以便家长能正确引导孩子看待物质奖励,并支持学校的教育方法。

及时反馈和评估。教师需要监控物质奖励的效果,及时调整不合适的奖励措施。要通过观察学生的反应和进步,评估物质奖励是否达到了预期的教育目标。

2.激励渠道多元化

学校教育教学任务的完成,需要来自家庭、社会等各个渠道的支持和协同。

(1)学校层面。在学校内部管理中,正向反馈和奖励是激励小学生语文学习的重要手段[①]。

为了建立有效的激励机制,学校要确立清晰、公正的评价标准,让学生知道他们的表现将如何被评估,包括语文学习准备、课堂参与度、作业完成质量、策略方法掌握、学习情感取向等方面。这些标准应当公开透明,且具有可操作性,确保所有学生都能理解并朝着这些目标努力。教师应定期向学生提供具体、具有建设性的反馈,包括表扬学生在语文学习中取得的进步和成功,指出他们可以改进的地方。这种反馈应当是实时的,紧跟学生的学习进度,以便学生及时调整学习策略。可以采用多样化的奖励方式,以满足不同学生的需求和偏好,例如额外的阅读时间、为同学读书、参加特殊活动等非物质形式的奖励。此外,可以考虑设立"语文之星""阅读能手""口语小王子""作文小达人"之类的荣誉称号,公开表彰那些在语文学习上表现出色的学生。要使用正向激励机制,创

---

① 马海燕.激励教育在小学语文教学中的应用研究[J].今天,2022(23):19-21.

建积极的学习环境,增强学生的自信心和学习动力。例如,使用"进步·点"系统,学生可以通过自己的努力获得点数以兑换小礼物;或在语文学习上获得小"特权",如减少部分作业等。

学校还要持续跟踪与评估激励机制的效果,根据实际情况进行调整。通过定期评估哪些激励措施有效,哪些需要改进,学校可以不断优化激励机制,确保它们能持续激发学生学习语文的热情。

学校激励机制作为激励学生的主阵地,应该努力构建积极的、综合的、多元的激励环境,促进学生的语文学习,培养他们对学习的热爱和自主学习的能力。

(2)家庭层面。在家庭教育中,正向反馈和奖励对有效激发和维持小学生的语文学习热情是极为重要的。

家长要给予积极的情绪支持,鼓励孩子在学习语文时保持乐观态度。表扬孩子的努力而不仅仅是成果,可以帮助孩子发展成长心态,不害怕犯错,更愿意接受挑战[①]。家长可以与孩子一起设立短期和长期的可达成目标,使孩子有明确的学习方向。在完成这些目标后,给予适当的奖励,可以增强孩子的成就感和自我效能感。家长给予孩子具体、及时的正面反馈非常重要。这不仅包括赞美孩子在语文学习中取得的好成绩,也包括对孩子在预习、朗读、阅读、表达等方面的努力和进步给予肯定,例如,指出孩子朗读时语气的改善或作文中结构的进步。给予与孩子兴趣相关的奖励是家长独有的权利。在家庭教育中,有效的奖励应与孩子的兴趣和喜好相关联。例如,如果孩子喜欢阅读,可以奖励他们去书店选择一本书;如果孩子喜欢户外活动,可以奖励一次户外探险。这种奖励方式能够有效提高孩子学习语文的积极性。此外,家长应和孩子一起定期评估激励机制的有效性,并根据孩子的成长和变化适时调整策略,用灵活的激励方法更好地适应孩子的发展需求,持续激发他们的学习热情。

(3)社会层面。以社区为主要代表的社会层面也应该积极参与学生的学习评价激励工作。社区如何建立正向反馈小学生语文学习成果的激励机制呢?

社区可以搭建适合本社区小学生展示的平台,给予他们展现自己语文学习成果的舞台。比如定期组织读书会,邀请小学生分享他们的阅读体验。在这些活动中,孩子们可以选择自己喜欢的书籍进行讲述,展示他们的理解与感悟。

---

① 潘永兴,柳海民.激励教育的理论诠释[J].东北师大学报(哲学社会科学版),2011(3):181-184.

这种方式不仅可以鼓励孩子们深入阅读,还可以锻炼他们的口语表达能力和自信心。又如举办作文大赛、诗歌创作比赛等,为小学生提供展示文学创作才能的平台。再如,利用社区资源开展丰富多彩的艺术和文化活动,如戏剧表演、故事讲述会等,可以增加学生对语文学习的兴趣。通过实际参与,学生能更直观地体会语文的魅力。这些比赛不仅可以激励孩子们在语文学习上努力进步,还可以发现并培养孩子们的文学兴趣和才华。社区还可以启动由大学生、退休教师、社区贤达参与的志愿者辅导项目。这些志愿者可以帮助小学生解决学习中遇到的难题,提供一对一的指导,不仅能帮助学生提高学业成绩,也能使他们获得被关心的幸福体验,极大地提升他们对学习的兴趣和积极性。此外,社区还可建立一定的表彰系统,定期奖励那些在语文学习上表现优异的学生。例如,可以颁发证书、小奖品等。公开的表彰不仅能增强学生的成就感,还能激发学生的学习动力,为他们未来融入社会做好铺垫。社区应与当地学校和家庭建立紧密合作关系,共同组织活动,如家长会、读书节等,更好地了解学生的需求,为学生提供更加个性化的支持和鼓励。

通过这些措施,社区不仅能促进小学生的语文学习,还能加强社区的凝聚力,创造一个有利于学习和成长的环境。

3.激励效应多层次化

悦语文教学认为,激励是为了让小学生学习语文的动机保持稳定向上的状态。因此,在设计激励机制的时候,教师应对激励的目标进行分类,即对激励措施所能产生的效应既要做短期的影响评估,也要对中长期效应进行预估。

(1)激励的短期目标——主体愉悦。在小学语文教学过程中,要实现激励的短期目标,关键在于让小学生获得学习的愉悦感和成就感,进而产生学习效能感。

根据最近发展区理论,教师应为不同的学生设定清晰、具体且可达成的短期目标。这些目标应与学生当前的语文水平相匹配,并适当挑战他们的能力[①]。例如,对于写作能力较弱的学生,可以设定每周用几句话记录自己的学习、生活见闻;对于写作能力较强的学生,则可以每周提交一篇主题鲜明的周记。通过

---

① 李忠平.新时代背景下小学教师正向期望效应在学生管理工作中的策略探究[J].华夏教师教育,2024(1):143-145.

实现这些短期目标,学生可以感受到自己的进步,从而增强学习动力。

提供及时且具体的正向反馈是实现有效激励的关键。在这一点上,教师和家长都应注意到学生在学习中的每一点进步,并给予表扬。这种表扬应该是在第一时间产生的,比如教师在课堂巡视过程中发现学生的批注很认真、很有效,就应该及时肯定:"你圈画的字词很有代表性,批注的关键词简洁扼要,看得出你的阅读成效有明显提升。"这种表扬应当是具体的,要指出学生在哪些方面做得好,比如"你今天的朗读感情丰富,表达非常到位""你昨天的书写作业很用心,誊写得比之前好多了",而不是笼统的"你真棒"[①]。

学生对于学习成效的认知往往需要借助可视化手段来实现。因此,教师可以定期组织学生进行学习成果展示。这种展示既可以是固化的作业、作品,也可以是动态的口头展示,如朗读、辩论、故事复述、诗歌朗诵、戏剧表演等。通过多层面的公开展示,学生可以得到同伴和师长的认可,增强自信心和成就感;也能激励学生相互学习,形成良好的学习氛围。可视化还包括使用学习进度表或奖励系统来帮助学生清晰地看到自己的进展。例如,设置"数星园",为每位学生准备一片"星空",学生每完成一项学习任务,就在自己的"星空"领域贴上一颗星星,积累一定数量后可以换取小奖励。这种直观的进度追踪,可以帮助学生明白自己的努力是有结果的,激励他们不断努力,超越自我。

综上所述,通过设定明确的个性化短期目标、及时实施正向反馈与表扬、定期举行成果展示、利用可视化进度追踪等方式和手段,我们可以有效地在小学生语文学习过程中实现短期激励效应,让学生体验到学习的愉悦感和成就感,从而培养他们的学习效能感。

(2)激励的中期目标——经历欢悦、素养丰悦。悦语文教学在激励方面要实现的中期目标上,关注的是学生在语文学习经历中的欢悦以及学习成果——语文素养提升上的丰悦。

作为义务教育阶段的主要学科,小学语文课程具有课时多、任务重、战线长的特点,如何在小学语文学习全过程中通过激励手段让学生获得欢悦的学习经历并取得丰硕的学习成果呢?我们可以从以下几个方面着手:

整体化评估学生语文学习基本目标。教师应立足语文四大核心素养(文化自信、语言运用、思维训练、审美创造),对小学生语文学习的基本目标作整体化

[①] 刘春华.巧用表扬,让每个孩子都优秀[J].山东教育,2024(Z6):79-80.

的建构。在日常的落实过程和评价中,要坚持以整体性原则和长远发展的目光看待小学生的发展,坚守义务教育关于儿童成长的底线,坚守课程标准关于儿童语文学习的基本目标,从正面鼓励的角度出发,多肯定小学生语文学习的努力以及在核心素养方面取得的进步,引导小学生愉快地学习、成长。

个性化评价学生语文学习个体目标。世界上没有两片完全相同的叶子。每位儿童都有其与众不同的个性,在学习上表现为学习的差异性。教师应根据每个学生的能力、兴趣和需求情况,和学生一起设定个性化的学习目标,并根据这些目标进行基于学生学情和发展特点的"生本"评价。这样,学生可以感受到自主规划目标和获得可控的进步的喜悦。

阶段化评估学生语文学习目标。小学生在长达六年的学习过程中需要不同的激励,既要有短期目标的实现与被肯定,也要有长期目标的逐步实现与被肯定。因此,在漫长的学习过程中,我们要通过阶段化的评估,对小学生的学习状态、学习成果进行科学评价,让他们在实现短期目标的过程中积累信心,逐步迈向更高的长期目标。

层级化设计学生语文学习激励体系。我们要根据小学生身心发展的不同阶段,层级化地设计激励手段和方式。对于低年级(一、二年级)学生而言,他们对直观属性事物的兴趣远远高于对抽象的语言或行为的感知。在这个阶段,教师应该偏重于用物质——诸如粘贴贴纸、盖小印章、发小奖品之类的方法,直接给予小学生肯定和鼓励。这时候,教师对小学生的激励要及时、简单而直接,才能起到最佳效果。而到了三、四年级,教师则要根据小学生对于人格独立的渴望,逐步加大对他们努力学习和取得的独特成就的肯定。在此阶段,教师要对小学生的学习成果进行认真的分析、理解,除了肯定成果的水平以外,还要加上教师的指导意见,使小学生收获被肯定的存在感。这就需要教师在精神层面上予以适度的激励和鼓舞。而在五、六年级,学生已经初具"小大人"的精神雏形,此时的物质激励虽然能够带来短暂的欢悦,但他们内心更渴望来自教师和同伴的真诚欣赏。因此对高年级学生的语文学习进行激励,教师一定要对其学习成果进行认真的审阅,深度挖掘其中的闪光之处,并予以真诚的欣赏和鼓励。在适当的情况下,教师还要鼓励学生自我反思,自我改进,自主提出改良方案。必要的时候,教师还应该为其后续发展提出指引。如此,我们就可以从物质奖励为主逐步走向物质奖励和精神鼓励并重,最终走向以精神激励为主的良性发展路线。

在小学语文教学评价中,学习档案是一种有效的工具,能够让学生的学习成果可视化。学习档案可以详细记录学生的学习过程、进步和成就,为教师、家长和学生自己提供全面的信息,从而做出有针对性的教学和学习决策。

教师要带领小学生全面收集语文学习材料,形成个人特点鲜明的学习档案,包括学生的各类作业、测试、项目作品以及自我反思记录等。这些材料能够展示学生在语文学科上的知识掌握程度、技能运用能力和思维发展水平。学习档案既要收录最终的学习成果,也要记录学生的学习过程。例如,初步的草稿、修改的过程、讨论的记录等,这些可以帮助教师和家长理解学生达到当前水平所经历的过程,以及在这个过程中所遇到的挑战和取得的进步。

教师还应该和学生一起定期更新学习档案,反映学生最新的学习情况。教师可以根据学习档案提供个性化的反馈,帮助学生认识到自己的长处和需要改进的地方。同时,学生也应该参与自己学习档案的创建和管理,对自己的学习负责[1]。随着技术的发展,数字学习档案成为可能,这将大大减少学习档案存储、整理、分析、更新的成本。利用电子文件夹、博客、学习管理系统等数字工具,可以更方便地收集、存储和分享学习成果。此外,数字档案便于更新和回顾,有助于学生和教师对学习历程进行长期追踪。

对于学生语文学习的相关档案,教师在征得学生同意的情况下,可以进行一定范围内的展示。我们可以在社区、家长会、学校开放日或学生展览会等场合展示,使学生的学习成果公开化,增加学习的透明度。同时,学生可以通过自己的学习档案进行自评,促进自我认知和自我激励。

以上方法不仅能让学生的学习成果体系可视化,还能促进学生自主学习和自我反思。它为教师提供了适应每个学生需要的个性化教学依据,也帮助学生看到自己的成长轨迹,激发学习动力。

(3)激励的长期目标——悦己达人。悦语文教学主张语文学习最终指向培育身心健康、语文素养全面且能够悦纳自己、悦纳他人、悦纳世界的小学生。从这一点来说,激励体系的建构、激励手段的运用都应该指向长远的育人目标。从"成人"教育的角度出发,以培育语文核心素养为根本任务,坚持落实"五育"融合发展,为中国特色社会主义事业培养合格建设者和可靠接班人做出应有的贡献。

---

[1] 孙鹏飞.践行荣格人格理论 加强小学生人格教育[J].教书育人,2021(7):12-13.

从学生的终身发展来说，在悦语文教学过程中运用的激励手段不能局限于语文课程评价、语文学科教学活动本身，更要着眼于全人发展、全面发展、全程发展的蓝图，以及为个人、家庭、社会、国家乃至全人类谋利益、做贡献的大格局。

悦语文教学认为，教师需要认识到，教育的目标不仅是传授知识技能，还要培养具有责任感、同情心和创新精神的未来公民。这样的教育应着眼于学生的个人成长及其对社会、国家乃至全人类的贡献。因此，家庭、学校和社会三方应形成合力，定期举行交流会议，共同设计教学活动和实践项目，确保教育的连贯性和一致性。学校、教师须强化学校教育的核心价值，通过课程设置与教学方法体现全人教育理念。例如，融入情感教育、社会实践活动和批判性思维训练，确保学生在多个维度上获得均衡发展。家长应鼓励孩子关注社会责任，参与家庭决策，培养他们的责任感和同理心。社区和社会应成为学校的延伸，如博物馆、图书馆、公园等可以成为学习的场所，而社会实践、志愿服务则可以增进学生对社会责任的理解和承担。

学校和教师、家长要善于整合、合理利用媒体和技术资源，比如通过网络平台让学生了解全球热点议题，参与力所能及的在线国际交流项目，拓宽视野，增强全球公民意识。同时，结合学生的个人兴趣和天赋，设计个性化学习计划，提供多样化的学习路径和选择，让学生在探索自我的过程中发现个人潜能与社会价值的联系。教师要通过项目式学习，让学生在解决实际问题中学习协作、创新和发展批判性思维，促进学生理解学习内容与实际应用之间的联系。

多元化且均衡的激励机制，不仅能够提高学生的学习自信心和成就感，还能够促进他们的品格成长，帮助他们养成积极向上的学习态度和人生观。以上策略的实施，可以有效地促进小学生在个人成长的同时，逐渐担负起为社会、国家乃至全人类谋利益的责任。

悦语文教学质量评估方案

一、指导思想

1.本方案旨在对小学悦语文教学质量进行有效评估。

2.本方案以课程标准为基石，评价内容涵盖学生的核心素养，如文化自信、语言运用、思维训练、审美创造等，评价方式须注意过程性评价、结果性评价和即时评价相结合，紧扣学科学习质量标准对小学生悦语文学习质量进行科学画像。

3.本方案要注意突出对小学生参与语文学习时的情感、态度和价值观的评估,突出对小学生语文学习状态及成果的同步关注,注重培养主体愉悦、经历欢悦、素养丰悦、悦己达人的中国特色社会主义事业的建设者和接班人。

二、具体方案

(一)体系构建

1.评价标准设定(含核心素养及情感、态度、价值观)

(1)语言文字运用素养

识字写字:主动掌握汉字的基本构造,能够规范、美观地书写汉字,会用常用的词语和短语。

语言理解:能够主动、准确理解听到的话语和阅读到的文本信息。

语言表达:愿意并能够清晰、准确地表达思想和情感,包括口头和书面形式。

语用能力:乐于在具体语境中正确、恰当地使用语言进行交流。

(2)思维品质素养

逻辑推理:能够积极分析问题,参与解决问题,努力提升能力。

批判性思考:能够主动提出问题,对信息进行评估和判断。

创造性思维:积极发挥想象力和创新能力,愿意主动进行原创性表达。

(3)文化自信素养

文化理解:积极了解中华优秀传统文化和革命文化,认识民族文化的多样性。

文化认同:深度认同中华文化,尊重并欣赏多元文化,为中华文化感到自豪。

文化传承与创新:乐于参与文化传承,敢于在传统文化基础上进行创新。

(4)审美创造素养

美的体验:学会感受自然美、社会美和艺术美,乐于欣赏美。

美的鉴赏:学会欣赏和评价不同风格和体裁的文学作品。

美的创造:乐于进行文学创作,表达个人的审美体验和想象。

2.评价方式方法设定

(1)观察法:教师通过日常观察学生在课堂和课外活动中的表现来评价其语文素养及学习意愿。

(2)作品分析法:分析学生的作业、作文、项目成果等,以评估其语文知识和技能的应用。

(3)反馈法:利用同行评审、自我评价等方式,让学生参与评价过程,增进自我反思。

(4)谈话法:运用师生谈话(可一对一或者一对多)方式了解学生的学习动机、意志及情感态度。

(5)测试法:设计形式多样的测验,不仅限于笔试,还包括口语表达、听力理解等实践环节。

(二)评价实施步骤

1.明确评价目的和内容

(1)确定评价的具体维度和标准,使评价内容覆盖语文学科的各个核心素养。

(2)制定清晰的评价指标,为每个维度设定具体的评价方法和标准。

2.设计评价工具

(1)根据不同的评价维度设计相应的评价工具,如观察记录表、作品评分标准、测试题等。

(2)确保评价工具的有效性和可靠性,以获得客观、公正的评价结果。

3.实施评价

(1)做好形成性评价及总结性评价。

在教学过程中定期进行形成性评价,及时了解学生的学习情况。形成性评价注重学习过程中的及时反馈,可以通过课堂观察、作业分析、小组讨论等方式进行。它帮助学生了解自己的学习进展,及时调整学习策略。在关键阶段进行总结性评价,全面评估学生的语文学科素养。总结性评价主要在学习的某个阶段或结束时进行,如期末考试、综合性项目评估等。它旨在全面评价学生在一段时间内的学习成果,反映学生语文素养的整体水平。

(2)落实课堂教学即时性评价及课后学习延时性评价。

课堂教学是语文学习的主阵地,即时性评价应紧密围绕教学内容和方法进行。通过提问、小组讨论、角色扮演等活动,观察学生的参与度和表现,并从正面鼓励的角度即时开展评价,有效引领学生的思维过程和培养其问题解决能力。课后学习是对课堂教学的温习巩固及探索运用,是形成核心素养的必要保障。其中,课外阅读是拓宽学生视野、提升语文素养的重要途径,可以通过审查读书报告、举办阅读分享会、布置读后感写作等方式,评价学生的阅读量、阅读兴趣和阅读深度。此外,综合性语文学习项目能够锻炼学生的综合运用能力。通过设计一些跨学科的学习项目,如戏剧表演、新闻报道、文学创作等,评价学生在真实语境中的语文运用能力和创新思维。

4.反馈与调整

(1)将评价结果及时反馈给学生和家长,指导学生根据反馈进行学习调整。

(2)教师根据评价结果调整教学策略,优化教学过程。

(三)质量监控与持续改进

1.定期回顾评价体系

(1)定期检查评价体系的有效性,确保评价指标和标准仍然符合课程标准和学生的发展需要。

(2)邀请教育专家、家长和其他利益相关者参与评价体系的评审和改进。

2.不断促进教师专业发展

(1)通过教师培训和研讨,提高教师使用多维度评价工具的能力和水平。

(2)鼓励教师之间的交流与合作,分享评价经验和最佳实践。

三、注意事项

1.关注技术与人文的融合

(1)信息技术的应用。要充分利用信息技术手段,如在线平台、智能教学软件等,收集学生的学习数据,进行数据分析,为精准评价提供支持。同时,也可以通过多媒体展示、网络互动等方式,增加评价的趣味性和有效性。

(2)人文关怀的体现。评价不仅是对学生能力的衡量,也是对学生个性发展的关注。在评价中,教师应尊重每个学生的独特性,鼓励他们发挥自己的优势,同时在评价反馈中给予积极的鼓励和建议,帮助学生建立自信,激发学习动力。

2.重视实施与反馈的循环

(1)定期检查与调整。评价体系的建设是一个动态的过程,需要不断地检查与调整。定期对评价实施情况进行检查,根据学生的反馈和教师的观察,及时调整评价的内容和方法。

(2)反馈机制的建立。建立有效的反馈机制,确保评价结果能够及时传达给学生和家长。反馈不仅要指出学生的不足,更要强调其进步和潜力,激发学生继续前进的动力。

第六章

悦语文教学案例举隅

第一节 基本指导策略教学案例

本节以笔者执教的若干课例为分析对象,具体阐释悦语文教学在"三全"指导策略方面的落实举措及原理。

一、全人悦纳策略

《铁杵成针》(四年级下册)教学实录及评析

教学目标:

1.认识生字"卒",会写"逢、卒"。

2.结合注释理解课文的意思,把握文章的主要内容。

3.熟读成诵,背诵课文,感悟文章告诉我们的道理。

教学重难点:结合注释理解课文的意思,把握文章的主要内容。熟读成诵,感悟文章告诉我们的道理。

教学过程:

一、揭示课题,了解出处

师:同学们,接下来我们就要走进第六单元,今天就让我们先一起来学习一则故事。

生齐读课题"铁杵成针",了解出处。

二、关联旧知,熟读成诵

师:我想问问大家,以前你们是怎么学习古文的?比如小古文《司马光》,想想,你们是怎么学习的?

生:诵读文言文。

生:理解文言文。

师:那么,再来说一说,你们是怎么理解古诗文的?

生:借助注释。

生:查字典。

生：借助课文中的插图。

生：可以联系生活。

生：可以联系已经学过的知识。

生：我还知道可以联系上下文。

师：这些方法都非常棒，还有要补充的吗？

生：拆字法。

师：你们都太棒了！下面我们就先来读一读这一篇文言文。

生自由朗读。

全班齐读。

师：同学们，这是你们读的情况。接下来听老师读，听听看，和你们读的有什么不同？注意拿笔在手，及时记录。

生：老师读得很有节奏，词语后面有停顿。

生：我还发现老师的停顿是在人名后面。

师：你们都是善于倾听的学生。古诗文中的节奏，我们可以用画线的方式呈现。我们一起来读一读，好不好？

生有节奏地朗读。

三、互学互究，自主学文

师：古文的奥秘就藏在一词一句当中，我们要努力做到的就是真正理解。下面，请同学们做一项工作，把你们觉得不大能掌握的注释多读几遍。把你们认为比较陌生的注释搬到文章中去读一读，读懂文章。

生借助注释学习。

师：现在和你的同桌交流一下，这些注释你都掌握了吗？你利用了哪几条？谁来汇报一下自己的学习成果？

生：我已经全部掌握了。

师：你这么自信！很好！谁能来考一考她？

生："感其意"是什么意思？

生：被她的意志感动了。

生："方"是什么意思？

生：正在。

生："还其业"是什么意思？

生：完成了他的学业。

生：应该是"回去完成他的学业"。

师：看来，差一个字你就全部掌握了。恭喜你，把这个字补上就大功告成了。同时感谢考官们，问得非常好！下面，请同桌之间互相这样考一考，看看是不是真的掌握了。

生互相交流探讨，师巡视。

师：刚才看到你们的学习真是有趣又有效，特别是检查。现在不止是注释，还有同学说可以随便考。有没有谁敢来接受这个挑战？

下面，我来请同学汇报一下，你觉得你回答的问题，哪一个回答得最满意？

生："未成"中的"成"应该同"学有所成"中的"成"是一样的。我联系上下文把这个词扩展开来理解。

生：我回想起"智能之士，不学不成，不问不知"，老师告诉过我们"成"是"大成"的意思。所以，这篇古文里的"成"字，我觉得应该也和"大成"有关。

师：没错！古代人的学习"三年谓之小成，九年谓之大成"。现在你们都能用各种方法来理解这篇古文中每个字的意思了！

四、互学互究，梳理全文

师：现在，我们一起来合作讲一讲这个故事，第一句由我来。"磨针溪"在哪儿呢？磨针溪在象耳山下。谁接？

生：这是李白读书的山区。

师：有谁帮他修改一下？

生：他不是在山区读书，是在山里读书。

师："世传"是不是漏了？来，没关系，我们再来说一说。

生：世代相传，李白在山中读书。

师：谁接着往下讲？

生：李白没有完成自己的学业，就放弃读书。

师：很好！继续。

生：在小溪的另一头，遇见一个老媪正在磨铁杵。

师：谁有补充意见？

生：老媪应该是老妇人。

师：路过哪条小溪？磨针溪。所以应该是：在路过磨针溪的时候，遇到一位老妇人正在磨一根铁杵。下面谁继续？

生：李白觉得很奇怪，问老妇人在干什么。老妇人说想要做成一根针。

师:很好。好在哪里?

生:很完整地说出了人物。

师:这里有一个很难很关键的字——之。请问"之"是什么意思呢? A.老妇人;B.老妇人磨铁杵;C.老妇人磨铁杵的原因。

生:选择C。

师:为什么?

生:因为他们的对话中就是李白问询老妇人磨铁杵的原因。

师:很好,你们懂得联系上下文来理解了。这是最难懂的地方,请你们圈起来。继续往下。

生:于是,他回去完成了学业。

师:好!下面请同桌之间互相帮助,一起把整则文言文的意思说一说。

五、紧扣形象,感悟道理

师:故事的起因、经过、结果都出来了。尽管故事很短,可是它的结构非常完整,这是古文很有魅力的地方。假如你是逃跑出来的李白,听到这句话,你心中会想什么?

生:人家老妇人都可以这么有意志地把那么粗的铁杵磨成绣花针,我还能不好好读书吗?

生:人家老妇人都愿意花那么多工夫来做一件事情,为什么我连学习都不想坚持呢?

生:老妇人多么辛苦啊!她得磨多久呢?我只要安安心心地学习、回答问题就可以了,而她要一直磨一直磨,可能手还会被磨破,可能会受伤。

师:是啊!你从"欲作针"这个词能感受到老妇人的什么品质呢?

生:坚定,努力,坚持,有目标,有决心,有毅力。

师:是的!不畏艰难,坚持不懈。

师:刚才我们和李白一起经历了这样一场美丽的偶遇。现在回过头来,联系自己的学习,联系自己的生活,你们觉得有什么启发呢?

生:做事情要坚持,不能做到一半觉得累了就要放弃。

生:不吃学习的苦,就要吃生活的苦。

师:各位同学,你们都有非常好的发现,我也希望你们联系自己的学习和生活,不仅要做认识上的巨人,还要做行动上的巨人。

【评析】

在欣赏中发现，在悦纳中成长
——在悦纳共赏中提升学生核心素养

现行小学语文教材与之前的教材相比，在古诗文选编方面明显加大了力度，数量有了明显增加。然而，古诗文的学习难度之高历来又是学生公认的，这就带来小学生语文学习上的困扰——怕学古诗文。《义务教育语文课程标准（2022年版）》对小学生学习文言文的要求也不低，明确提出文言文学习既要有"言"的积累，又要有"文"的欣赏，即"文言并重"。这导致广大教师在文言文教学上的困扰：目标设置太高，小学生无法企及，容易造成厌学、怕学的心理；目标设置太低，又无法达到相关要求。因此，目前的文言文教学问题颇多。一是重"文"轻"言"，基础过重，反复操练，令人厌烦。教师把教学重点放在"筑基"——文言词汇的积累、句子的翻译上，忽视了对文章的整体把握和文本深刻意蕴的挖掘，导致教学内容枯燥、形式僵化，学生只会死记硬背。二是重"言"轻"文"，难度过高，听者寥寥，应者无几。部分教师偏重于对文言文思想内容的理解分析，忽视了基础的词句理解和内容把握，导致学生古文阅读根基不牢。这些现象导致"文"与"言"的教学无法有机融合，学生学习兴趣不高，课堂教学效果不佳，不利于学生思维进阶，形成相关素养。

如何破解"怕学、厌学"的难题？悦语文教学认为，语文学习的过程就是师生互相欣赏、彼此悦纳并因此智慧共生、素养共长的过程。只有情意融融的语文课堂才能让小学生安心学、乐于学、学得好。这一点在文言文《铁杵成针》的教学中得到了很好的呈现。

一、发挥教师主导功能，营造互相欣赏、彼此悦纳的教学氛围是重要基础

教师作为本课教学活动的主导，通过自身的示范，对学生的学习活动进行及时而必要的肯定，成为促进师生彼此悦纳的表率。比如，在了解小学生怎么学习古文这一环节，对于学生的发言，教师及时评价"这些方法都非常棒，还有要补充的吗"，不仅肯定了学生的发言，让学生收获了成就感，更主要的是，这样的举措给予学生充分的情绪价值，引导学生打开了思路。在后续环节，我们看到在同学之间互相考查知识掌握情况的活动中，学生和学生、学生和老师之间的合作是卓有成效且亲密无间的。这得益于教师的示范和由此形成的良好学习氛围。

二、发挥学生主体作用，打造自主发展、彼此成就的乐学课堂是主要途径

当小学生的主观能动性得到充分发挥的时候，我们看到学生被激活了，课堂被激活了。语文学习活动的过程和成果异彩纷呈，令人惊喜！在课堂上，有如下精彩环节：

生："未成"中的"成"应该同"学有所成"中的"成"是一样的。我联系上下文把这个词扩展开来理解。

生：我回想起"智能之士，不学不成，不问不知"，老师告诉过我们"成"是"大成"的意思。所以，这篇古文里的"成"字，我觉得应该也和"大成"有关。

师：没错！古代人的学习"三年谓之小成，九年谓之大成"。现在你们都能用各种方法来理解这篇古文中每个字的意思了！

以攻克"成"字的意思为共同目标，学生互相信任、互相赏识，彼此鼓励，共同合作。他们的主动性得到了自如的发挥，发言的层次和质量不断跃升。类似的片段还有：

假如你是逃跑出来的李白，听到这句话，你心中会想什么？

生：人家老妇人都可以这么有意志地把那么粗的铁杵磨成绣花针，我还能不好好读书吗？

生：人家老妇人都愿意花那么多工夫来做一件事情，为什么我连学习都不想坚持呢？

生：老妇人多么辛苦啊！她得磨多久呢？我只要安安心心地学习、回答问题就可以了，而她要一直磨一直磨，可能手还会被磨破，可能会受伤。

师：是啊！你从"欲作针"这个词能感受到老妇人的什么品质呢？

生：坚定，努力，坚持，有目标，有决心，有毅力。

通过小组讨论、同伴互助等活动，学生学得主动，学得积极，学得更有成效。这不仅表现在他们能更好地理解和掌握文言文知识，更表现在他们的团队合作精神和社交能力都得到了极大的提升。

三、智慧共生、素养共长的悦学课堂是语文教学的美好境界

在语文教学过程中，教师除了鼓励学生自主学习之外，对学生确实难以实现的目标或者无法企及的高度应该理性看待。如果这样的高度、难度确实值得学生"上去"看一眼或者感受一下，教师就要及时进行点拨，根据学生的学习情况和需求，给予必要的指导和支持，帮助他们克服困难和挑战。这样，不仅解决了学习难题，还可以将文言文学习的挑战转化为学习的乐趣。比如，在本课教

学中,"逢老媪方磨铁杵,问之"这句话中的"之"指代什么?这是一个学习难点,很多小学生根据自己的生活经验,会直接认为是指"老媪"。面对学生很容易犯错的知识点,教师就要及时伸出援助之手,避免学生认知上出现错误。

师:这里有一个很难很关键的字——之。请问"之"是什么意思呢? A.老妇人;B.老妇人磨铁杵;C.老妇人磨铁杵的原因。

生:选择C。

师:为什么?

生:因为他们的对话中就是李白问询老妇人磨铁杵的原因。

师:很好,你们懂得联系上下文来理解了。这是最难懂的地方,请你们圈起来。

智慧共生、素养共长,这是悦语文教学的美好境界。对于小学生的文言文学习而言,我们在关注他们文言文内容和主旨习得的同时,也要关注其文言文学习方法及范式的形成,更要关注如何让小学生学习文言文的经历变得更加美好的策略和方法,为今后的学习打下坚实基础。

二、以趣引学策略

《自相矛盾》(五年级下册)教学实录及评析

教学目标:

1.认识"吾、弗"2个生字,读准多音字"夫",会写"矛、盾"等4个字。

2.正确、流利地朗读课文。背诵课文。

3.结合注释,并联系上下文理解词语的意思,进而理解寓言的内容。

4.能说出"其人弗能应也"的原因。

教学重难点:能结合注释,并联系上下文理解词语的意思,进而理解寓言的内容,了解人物的思维过程。

教学过程:

一、揭示课题

师:同学们,接下来我们就要走进第六单元,去感受"思维的火花"。今天我们先一起来学习一则新的寓言故事,去感受充满智慧的哲学思辨。

生齐读课题。

二、识字通文

1.猜字激趣,学习生字。

师:早就听说我们班的同学聪明伶俐、才思敏捷,下面我们玩个小游戏,看谁反应快!

(1)矛和盾

师:看,这是什么字?对了,"矛"。看这尖尖的枪头,你们能用一个词来形容它的特点并说说它的作用吗?

(预设:锋利的矛,是用来攻击敌人的。)

师:这又是什么字?它的特点和作用是什么?

(预设:坚固的盾,是用来防御敌人的。)

师:是的,盾是圆形或方形的,非常坚固,是在战场上用来防御敌人、保护自己的。

师:矛和盾在古代战场上是对立关系的一对武器。"矛"和"盾"是我们本节课要学的生字,你们注意到了哪些易错笔画?

(预设:注意矛字的第二笔是点,最后一笔是撇,就像矛上的红缨。盾第一笔是撇不是横,它的下半部分是目,表示以盾蔽目,保护头部。)

师范写,生书空。

师:请同学们把这两个字在生字表旁写两遍,写完用坐姿告诉老师。

(2)鬻

师:请看,这个字上面有"米";下面是"鬲",表示锅。它的本义是把米放在锅里熬煮,后来引申为"卖"。

师:那文中是谁在卖什么呢?请读原文。

师:"楚人有鬻盾与矛者"是什么意思?

师:"楚人有鬻马与鞍者"如何解释?

师:"燕国有一个卖布和伞的人"如何用文言文来说呢?

师:大家能举一反三,真棒!

(3)弗

师:"弗"字中间像两个物体被绳索捆住,使它们不再弯曲。弗是"不"的意思。"自叹弗如"的意思是什么?"弗能应"的意思是什么?文中还有几个字也代表"不",谁能快速找到?

2.读通课文,扫清障碍

(1)学生自读,指名展示

师:这则寓言讲述了一个什么故事?现在请大家借助拼音自由读课文,读准、读通、读顺。谁来展示?

师:你的声音洪亮,有一副金嗓子。如果咬字再清晰一点儿就更好了,课下多练练。

(2)教师范读,读文知韵

师:古时候,诵读诗文是一件高雅的事。古文的朗读应特别注重韵味和节奏。现在请大家参照节奏线,听老师读。

楚人/有/鬻/盾与矛者,誉之曰:"吾盾/之坚,物/莫能陷也。"又誉其矛曰:"吾矛/之利,于物/无不陷也。"或曰:"以子之矛/陷子之盾,何如?"其人/弗能应也。夫/不可陷之盾/与/无不陷之矛,不可/同世而立。

(3)同桌互读,全班齐读

师:谁来挑战老师,读一读?

师:听你朗读是一种享受,还有谁要向他挑战?

师:去掉节奏线还能读出韵味吗?全班一起来试试。

三、读文知意

1.复习学法

师:文章不仅要读好,还要读懂。你们还记得哪些学习文言文的方法?

(预设:反复朗读、对照注释、借助插图、联系上下文猜测。)

2.理解文意

师:好,现在就让我们用上这些方法自学,试着理解每个词、每句话的意思。小组合作,组内成员轮流说一句文言文的意思,不对的地方其他成员及时纠正。

师:都读懂了吗?考考你们。

3.交流文意

师:现在,让我们穿越时空,来到楚国的集市。只见那商人正高声吆喝,行人挑选好物,一番热闹景象。同学们,让我们聚焦卖武器这个摊位。

师:俗话说,王婆卖瓜,自卖自夸。谁来当楚人,夸夸自己的盾?

师:在同学们的吆喝下,摊前围观的人越来越多。老师作为围观的一员也忍不住发问:汝盾坚否?

生:吾盾之坚,物莫能陷也。

师:剑/枪/矛能陷否?

生:吾盾之坚,物莫能陷也。

师:所以这盾的坚固程度,用原文语句来说就是——物莫能陷也。

师:看着有人捧场,你们忍不住拿出自己的矛来吆喝了。围观的群众也忍不住要发问了:汝矛利否?

生:吾矛之利,于物无不陷也。

师:木/甲/盾能陷否?

生:吾矛之利,于物无不陷也。

师:所以这矛的锋利程度可真是——

生:于物无不陷也。

师:如此厉害的矛和盾,我都心动想买了。但是楚人的矛和盾最后卖掉了吗?

师:旁观中的善思者问道"以子之矛,陷子之盾,何如?",其人弗能应也。

四、读文知理

1. 知矛盾

师:"其人弗能应也"的原因是什么?请同桌交流,想一想,如果"以子之矛陷子之盾",会有什么样的结果?请用"如果……说明……"的句式来说一说。

(预设:如果盾破,说明盾不坚固,与"莫能陷"相抵触;如果矛折,说明矛不锋利,与"无不陷"相抵触。如果盾破矛折,说明盾不坚固,矛也不锋利,与"莫不陷"和"无不陷"都相抵触了。)

师:正因为有这样的结果,所以作者最后不禁发出这样的议论。

师生齐读:夫不可陷之盾与无不陷之矛,不可同世而立。

师:所以,像楚人这样,前面说的话和后面说的话相冲突、对立,就叫作"矛盾"。我们现在常用"自相矛盾"来比喻一个人的言语或行事前后不相应,互相抵触。

师:同学们能不能尝试用"自相矛盾"来造句呢?请先看老师提供的例句,谁能把它补充完整?

(出示:小泽气呼呼地说:"我即便饿死也不吃这难吃的饭菜!"到了后半夜,他＿＿＿＿＿＿＿＿＿＿＿＿＿＿＿＿＿＿。这不是自相矛盾吗?)

师:同学们能照着样子用"自相矛盾"说一句话吗?

2. 明道理

师:楚人卖矛和盾闹出了笑话,从他身上,我们可以汲取怎样的教训呢?

（预设：我们说话、做事不能前后抵触/夸大事实/言过其实/前后矛盾，必须实事求是/言行一致/讲究分寸/脚踏实地/前后一致。）

五、背诵积累

1.尝试背诵

师：同学们，问渠那得清如许，为有源头活水来。你们的思考更深入了，为你们点赞！这个故事如此有趣又发人深省，让我们一起把它背下来吧。给同学们3分钟时间，尝试着背一背。

2.图文匹配，练说故事

师：都会背了吗？考考大家。请从抽屉中拿出学习单，上面的每一幅画对应文中的一句话。请小组长分配好任务，每个组员认领一张图，写上与课文对应的句子，并在句子前标上序号。写完后把它们按顺序排好，形成连环画。用自己的话讲讲这个故事。

六、拓展阅读

课外拓展，推荐阅读。

板书：自相矛盾

   矛 利 无不陷 前后一致

   盾 坚 莫能陷 言行一致

【评析】

悦读·趣解·妙品·巧拓
——在趣学乐用中提升学生核心素养

古诗文言简义丰、文思高妙，艺术表现力极强，是中国传统文化的重要载体，在培养学生语文核心素养上具有得天独厚的优势。然而，在现实教学中，有相当一部分教师教学目标错位，拘泥于字字翻译，句句解释；教学策略单一，朗读、品悟等基本方法机械而生硬，导致学生学习古诗文的兴趣不高，课堂教学效果不佳，无益于学生核心素养的提升。

理想的古诗文教学应当是在轻松愉悦的氛围中，情智交汇，理趣相伴，有效地提升学生的核心素养。为达到这一理想境界，小学古诗文教学可结合学生的身心特点，契合学生学习古诗文的路径，以"悦读·趣解·妙品·巧拓"为基本方法。

一、悦读

古诗文富有优美的音韵节奏，值得反复诵读品味。"读"是古诗文教学中最基本也是最重要的方式。古诗文教学应通过诵读吟咏，让学生品味独特的语言，培养语感。同时，古诗文的音律美能促进学生审美素养的发展，其独特的吟诵文化可在不知不觉中对学生进行传统文化浸润，培育学生的文化素养。

古诗文的"读"，倡导"悦读"，即通过灵活多样的形式，让学生读得有趣，读得不累，读得有梯度，熟读成诵，为"书读百遍，其义自见"做铺垫。"悦读"的基本操作方法有：师生分合读、减字瘦身读、逐步登梯读、结合书法读等。师生分合读即师生配合读，分读前半句、后半句；减字瘦身读即将七言诗化为六言诗、五言诗、四言诗、三言诗来读；逐步登梯读即将诗文去标点、化竖排、变繁体、隐字句，逐步提高难度来读；结合书法读即结合楷书、行书、草书等多种书法形式朗读。在学生"读熟"的基础上，教师可以创设情境，结合诗意反复引读，或利用多媒体手段，引学生入情入境，进而读出情感，读出意境。

二、趣解

小学中高段古诗文教学中的"趣解"，即通过"勾连古今、词句试用"等有趣的形式引导学生理解字词，粗解大意。通过"勾连古今"，将古诗文的语言与现代汉语对接，指向语言的积累建构；"词句试用"就是在教学中将阅读与表达结合起来，让学生进一步理解诗词内容，灵活运用语言表达，夯实语言基础，可以很好地培育学生的语言素养。

勾连古今：古诗文是现代白话的母体，两者的修辞、语法、词汇是一脉相承的。教学时，教师应架设连接古今语言的桥梁，将陌生化为熟悉。如教学《送元二使安西》的"舍"字，教师可出示舍，让学生根据字形猜字，理解"舍"字的本义是"居住的房子"。"客舍"就是旅客居住的房子，旅店，进而引导学生勾连"校舍""宿舍""左邻右舍"等词语。同样，教学"也傍桑阴学种瓜"的"傍"字，让学生根据注释理解"傍"的意思是"靠近"，然后引导学生说出"傍水""傍山""傍晚"等词。通过古今字词的勾连，学生的理解能更为深入，同时也促进了学生语言的建构。

词句试用：在教学时，引导学生尝试运用所学的古诗文字词、句式，培育语言建构与运用素养。如教学《自相矛盾》中"楚人有鬻矛与盾者"一句后，让学生仿写句式："楚国有个画画的人——楚人有画者""赵国有个打猎的人——赵人有猎者""齐国有个卖牛和羊的人——齐人有鬻牛与羊者"。再如，教学《卜算子·送鲍浩然之浙东》后，运用词中句子，写写毕业赠言。

三、妙品

古诗文的语言隽永，每一个字都经过了作者的反复推敲，从而构筑出独特的意境和丰富的情感世界。教师要在整体把握的基础上，引导学生对用词精妙处、意象丰富处、情感凝聚处，细细地进行品味吟咏，体会其中的内涵和意境。"品"是古诗文教学中最重要的环节，方法有"勾连比较、渲染造境、写意抒怀"等。

勾连比较：将古诗文中相似的表达、相同的主题进行比较。如教学《村晚》"牧童归去横牛背，短笛无腔信口吹"两句时，可勾连"牧童骑黄牛，歌声振林樾""草铺横野六七里，笛弄晚风三四声"，比较不同的牧童，比较"信口吹"与"笛弄晚风"。通过勾连比较，学生可以获得更立体、更丰富的理解体悟。

渲染造境：通过引入资料，教师渲染语言，营造情境，引导学生体会古诗文的意象和意境。例如，感悟《从军行》中"玉门关"意象时，可以采用以下方式：

1. 学生想象玉门关的景象。

2. 出示图片，印证学生的想象。

3. 补充资料：玉门关是屹立在唐朝边境上的赫赫雄关，它是防御北方强敌的重要关卡，唐军曾与突厥在此发生多次大战。唐诗中有一百多首咏及"玉门关"，它是保家卫国、渴望和平的象征。

4. 引读诗句：岑参说，玉门关孤立黄沙中，到处是枯萎的白草——玉门关城迥且孤，黄沙万里白草枯。王之涣说，玉门关是个连春风都吹不到的地方——羌笛何须怨杨柳，春风不度玉门关。戴叔伦说，妻子做梦去玉门关寻找丈夫——不识玉门关外路，梦中昨夜到边城。胡曾说，将士们渴望能活着回归故土——半夜帐中停烛坐，唯思生入玉门关。

5. 有感情地朗读：此时，看着玉门关，你心中有什么感受？这玉门关包含着将士们什么样的感情？请读出自己的感受。

写意抒怀：结合诗句理解，适时创设情境，让学生换位思考，揣摩诗人内心，书写人物心声，变旁观者为亲历者，变感受人物情感为表达自我。

四、巧拓

根据文章特点进行拓展，或升华主题，或延伸阅读。这方面重点指向的是语言素养与文化素养的培育。如教学五下《古诗三首》后，教师以边塞诗、杜甫爱国诗、陆游爱国诗为主题，进行课外拓展，把三首诗的教学升格为丰满的母题文化学习，让学生获得有深度、成体系的诗歌知识。再如学习《杨氏之子》后，教师引入南朝刘义庆《世说新语》的《口中狗窦》一文，引导学生运用本课学习方法，进行拓展阅读。

"悦读·趣解·妙品·巧拓"教学策略明确指向学生核心素养的培育，让学生学得有趣有味且有效，真正把中华优秀传统文化的种子深埋在学生心底，滋养学生的生命。

三 积极鼓励策略

《司马光》（三年级上册）教学实录及评析

教学目标：

1.借助多种形式，正确、流利地朗读课文，感受文言文的表达魅力。
2.学习文言文的基本阅读方法，了解课文内容，实践阅读方法。
3.体会司马光的智勇聪慧，结合自己的理解有理有据地评价人物。

教学重难点：通过反复诵读、借助注释、联系上下文等方法品读关键词句，初步感受文言文的语言特点。能用自己的话讲故事。

教学过程：

一、破题，触摸文言趣味

1.由"司"字说开

师：今天我们要学习的课文是《司马光》。这个名字相信大家都不陌生。我想问问，司马光这个名字姓什么？叫什么？

（预设：复姓司马，名光）

师："司马"是古代的官职，后作为复姓使用。回忆《姓氏歌》，你还知道其他复姓吗？

（预设：上官、欧阳、诸葛、东方）

师：我们一起来看看"司"字，它是半包围结构，书写时注意三横等距平行，口部上宽下窄，竖画垂直，向左略突出。本课还有一个字和"司"结构相同。

（预设：庭）

师范写，生书空。

师：本课另一个字也非常有趣，那就是"登"。登在古代指上车的样子。外形上，"登"字的最上边是一双脚。因此，这个字也被赋予了"登高"的含义。

2.从故事里说起

师:你最早知道这个故事是什么时候?又是怎么知道的?

(预设:历史书上读到的,听外婆讲的,动画片里看到的)

师:之前就知道这个故事的请举手。还没学,你们就已经知道了,说明这个故事怎么样?

(预设:耳熟能详、妇孺皆知、家喻户晓)

师:你们真会用词,很厉害!老师小的时候也学过一篇课文,叫《司马光砸缸》。大家看这篇课文和我们今天要学习的有什么不同?

(预设:课文形式不一样,之前的课文有141个字,这篇课文只有30字。)

师:像这种需要用现代汉语来翻译的文章,叫——文言文。从这堂课起,我们就要开始学习文言文了。

二、初读,感受文言文的魅力

1.学生自读,指名展示

师:大家第一次接触文言文,根据自己的节奏和感觉来读。因为是文言文,又很短,所以可以多读几遍,放慢语速,注音读准字音。谁来展示?

师:你认识了难读的生字,登瓮(wèng)、没(mò)水中、水迸(bèng),真是一双火眼金睛。

师:读错了也很正常,我们都会帮你。语速放慢,再读一次。

2.教师范读,读出节奏

师:看来我们班的同学读这篇文章已经没有问题了,接下来跟着老师一起朗读,注意词句间的停顿。看看我们是不是有默契,把文章读得字字清晰,句句响亮。

群儿/戏于庭,一儿/登瓮,足跌/没水中。众/皆弃去,光/持石击瓮破之,水/迸,儿/得活。

师:现在去掉节奏线,还能读出韵味吗?全班试一试。

师:读得字正腔圆,读得滚瓜烂熟,这就是学习古文的第一把金钥匙:熟读成诵。

三、品读,习得阅读方法

1.自读自悟,理清文中人物

师:《司马光》这篇短短30个字的文言文,里面却出现了非常多的人物,你找到了吗?请大家再读课文,找找出现了哪些人。温馨提醒:边读边进行圈画,小小的批注也是读懂文言文的好方法。

（预设：群儿、一儿、众、儿）

师：这些都是对人的称呼,仔细观察,其中哪两个称呼意思差不多?

（预设：群儿、众）

师：请你想想,"群儿""众"到底哪个称呼里的人更多？说说你的理由。

（预设："群儿"指一群小孩,"众"包括了逃跑的,"众"的人更多。）

师："一儿""儿"指的是谁?"光"是谁?

（预设：一儿、儿指掉到瓮中的小孩,光指司马光）

师：从这些称呼上,你会发现文言文的一个特点。比如称司马光为"光",是直接用名字来称呼。也可以用他的姓氏"司马"来称呼,甚至可以称呼为"儿"或者"一儿"。我们可以发现,文言文的称呼方式很丰富。

2.品读课文,习得阅读方法

师：文言文语言简洁精练。接下来我们进行"故事大王"擂台赛,要求结合小古文,借助学习古文的第2把金钥匙——用好注释,用自己的话讲一讲这个故事,注意说清故事的前因后果。讲故事的人根据课文来讲,听故事的人拿笔画出被遗漏的地方。

（预设：群儿戏于庭,一儿登瓮,足跌没水中——这是事情的起因。

众皆弃去,光持石击瓮破之——这是事情的经过。

水迸,儿得活——这是事情的结果。）

师：遇到含义深刻的课文,一句一句地寻找感悟,我们就会有不一样的发现。第一句"群儿戏于庭"是什么意思?

（预设：一群孩子在庭院里玩耍。）

师：你是用什么方法读懂"戏"字的?

（预设：给"戏"组词,"戏"就是"嬉戏"）

师：很好,阅读文言文时碰到不理解的字,可以给它组个词。庭是庭院,哪里写的?

（预设：借助注释）

师：读文言文时要学会借助注释。我们学会了阅读文言文的两种方法：组词和借助注释。你们读书真专心,总能发现课文中的小秘密。

师："一儿登瓮"的"瓮",注释是"口小肚大的陶器",所以第一句的意思是有一个小孩爬上了陶瓮。正因为他爬上去了,所以他——

（预设：小孩不小心跌进瓮中，淹没在水里。）

师：说得挺好，解释时联系上下文加上"一不小心"，把句子意思说得合乎情理。

师：有一个小孩爬上了陶瓮，一不小心跌进瓮中，淹没在水里，哪个字说明很危险？

（预设：没，说明水已经淹过小孩的头顶了。）

师：一个"没"字使我们身临其境地感受到当时的危急。"众皆弃去"是什么意思？

（预设：所有孩子都抛弃了他，逃走了。）

师：真是这样吗？联系生活想想，这合乎情理吗？

（预设：我觉得不合乎情理，发生这样的事情，总要想办法救人，可能有些孩子吓得逃走了，但也会有一些孩子跑去找大人，喊救命。）

师：没错，读懂文言文还得联系生活。这里"弃去"不是一个词，而是两个单音节词，"弃"就是吓得逃走，"去"就是跑开了。

（预设：大家全都慌了，有的逃走了，有的跑去找大人求救。）

师：谁还留着？"光持石击瓮破之"说的就是——

生：司马光拿着一块石头把瓮砸出一个缺口。

师：怎么知道是拿石头？

生：课本插图画出来了。

师：持是拿，还可以换成哪个字？

生：搬，应该是块大石头，因为只有很大的石头才能把瓮砸破。

师：是的，联系上下文我们知道，瓮"破"了，里面的水涌出来，小孩得救了。

生：太棒了，这个小孩没事了！

师：司马光是个怎样的孩子？司马光真乃＿＿＿＿＿＿＿＿＿＿之人也，只因＿＿＿＿＿＿＿＿＿＿（第二个空用原文回答）。

生：司马光真乃勇敢之人，只因"光持石击瓮破之"。

生：司马光真乃乐于助人之人，只因"光持石击瓮破之"。

生：司马光真乃聪明之人，只因"光持石击瓮破之"。

师：只因后面还可以加上其他孩子的表现，变得更丰富些。

生：司马光真乃智勇双全之人，只因"众皆弃去，光持石击瓮破之"。

师：一点就通。你真乃智慧之人也。

师:大家不仅读懂了,还学会了阅读文言文的一些方法:组词、借助注释、借助插图,还有联系,包括联系生活、联系上下文。

师:现在请同桌之间合作,用自己的话再次讲讲这个故事。对方哪里说得不够准确、完整,注意及时提醒纠正。

四、再读,增强文言文语感

师:(出示邮票)如果要给这三张邮票配文,大家会用原文说一说吗?

生:第一张邮票可以配:群儿戏于庭,一儿登瓮,足跌没水中。

生:第二张邮票可以配:众皆弃去,光持石击瓮破之,水迸。

生:第三张邮票可以配:儿得活。

师:我们一起背一背这个故事。

师:这个故事流传的形式非常丰富,《宋史》中说道,"其后京、洛间画以为图"。我们可以在瓷器上、剪纸上、玉石雕刻上、画卷上等地方看到它。有心的同学也可以在生活中找一找。

师:四人小组组内练习讲故事,要求讲的时候语言清晰、声音洪亮,展开想象,把故事讲清楚,讲生动,如果能加入表情和动作就更好了。

五、任务布置,拓展阅读深度

1.师生对读,感受文言文的表达魅力。现在老师读这些人的称呼,你们来读故事内容,看看我们有没有默契。

2.叙述同一个故事,文言文只要30个字,现代白话文要141字,由此可以发现文言文的一个特点——语言比较简洁。

3.布置作业:用文言文讲述这个故事,拓展阅读其他文言文故事。

板书:

司马光

起因:群儿戏于庭　　　　　　跌/没　　文言文(言简意丰)

经过:众皆弃去,光持石击瓮破之　　　读文小妙招

结果:得活　　　　　　　　反复诵读、借助注释、联系、组词

【聪明机智　沉着冷静】

【评析】

激活·调动·塑造
——在鼓励表扬中提升学生核心素养

文言文是中华优秀传统文化的瑰宝,《义务教育语文课程标准(2022年版)》明确提出"诵读古代诗词,阅读浅易文言文,能借助注释和工具书理解基本内容。注重积累、感悟和运用,提高自己的欣赏品位"的要求。但由于文言文和现代汉语差距较大,理解较难,许多小学生认为文言文学习增加了他们的负担,并产生了消极的情绪。

德国教育学家第斯多惠说:"教学的艺术不在于传授本领,而在于激励、唤醒和鼓舞。"也就是说,教师在教学中不仅要进行知识的传授,还要恰当运用激励评价,触发学生的学习动机,提高学习积极性、使其主动参与教学活动。为达到这一要求,契合学生学习文言文的路径,教师要以"激活·调动·塑造"为基本方法。

一、创设灵动教学情境,激活学生快乐心理因素

与现代汉语相比,文言文的语言表达方式具有特殊性。虽然选入统编版教材的文言文都具有浅显易懂的特点,学生在理解方面不存在太多困难,但由于小学生的注意力还没有达到很高程度,自制力差,注意力难以长久地集中于文字上,因此对文言文的学习存在一定的陌生感,较难产生兴趣。教师利用多种教学方法,为学生创设适宜的学习情境,可以成功激发学生思维,为悦语文教学提供良机。

教师在创设教学情境时往往会运用多媒体进行展示,久而久之,学生的审美思维不再敏感,学习兴趣也就下降了。如果教师时常更换教学情境创设方式,可以收到意想不到的效果。如教学《司马光》时,教师设计"故事大王"擂台赛,鼓励学生用不同形式把故事讲完整,课堂学习气氛浓烈,学生看得过瘾,成为课堂教学的主人。只有创设宽松、自由的学习环境,建立平等、民主的师生关系,学生的创新能力、思维能力才能够迅速发展。

二、运用课堂激励评价,调动学生快乐学习

教师作为课堂教学的设计者、参与者、服务者,在具体施教过程中,课堂激励评价是鼓励学生学习的关键因素,有利于克服文言文语言深奥的学习难点。我们要注意以下几点:

1.注意把握课堂激励评价的时机和力度

课堂激励评价要以学生对文言文的理解为依据,运用小组合作的方式来组织学习,着眼于帮助学生提升理解,交流心得。教师在这个过程中更多是参与者、评价者,对学生的发言进行评价,着眼点可以是学生选择的角度、思想情感的追问、人物情感的分析等,高效地推动文言文教学。在这个阶段,学生刚接触文言文,课堂评价要以鼓励为主,为以后学习打下坚实的基础。

2.注意课堂激励评价的深度和广度

学生的发展不能局限于成绩的提高,还应包括思维能力、思维品质、审美能力、动手能力等的发展。教师要用最基础的知识性问题和分析性问题,鼓励学生积极思考,在思考和解答疑问的过程中掌握文章大意,理解文章的主要思想。在解决了知识性问题之后,教师可以趁热打铁,深入文章的细节,试着提出深层次的问题和更具开放性的问题,鼓励学生进一步思考。

3.注意课堂激励评价的语言艺术

小学生处于身心发展的初始阶段。在这个阶段,他们需要来自教师、家长的鼓励,从而树立自信。因此,教师的课堂激励评价要公平公正,具有人文关怀,不再是"很好""非常好""不错""再接再厉"等模糊性语言。对于所有课堂互动都要给予肯定,强调还可以更加努力,取得更大进步。受到鼓励后,学生热情度增加,对于学习文言文有了内驱力。

三、尊重学生个性差异,促进学生乐于参与

每个孩子的学习能力各不相同。对于文言文这种未学习过的文体,教师要给予足够的信任,结合他们的实际,循序渐进,要抓住每一个闪光点,适时给予不同程度的鼓励。只有学习压力化解了,学生才会更加乐于参与。学生是独立的个体,每个人都有自己独特的心理特征。每个学生都需要教师的赞扬和鼓励,因此,教师要注意满足学生的荣誉感。

"激活·调动·塑造"教学策略明确地指向学生核心素养的培育。在小学语文教学中,教师要及时调整自己的教学方法,与学生的生活实际相联系,让他们在被认可和被鼓励的过程中自我提高,进而提高学习水平,实现综合发展。

第二节 具体实施策略教学案例

一 调节状态策略

《神奇日记》(三年级下册)教学实录及评析

教学目标：

1.引导学生大胆展开想象,体验想象的乐趣。

2.编写一个完整、有趣的童话故事,感受童话给我们带来的快乐。

3.尝试细腻地刻画人物的言行举止,增强故事的表现力。

教学重难点：

重点:运用多种感觉器官,在听、说、编童话的活动中,进一步体验童话的魅力,感受童话给我们带来的快乐。

难点:大胆展开想象,编写一个有趣而完整的童话故事。

教学方法：

通过听童话、创编童话、角色对话、演读体验、拓展想象等活动,在练习中体验童话的魅力。

课前准备：

教师:教学课件。

学生:铅笔。

教学课时:2课时。

教学过程：

课前互动：

1.教师自我介绍:我的名字经常出现在天气预报中——中阵雨(教师姓名的谐音)。

2.阅读《晴天有时下猪》,感受童话的乐趣。

导入:你写过日记吗？有个叫则安的小朋友写的日记十分奇特(板书:奇特),叫作《明天的日记》(课件出示)。更奇特的是,他有一本神奇的日记本。不论他在上面写什么,都会变成真的。有趣吧?(板书:有趣)你想知道他在日记本上写了什么,又发生了什么有趣的事吗?

(课件出示日记:6月7日 星期日 晴天 有时下猪 今天的天气,一开始是晴天,午后下起猪来了。)

师:晴天下猪?可能吗?但这本日记实在太神奇了,上面写着天要下猪!

师讲故事:

星期天一早醒来,则安睁开眼睛,呀,好刺眼!一个大晴天。妈妈正在厨房里叮叮当当地准备午餐。

则安刚爬起来,忽然听到爸爸大声叫了起来:"喂,快来看哪!电视里在说怪话呢!"

则安以为自己听错了,连忙跑到客厅。一看,电视台的天气预报确实在预报。(出示课件:"晴天 有时下猪"的天气预报。)他又打开今天的报纸,看报纸上的天气预报。没错,上面清清楚楚地写着:今天天气,晴,局部地区午后下猪!他大吃一惊,觉得心脏都快停止跳动了。

妈妈从厨房里出来,听到天气预报,她高兴地说:"啊!那太好了!今天我就不用买猪肉了,晚上咱们吃免费的炸猪排!"

"耶!"妹妹和爸爸高兴地欢呼起来。则安傻了眼。

吃完午饭,则安紧张地看着天空。天是蓝蓝的,连一片云彩也没有。他刚松了一口气,外面就开始有人叫了起来。则安马上就知道人们为什么会叫了——猪啊!

天上传来了猪的叫声。听到了听到了!则安战战兢兢地把头伸出窗口,朝天上看:(出示课件:满天猪)几千头猪布满了天空。猪猪猪猪,全是猪!就要下猪啦!

则安害怕极了。不!不能让这种荒唐的事情发生。怎么办?

他赶紧抓起橡皮,把"猪"字擦掉。

这么一擦,四周一下子就静了下来。则安朝天上一看,猪消失了!

师生讨论:有趣吗?有趣在哪儿?(板书:想象——奇特情节——有趣)

一、创设情境,引导想象,体会编童话故事的乐趣

师:有意思吧?咱们继续看下去。不过,这一次要由你们大胆地想一想,一起来编故事。(课件出示日记:今天,妈妈把铅笔油炸了。爸爸说:"真好吃!""咔嚓咔嚓"地吃了进去。)

师:猜一猜,这一次又会发生什么有趣的事?(学生说,老师适时引导。)

(老师出示故事梗概。)

师:你觉得哪一部分最有趣?和同桌说一说,也可以两个人演一演。

预设如下:

1.看油炸铅笔

(出示课件:妈妈油炸铅笔。)

(1)闻一闻

师:"我"一回到家,刚进家门,就闻到一股油炸铅笔的味道。大胆地想一想:油炸铅笔会发出什么味?

生说,师相机指导。

(2)看一看

师:"我"走进厨房,看到……

学生说,师引导:厨房里的情形;妈妈的动作、表情;"我"的反应。

2.吃油炸铅笔

过渡:铅笔炸好了,接下来就该——(板书:吃)

(1)观菜色

师:妈妈把油炸铅笔端上来了,这道菜到底是什么样子呢?

生说,师引导:数量,颜色,形状。

(2)尝菜味

(出示课件:爸爸吃油炸铅笔。)

师:想象一下,这种铅笔油炸后会是什么味道?像哪一种零食?为什么?

师分别出示带橡皮擦的铅笔、2B铅笔、彩色铅笔等,让学生有根据地想象。

师:油炸铅笔能吃吗?你要跟爸爸提醒什么?男同学扮演爸爸,同桌练习说一说。评一下,谁表演得好。

师:油炸铅笔好吃吗?看图,只见爸爸_____地吃了起来。用形容词、拟声词等填空。

3.吃铅笔的后果

师:好吃那就多吃一点儿。但是吃多了会闹肚子的,何况刚才有同学说了,这铅笔可是有毒的。瞧,这不!(出示课件:爸爸肚子疼。)

师:你肚子疼过吗?是什么感受?谁来用"爸爸肚子痛得_____"说几句话?

4.解决"铅笔中毒"

师:爸爸疼得一刻也不能忍受了,怎么办?

(2)生说,师指导。

结合屏幕内容,帮助学生理清脉络。

二、激发想象,明确要求,感受写童话故事的乐趣

师:这本日记有趣吗?想再看吗?出示空白屏幕,老师走得急,带错课件了。那咱们自己编。

师:你想用这本神奇日记实现什么愿望?写一写神奇的"明天日记"吧!

学生说,教师相机引导学生说健康、有趣的愿望。

师:怎么才能写好?回忆刚才我们一起编的这个故事,谁来提一些建议?

师小结:想象要大胆;语言要有趣;故事要完整。

学生动笔写故事,老师巡视辅导。

三、交流故事,点评补充

1.指导读文自改:读一读,改一改。挺直腰杆,放声读自己的作文,发现问题马上改。

2.交流习作:

(1)交流第1篇:生读,并对照写作要求自评,师补充、提升;

(2)交流第2篇:生读,生评,师重点评价语言是否生动有趣。

四、布置作业

修改作文;为作文配上插图;读给家长或同桌听。

板书:

写日记

故事	日记成真	想象 大胆
完整	解决"后果"	语言 有趣

【评析】

创境·入境·用境
——以有趣情境激活学生学习状态

日记在三年级上册第二单元习作中出现,通过教学,要让学生掌握日记的内涵及其功能,为今后自主完成日记打下基础。然而,在现实教学中,教师经常将写日记作为有具体要求的写作任务布置给学生,破坏了日记的真实性,也极大地打击了学生写日记的积极性。理想的日记教学应当是在不受写作技巧、篇

幅长短等限制的较为宽松的写作环境下进行,达到学生愿意写、喜欢写的学习状态。要让学生养成写日记的好习惯,不断更新日记的写作方式,拓展日记的功能,让学生在写日记时不断获得新的学习动力。为达到这一理想境界,小学语文日记教学可沿"创境·入境·用境"的路径进行有效训练。

一、创境

《义务教育语文课程标准(2022年版)》中指出:"创设真实而富有意义的学习情境,凸显语文学习的实践性。"在激发情境体验的过程中,悦语文教学坚持三个原则:一是情境的必要性,情境的设置必须服务于教学目的的实现,不能为了情境而创设情境;二是情境的适切性,情境的设置必须依据本班学生的特质和教材的特点,立足学生核心素养发展的需求,在内容和形式上做到科学合宜;三是情境的可操作性,情境的设置和实施必须充分考虑所在区域、学校、班级以及教师个人的实际情况,做到便于操作,易于实现。如《神奇日记》教学伊始,教师以自己名字的谐音"中阵雨"这一有趣的方式拉近与学生的距离,同时很自然地创设天气情况的情境,引出《晴天有时下猪》这一有趣的童话故事,为接下来想象习作的学习创设情境。

在设计语文教学活动前,教师需要先明确教学目标,再根据目标创设相应的情境。例如,在日记教学中,教师可以创设贴近学生实际生活的真实情境,也可以创设激发学生好奇心、想象力、求知欲的故事情境。创设丰富多样的学习情境,能提高学生的学习兴趣,降低学生的写作难度,消除学生写作的畏难情绪。

二、入境

小学中段日记习作教学中的"入境",即通过预告与启发、悬念与变化等丰富多样的形式,引导学生走进学习情境,引起探究兴趣,激发求知欲。预告与启发,即在合适的时间段预告学生即将学习的内容,激起他们的好奇心和期待感;提出启发性问题,激发学生的好奇心和求知欲。悬念与变化,一是制造悬念,保持学生对学习内容的期待;二是设计多种方法让学生的感受发生变化,由此提高进一步学习的期待值,从而更加高效地投入到学习中。

巧用预告与启发:电视连续剧常于片尾或者开播之前的剧情预告中透露剧情细节,引人遐想,扣人心弦。这种手段在小学生语文教学中具有借鉴意义。教学时,教师可以巧妙地运用预告的方法,告知学生即将学习的内容,激发学生的好奇心和求知欲。如教学《神奇日记》时,教师在课前互动讲述故事后,紧接着告知学生这节课的学习任务是学习编童话,激起学生的好奇心和期待感。而在学生知晓学习任务后,又通过预留启发性问题,提出与学习主题相关的问题,学生在思考后交流反馈,教师适时点拨。在此过程中,学生归纳出故事梗概,为接下来的构思写作思路打好基础。

制造悬念与变化:在教学时,教师通过制造悬念、创造变化等方法,提高学生对进一步学习写作的期待值,更高效地投入学习。如教学《神奇日记》的过程中,在教师给予学生充足的时间交流书中哪个部分最有趣后,学生迫不及待地想知道故事的结局,还想接着往下看,而教师在此时打开的课件却是空白页,教师随机要求学生接着往下写。这样一来,接下来会发生什么,这个"悬念"由学生在写作过程中揭晓,激发了学生的写作兴趣,个个都想要写出最好的故事。

三、用境

习作教学中创设丰富多样的情境,可以使学生在具体的任务情境下进行书面表达与交流,积累写作素材,掌握表达技巧,提高语文素养。悦语文坚持语文课堂要导学与致用结合,即教师在合适的时候以恰当的方式,结合具体的课堂教学,引导学生把本堂课的学习目标和与之相关的未来人生图景进行连接,从而使学生当下语文课堂的学习能够服务于未来的生活。如教学《神奇日记》的过程中,教师通过提问启发学生的写作思路,引导学生说出健康、有趣的愿望。学生明白了语文学习并不是为了考试,而是服务于很多场景,能够带来成就感和幸福感。在学生的习作交流展示中,很多学生将课堂上所学的想象习作方法与自己的日常生活联系起来,勇于表达自己的想法和感受。

"创境·入境·用境"教学策略明确指向学生核心素养的培育。日记写作教学展现了学生由不会写到会写的过程,促进学生个体语言发展,让学生在丰富多样的情境学习中构建起写作知识和写作技能,切实提高了学生的语文素养。

二 优化内容策略

《呼风唤雨的世纪》(四年级上册)教学实录及评析

教学目标:

1.读通、读懂课文。正确读写并用多种方法学习呼风唤雨、出乎意料、改观、腾云驾雾、幻想、原子核、程控电话、因特网等词语。

2.在质疑理解、对比阅读、品词写话的语言实践过程中了解20世纪科学技术给人类带来的巨大变化。

3.初步了解作比较、举例子的说明方法,感受并模仿举例子的方法。

教学重难点:

用多种方法学习并理解课文新词,学习作者凝练而丰富的语言表达特点,在语言实践中了解20世纪科学技术给人类带来的巨大变化。

教学过程:

一、师生齐书,对话课题

1.师生齐书。

师:同学们,今天咱们要学习的课文是《呼风唤雨的世纪》,一起来写课题。

生书空课题。

2.对话课题。

(1)学生读题。

(2)对话"呼风唤雨"。

课件展示:"呼风唤雨"本来的意思是(   )。

A.指神仙、道士的法力高强 B.比喻人支配自然的力量伟大 C.形容反动势力猖獗

预设:呼风唤雨本来指神仙、道士的法力高强。

(3)对话"呼风唤雨的世纪":试说文题的意思。

二、对话文本,了解文意

1.学习生字。

师:作者说"20世纪是一个呼风唤雨的世纪",读读课文,说说你是否感受到这一点;把感受深的地方画出来。注意读准字音,读通句子。

学生自由读课文。

(1)出示字词,学生自由朗读。

(2)记下自己不会读的。同桌互相帮忙纠正读音。

(3)个别检查。纠正格式问题。指导书写"幻"。

(4)释义:你有不理解的词语吗?

(引导使用工具书,或引导在语境中理解,或联系生活理解。)

(5)读完词语,让我们来读一读这些句子(出示难读的句子)。

2.交流自己感受深刻的语句。

3.票选最能体现"呼风唤雨"的句子。

三、对话关键句,感受巨变

1.对话"幻想",感受对比手法之妙。

课件出示:人类在上百万年的历史中,一直生活在依赖自然的农耕社会。那时没有电灯,没有电视,没有收音机,也没有飞机。人们只能用自己幻想出来的"千里眼""顺风耳"等腾云驾雾的神仙来寄托自己的美好愿望。我们的祖先大概没有料到,他们的那么多幻想在现代社会纷纷变成了现实。

师:找一找,课文中有哪些"呼风唤雨"的神话?

预设:"千里眼""顺风耳"和腾云驾雾。

师:仔细观察这一段话,你发现了什么?和同桌交流一下。

预设:有很多美好的幻想,都成了现实。

课件出示:

电视　　　　　"千里眼"

收音机　　　　"顺风耳"

飞机　　　　　腾云驾雾

师:你们发现了什么?

师:我们发现了对应关系,电视就是"千里眼",收音机是"顺风耳",飞机是"腾云驾雾"。

师:作者为了说明古代人的幻想非常丰富,列举了"千里眼""顺风耳"和腾云驾雾的神仙,这些在今天全都变成了现实。幻想和现实是一一对应的。我们学到了作者的写作技巧——巧举例,写足"幻想"。

师:请大家再次朗读这一段话。

师:古代人把很多幻想放进神话故事中。作者仅仅举了三个例子,就够了吗?

预设:这篇课文的重点是现代科学技术,举与古代幻想相关的例子适当就好,不宜过多。

师:除了文中这些神话,你还知道哪些?

预设:嫦娥奔月、避水珠、灵丹妙药。

2.仿照课文,迁移说话

师:请同学们根据课件出示的内容,仿照这一段来说一说其他例子。

课件出示:

宇宙飞船　　　　嫦娥奔月

潜水艇　　　　　避水珠

发达的医药　　　灵丹妙药

预设:那时没有宇宙飞船,没有潜水艇,也没有发达的医药。人们只能在神话中用"嫦娥奔月""避水珠"和"灵丹妙药"来寄托自己的美好愿望。

师:不用课件出示的例子,你能自己举例吗?

预设:那时没有_____,没有_____,也没有_____。人们只能在神话中用_____、_____和_____,来寄托自己的美好愿望。

师:作者在举例的时候,用这样的方式表明平时看似常见的科技,比如电灯、电视机、飞机等,古人连想都不敢想。

3.对话"现实",感悟语言精练之趣。

师:是的,我们的祖先大概谁也没有料到,是科技让漫长历史中的幻想,在100年内便实现了,读——

课件出示:他们的那么多幻想在现代纷纷变成了现实。20世纪的成就,真可以用"忽如一夜春风来,千树万树梨花开"来形容。

师:"忽如一夜春风来,千树万树梨花开"是什么意思?

看图片理解诗句的意思。

师:这是岑参《白雪歌送武判官归京》中的诗句。

师:这两句诗用在这里,作者想表达什么呢?

预设:20世纪的科学成就非常多。

师:所以,20世纪是一个呼风唤雨的世纪。课文中几次出现"呼风唤雨"?

课件出示:"呼风唤雨"在本文中的意思是(　　)。

A.指神仙、道士的法力高强 B.比喻人支配自然的力量伟大 C.形容反动势力猖獗预设:"呼风唤雨"在本文中的意思是比喻人支配自然的力量伟大。

师:作者是如何写好20世纪人类"呼风唤雨"的?举了哪些例子?

课件出示:

20世纪,人类登上月球,潜入深海,洞察百亿光年外的天体,探索原子核世界的奥秘;20世纪,电视、程控电话、因特网以及民航飞机、高速火车、远洋船舶等,日益把人类居住的星球变成联系紧密的"地球村"。

师:我们细细地读一读前半句,作者的表达很有特点。

课件出示:20世纪,人类登上月球,潜入深海,洞察百亿光年外的天体,探索原子核世界的奥秘。

师引导学生发现"动词+名词"结构。

师生交流资料,迁移学习动宾式短语。

师:作者举例不是一般的厉害,"登上月球,潜入深海,洞察百亿光年外的天体,探索原子核世界的奥秘"有什么特点?

课件出示:
登上月球　　　　　——　　　　潜入深海
（往上　登天）　　　　　　　（向下　入海）
洞察百亿光年外的天体　　——　　探索原子核世界的奥秘
（宏观世界　遥远）　　　　　　（微观世界　深入）

师:举例一一对应,作者选取最典型的例子,举例典型而周全,表达简洁而丰富。

课件出示:举例典型而周全,表达简洁而丰富。

4.巧举例,比古今,说"呼风唤雨"。

师:人类一步步走向外太空,同时也一步步深入地球内部。例子一举,把人类探索的空间范围都说清楚了。举例很典型,人类无所不探索,无所不发现。

师:请大家再观察这两句话,有什么发现?

课件出示:

20世纪,人类登上月球,潜入深海,洞察百亿光年外的天体,探索原子核世界的奥秘。

20世纪,电视、程控电话、因特网以及民航飞机、高速火车、远洋船舶等,日益把人类居住的星球变成联系紧密的"地球村"。

预设:前者是发现,后者是发明。

师:很多幻想在今天都变成了现实。这种变化又多又快,难怪作者用上诗句"忽如一夜春风来,千树万树梨花开"。

结合刚才的资料,学习举例子的方法。请学生仿说,有困难就提示。

师:我也知道一些科技成就方面的例子,比如"太空课堂"、航空母舰、纳米机器人、深海住宅。请你用课文举例的方法,来描述科技的迅猛发展吧。

学生仿说:

在科技飞速发展的今天,人类登上太空,在那里_____;潜入深海,在那里_____。

预设:人类登上太空,在那里做实验;潜入深海,在那里建造住宅。

在科技飞速发展的今天,庞大的航空母舰_____;微小的纳米机器人_____。

师:我们发现,作者在课文中通过非常巧妙的举例,把古代的幻想和现代的现实形成对比,把"呼风唤雨"这个词演绎到极致。这篇课文总共597个字,描述的却是一个世纪的科技。

师:带着这样的理解,让我们再来读一读这段话,感受科技带来的巨大变化。

师:把过去与现在放在一起进行对比,这是什么说明方法?

根据回答,板书:作比较。

师:从对比中你感受到了什么?

根据回答,板书:科技。

四、呼应开头,设疑结课

师:所以说,20世纪是一个呼风唤雨的世纪。

再谈对"呼风唤雨"的理解。

师:20世纪还是一个怎样的世纪呢?20世纪"呼风唤雨",那么"将来"呢?

(板书:将来　?)

五、布置作业,拓展阅读

1.熟读课文,继续思考:课文如何用简洁的文字清楚地介绍20世纪的科技发展?

2.推荐阅读:

《传奇——探索与发现改变人类生活的科学奇迹》

《力量:改变人类文明的50大科学定理》

《科学改变人类生活的100个瞬间》

板书：呼风唤雨的世纪

　　　　　科技
　　过去　现在　将来
　　幻想　现实　？
　　举例子　作比较

【评析】

情境化·活动化·生活化
——以优质内容维持学生学习状态

一、教学内容情境化

在2022版新课标中，教学内容情境化是一个重要的要求。这一要求旨在通过创造丰富有趣的学习情境，让小学生在更加贴近生活、更具趣味性的环境中学习语文，提高学习效果和兴趣。教师要善于把教学内容转换成合宜且有趣的情境，从而提升小学生语文学习的有效性。情境包括故事情境、生活情境、游戏情境、探究情境等。

科学合宜的探究情境能够锻炼学生的独立思考能力和问题解决能力。探究情境能引导学生对某个问题进行深入探讨和研究，如在教学《呼风唤雨的世纪》第三自然段时，教师让学生仔细观察这一段话，发现字里行间的奥秘。经过思考讨论，学生发现了隐藏在例子中的对应关系，电视就是"千里眼"，收音机是"顺风耳"，飞机是"腾云驾雾"。教师在课堂上鼓励学生提出问题，并通过查阅资料、讨论交流来寻找答案，培养他们独立思考和解决问题的能力。这不仅可以提高学生的自主学习能力，还可以培养他们的批判性思维和创新能力。

二、教学内容活动化

为了激发学生的学习动力并加深他们对语文学习内容的认识，教师可以灵活运用创意，将传统的教学内容转化为场景新颖、内容精粹、形式丰富且指向素养发展的学科实践活动。

在教学《呼风唤雨的世纪》第四自然段时，教师先让学生观察作者举例子的用心，从中发现写作技巧：人类一步步走向外天空，同时也一步步深入地球内部。例子一举，把人类探索的范围都说清楚了。举例很典型，人类无所不探索，无所不发现。接着设计语言实践活动，"在科技飞速发展的今天，人类登上太空，在那里_____；潜入深海，在那里_____。""庞大的航空母舰＿＿＿＿；微小的纳米机器人＿＿＿＿。"让学生结合资料，用课文中举例的方法，描述科技的迅猛发展。

教师还可以利用多媒体出示有关现代科技成就的图片，比如"太空课堂"、航空母舰、纳米机器人、深海住宅等，引导学生举出恰当的例子。多媒体和信息技术的应用可以大大压缩创造活动场景的各种成本，使学习场景更加生动有趣，也更加贴近小学生语文学习的实际需求。

通过语言实践，学生发现，作者在课文中通过非常巧妙的举例，把古代的幻想和现代的现实形成对比，把呼风唤雨这个词演绎到极致。这样的活动不仅能够提高学生的语文学习兴趣，还能够培养他们的批判思维和创新能力。

三、教学内容生活化

教师要鼓励小学生用语文学习中收获的观念来体会和感受社会生活。在学习过程中，学生会接触到各种优秀的文学作品，这些作品中蕴含着丰富的人生哲理和社会价值观。例如，在教学《呼风唤雨的世纪》这一课时，通过古今对比，激发学生的探索精神，培养其创造性思维。学生开拓了视野，感受到了20世纪科技发展的波澜壮阔，体会到科技进步对人类生活产生的深远影响。这些理念将帮助学生朝着构建更加美好的社会不断努力。

三 步步深入策略

《纪昌学射》（四年级上册）教学设计及评析

教学目标：

1.正确、流利、有感情地朗读课文。

2.理解飞卫让纪昌先练眼力的用意，体会纪昌的认真和恒心，领悟"只有练好基本功，才能学成大本领"的道理。

3.掌握"观详略，联结果，推寓意"的阅读方法，学会准确把握寓言的寓意。

教学重点：目标2。

教学难点：目标3。

教学过程：

一、说寓言，谈特点

二、悟"学"字，理文脉

1.读题目,知"学"义,理故事。

2.认识:纪昌、踏板、虱子。

3.自读文,理文脉,明故事。

三、思"练眼",解疑难

1.自读课文,思考问题:飞卫为什么要纪昌先练眼?

2.解"盯住",味艰辛。

(1)识"踏板",想象"苦":想象体验,感受坚持不易。

(2)创情境,知"锁定":创境想象,感知"锁定"之重要性。

3.认"虱子",悟艰难。

(1)看虱子,想象"难":想象体验,感受盯住之难。

(2)创情境,知"放大":创境想象,理解"放大"之必要性。

4.理脉络,知"学程"

四、群讨论,探寓意

1.小组议,关键词:个人思考,小组讨论,形成关键词。

2.集体评,说寓意:全班评议,选出"关键",试推理寓意。

3.回读文,观详略:回归课文,观察"练眼力"与"学放箭"之详略。

4.教方法,巧得"意":引导探究,推理方法,习得阅读寓言的方法。

五、用方法,速读文

1.尝试运用学法,阅读《叶公好龙》,推理寓意。

2.交流讨论,提升学法。

【板书设计】

纪昌学射

《列子》

盯住踏板　　　　　盯着虱子　　　　　【详写】

(锁定目标)　　　(放大目标)

开弓放箭

百发百中　　　　　　　　　　　　　　【略写】

【苦练基本功,才得真本领】

【评析】

观照文体，步步深入，悦学寓言
——以深入探究提领学生学习状态

寓言是小学语文重要的课文体裁之一。它短小精悍，故事性强，寓意深刻。寓言学习与其他文本学习的不同之处，在于让学生明白寓言道理，接受传统文化的熏陶。所以，引导学生深刻感悟寓意，既是寓言教学的重、难点，也是教学成功的关键。但单纯的道理灌输，容易让课堂枯燥无味。理想的寓言课堂应该是寓教于乐，在想象与体验中感悟道理，运用于实践。为达到这一目标，寓言学习可以结合文本特点，通过"理解与感悟·想象与体验·梳理与运用"的策略来悦学寓言。

一、理解与感悟

寓意的道理以故事为载体，无论故事简单还是复杂，要让学生感悟寓意，梳理课文脉络，读懂故事是基础。

1.抓题目

许多寓言故事的题目就是对寓言故事的高度概括，如《画蛇添足》《亡羊补牢》《坐井观天》《纪昌学射》等，可以从题目入手，以质疑方法进行扩充。例如，在《纪昌学射》导课时，可以从故事题目追问：谁学射？向谁学？飞卫教他开弓射箭了吗？那让他做什么？为什么要这样做？教师随机请一两位学生围绕故事题目，采取问题串联法讲述故事的主要内容，这样便可以通过题目的展开和补充，让学生对故事有比较全面的感知与理解。

2.抓关键词句

寓言中的关键词句不一定是所谓的"优美词句"，而是寓意赖以生成的语句，引导学生用心推敲，就能从中感悟寓意。《纪昌学射》中，纪昌要拜飞卫为师学射箭，飞卫却让他先"练好眼力"，因为"练好眼力"是学射箭必须掌握的基本功。因此，教学中紧扣"练眼力"，抓住"妻子织布的时候，他躺在织布机下面，睁大眼睛，死死盯住织布机的踏板""每天站在虱子旁边，聚精会神地盯着它"这两个关键语句，引导学生通过圈画标注、品析讨论、汇报交流等方式，理解其中的关键词，理解纪昌学基本功的决心、态度和毅力，感悟"学本领要先练好基本功，且要持之以恒"的寓意。

二、想象与体验

1.身临其境的想象

寓言故事的核心是个性鲜明的形象，或褒或贬，或正或谐。因此，寓言教学

在理解故事的基础上,要善于创设真实情境,引导学生置身其中,大胆想象场景,感受人物形象,充分领会寓意。在《纪昌学射》的教学中,为感受纪昌练基本功时的毅力和恒心,教师可以抓住"躺在织布机下"作为想象场景。以"孩子们,我们平时躺在床上、沙发上,多轻松多舒服!而纪昌却躺在织布机下,这地方能躺吗?请展开想象,想想躺在织布机下的纪昌会是什么样子的?那种感受会是怎么样的,当时纪昌在想些什么"等提示性语句引导学生展开想象。实际的课堂中,学生的想象是精彩纷呈的:

生A:他可能想的是,多年苦学,我一定要坚持下去,如果半途而废,就对不起我之前付出的所有努力。

生B:我仿佛听到织布声,置身在炎炎夏日,周围恶劣的环境让我无法忍受,但我心中只有一个信念:我要达到目标!

当学生置身于纪昌的场景,展开想象的翅膀,自然对"坚持、不放弃"的寓意更了然于心了。

2.情境漫游的体验

有了场景想象的铺垫,教师可以创设情境进行角色置换,让学生深度参与体验,进一步激发他们的情感,理解寓言所传达的寓意。同样以"练眼力"为例,可以设计看"来回穿梭"的梭子的情境,知"锁定"之艰难:一是可以放映工人织布的视频,让学生端正坐姿,眼睛一眨不眨地盯着织布机上的梭子的运动轨迹;二是让学生举起食指当"梭子",在教师口令下,睁大眼睛一眨不眨地追随"梭子"的运动轨迹。

情境体验后,学生便可以从来回的梭子、织布机发出的声响中感受到环境的嘈杂、眼睛的不适等体验,从而理解纪昌"练眼力"的辛苦与单调,体会到"学好基本功需要耐心和毅力"。

三、梳理与运用

相比《亡羊补牢》《南辕北辙》等寓言来说,《纪昌学射》这个故事情节很生动,似乎不符合寓言故事短小精悍的特点,其实不然。在《纪昌学射》中,飞卫教了纪昌三次。第一次是第二自然段,内容是"飞卫教、纪昌学、效果好";第二次是第三自然段,同样是"飞卫教、纪昌学、效果好"。这两次都是练眼力,表达的结构是一样的。第三次是第四自然段,没有使用前两次的表达结构,只用了一句"于是,飞卫开始教他怎样开弓,怎样放箭",简略地介绍了飞卫的教与纪昌的学。面对这样特别的详略现象,我们不禁会产生疑问:纪昌学射,重点应该讲

"学习射箭",怎么会如此主次不分地讲练眼力呢?寓言故事会略去一切可有可无的情节。这就说明,前两次练眼力的详细情节和第三次练习射箭的简略情节,是故意这样编写的。之所以详写"练眼力",略写"练射箭",就是为了突出"任何高超的本领,都需要练好基本功"这一道理。

这样的详略安排在《扁鹊治病》中也有体现,因此在《纪昌学射》的教学中,引导学生抓住关键情节,对比详略,明白寓言,并且理解寓言的基本结构,对后续的《扁鹊治病》的教学有很大的启发意义。在引导学生梳理寓言的基本结构、寓意的探究方法后,进行类文阅读,迁移运用,能够更好地达到触类旁通的效果。

观照文本,用"理解与感悟—想象与体验—梳理与运用"的方法来悦读寓言,能够让学生经历完整的寓言学习链条,学得有层次,学得有趣味,深入情境地理解寓言,更能从"一篇文"拓展到"一类文",落实语文学习的核心素养。

参考文献

[1]方丹.精准助力学校改进:中小学生学业负担测评及其应用[J].中小学管理,2020(2).

[2]礼记[M].胡平生,张萌,译注.北京:中华书局,2017.

[3]荀况.荀子[M].安小兰,译注.北京:中华书局,2007.

[4]杨伯峻.论语译注[M].3版.北京:中华书局,2009.

[5]张载.张子全书[M].西安:西北大学出版社,2014.

[6]朱熹,吕祖谦.近思录[M].王华宝,译注.太原:山西古籍出版社,2007.

[7]夸美纽斯.大教学论[M].傅任敢,译.2版.北京:教育科学出版社,2014.

[8]洛克.教育漫话[M].徐大建,译.3版.上海:上海人民出版社,2014.

[9]佐藤学.学校的挑战:创建学习共同体[M].钟启泉,译.上海:华东师范大学出版社,2010.

[10]徐锴.说文系传[M].北京:中华书局,2023.

[11]王夫之.船山全书:第12册[M].长沙:岳麓书社,2011.

[12]李阳.低年级小学生语文学习兴趣培养策略研究——以长春市××小学为例[D].延吉:延边大学,2022.

[13]中华人民共和国教育部.义务教育语文课程标准(2022年版)[S].北京:北京师范大学出版社,2022.

[14]过常宝.古文教学中的传统文化内涵[J].语文教学通讯,2021(25).

[15]习近平.在庆祝中国共产党成立95周年大会上的讲话[N].人民日报,2016-07-02(2).

[16]夏婷.从生活到生命:师生关系的新建构[J].教育理论与实践,2022,42(22).

[17]林崇德.智力的培养及其干预实验[J].北京师范大学学报(社会科学版),2006(1).

[18]计宇.小学语文核心素养的构成与培养路径[J].教学与管理,2018(17).

[19]马斯洛.存在心理学探索[M].李文湉,译.昆明:云南人民出版社,1987.

[20]曾光,赵昱鲲,等.幸福的科学:积极心理学在教育中的应用[M].北京:人民邮电出版社,2018.

[21]曲春艳.课堂教学中学生学习主动性的研究[J].教育探索,2008(8).

[22]李吉林."意境说"导引,建构儿童情境学习范式[J].课程·教材·教法,2017,37(4).

[23]李作芳.浅谈阅读教学中小学语文核心素养的培养[J].教育理论与实践,2017,37(14).

[24]童庆炳.语文教学与审美教育[J].北京师范大学学报(社会科学版),1993(5).

[25]张宏.中华优秀传统文化与语文课程深度融合的路径探析[J].教育研究,2018(8).

[26]陈文梅.促进小学生从形象思维向抽象思维过渡的几种方法[J].人民教育,2022(Z2).

[27]鄢敏霞.重视课堂教学评价 提高语文教学效果[J].成才之路,2021(9).

[28]王筱菲.小学语文教育对学生终身发展的作用[J].中外交流,2017(3).

[29]吴改军.为学生营造和谐的学习环境[J].教育论坛,2005(4).

[30]何惠真.新课标导向下小学语文教学评价体系建设[J].教学管理与教育研究,2024(6).

[31]刘焕胜.基于家校共育背景下的小学语文教学策略[J].教育界,2024(14).

[32]陈柄圳.小学语文多样化教学方式实施策略研究[J].天津教育,2023(10).

[33]袁焕然.以评促优,百花齐放——基于新课标探究小学语文多元化评价方式[J].求知导刊,2024(17).

[34]莱希.心理学导论[M].11版.吴庆麟,等译.上海:上海人民出版社,2017.

[35]李泽龙.小学语文课堂情境化教学的思考[J].小学语文,2024(3).

[36]邹双双.融合生活 激发兴趣——生活情境教学法在小学语文教学中的应用[J].天津教育,2024(8).

[37]刘海英.核心素养下小学语文教学与信息技术融合路径[J].天津教育,2024(11).

[38]陈沐.小学语文学科实践活动的实施策略[J].语文世界,2024(7).

[39]康婷婷."研学结合"模式在小学语文教学中的实施策略[J].语文世界,2024(19).

[40]魏巍,魏玉霞.新课标下小学语文生活化教学的实施方法[J].甘肃教育,2024(4).

[41]郑晓燕,刘继敏.激疑 激趣 激思——小学语文有效提问三策略[J].小学教学参考,2011(10).

[42]张华,谢祥琼.合作学习在小学语文阅读教学中的尝试[J].四川师范大学学报(社会科学版),2004,31(1).

[43]胡适.胡适读书随笔[M].武汉:华中科技大学出版社,2023.

[44]樊树志.明史十二讲[M].北京:中华书局,2021.

[45]吴格明.批判性思维素养应当是语文课程的重要目标[J].课程·教材·教法,2009,29(2).

[46]黄国才,朱乙艺."五层次阅读能力"模型构建实践研究[J].教育评论,2017(10).

[47]陈先云.如何用好统编小学语文教材[J].民族教育研究,2022,33(5).

[48]琼·利特菲尔德·库克,格雷格·库克.儿童发展心理学[M].和静,张益菲,译.北京:中信出版集团,2020.

[49]李晓东,赵群.教育心理学[M].北京:北京大学出版社,2008.

[50]张艳红.青少年幸福的影响机制及培育路径研究[M].北京:中国社会科学出版社,2022.

[51]魏善春,林梓媛.培养学生评价素养 推动综合素质评价[J].中国考试,2023(9).

[52]李建明.拓宽语文学习领域 培养创新实践能力[J].中国教育学刊,2004(2).

[53]刘本武,李金国.小学语文课程与教学[M].北京:北京师范大学出版社,2013.

[54]中华人民共和国教育部.义务教育课程方案(2022年版)[S].北京:北京师范大学出版社,2022.

[55]马思腾,褚宏启.基于学生核心素养发展的学情分析[J].现代教育管理,2019(5).

[56]李春秋.阅读教学中渗透传统文化的策略探析[J].语文建设,2018(17).

[57]廖哲勋.评新课改中不同知识观引发的激烈争论[J].课程·教材·教法,2014,34(12).

[58]邱志凯.小学语文跨学科学习的多学科融合形态[J].教学与管理,2024(23).

[59]陈雪霞.基于教学评一体化的小学语文教学策略新思考[J].当代家庭教育,2023(14).

[60]张波.自主学习模式在小学语文阅读教学中的运用[J].陕西教育(教学版),2024(9).

[61]裴红霞.非正式学习:打开小学生语文学习的另一向度[J].中国教育学刊,2023(6).

[62]赵婧.把写作的自由还给学生[J].中国教育学刊,2020(6).

[63]宣莹.童话文体单元教学思考与探析[J].语文世界,2024(22).

[64]何捷,李扬.搭建习作支架,写出独特想象——"我来编童话"(三上)习作教学及评析[J].小学语文教学,2024(Z2).

[65]朱旭光.深度学习理念下习作指导策略的转型[J].教学与管理,2020(11).

[66]张丽敏,余琴.情境促发真实交流 评价赋能习作全程——四年级上册《写信》课堂实录与评析[J].语文建设,2023(8).

[67]马丽.家庭语文教育中培养小学生语文学习兴趣的对策[J].当代家庭教育,2024(12).

[68]姜晓波,时妙文."双减"背景下小学生学习行为自我调控与有效学习实证研究[J].基础教育论坛,2023(18).

[69]宋雯洁.小学语文教学中的共情之美[J].语文教学通讯·D刊(学术刊),2021(12).

[70]何玉胜.巧用学生自我评价提升初中语文学习质量[J].课外语文,2021(16).

[71]周健明.探析新课程理念下语文课程的学生评价[J].内蒙古师范大学学报(教育科学版),2004(8).

[72]杜建军.论新型师生关系的构建——基于哈贝马斯交往行为理论的研究[J].河南大学学报(社会科学版),2018,58(4).

[73]黄翠华."学为中心"课堂的应然追求:积极的学习体验[J].教育理论与实践,2024,44(17).

[74]蒋波,谭顶良.合作学习:种种误识与基本要素[J].全球教育展望,2006,35(12).

[75]梁启超.新民说[M].北京:商务印书馆,2016.

[76]程月红.探究式教学法在小学语文教学中的运用思考[J].学苑教育,2024(5).

[77]吴兴勤.语文大单元教学探索——以统编版九年级上册第一单元为例[J].中学课程辅导,2024(4).

[78]陈俊颖.基于多元文化视角的语文课堂教学设计研究[J].中华活页文选(教师版),2023(16).

[79]吴明盼.基于核心素养的小学语文项目式学习实践对策[J].天津教育,2023(17).

[80]段海燕.有效提问引领学生深度学习——深度学习视角下的小学语文课堂有效提问策略[J].名师在线,2023(31).

[81]徐传秀.新课标背景下小学语文多元评价策略[J].教育,2024(16).

[82]顾秋花.巧用多元实践活动,建构核心素养下小学语文品质课堂[J].求知导刊,2024(10).

[83]王国露.组织高效语文课堂活动,推动学生核心素养培养[J].安徽教育科研,2024(25).

[84]戴丽飞.小学语文教学与信息技术的融合策略探究[J].甘肃教育研究,2024(2).

[85]张昕颖,周燕华.新课标视域下的小学语文跨学科学习[J].河南教育(教师教育),2024(7).

[86]李兴燕.中小学教师心理健康问题与调节[J].教书育人,2023(19).

[87]李岚.基于教育信息化背景下高校教师数字素养培养路径探索[J].学周刊,2024(28).

[88]安富海.学生发展增值评价:理论阐释与实践进路[J].教育研究,2023,44(9).

[89]邓统湘,李心怡.基于核心素养的形成性教学评价路径建构[J].中学语文,2022(34).

[90]谢家安.浅析在小学班级管理中运用激励机制[J].学周刊,2022(23).

[91]徐晓林.物质奖励和表扬的比较及其对小学教育的启示[J].中小学教师培训,2015(11).

[92]马海燕.激励教育在小学语文教学中的应用研究[J].今天,2022(23).

[93]潘永兴,柳海民.激励教育的理论诠释[J].东北师大学报(哲学社会科学版),2011(3).

[94]李忠平.新时代背景下小学教师正向期望效应在学生管理工作中的策略探究[J].华夏教师教育,2024(1).

[95]刘春华.巧用表扬,让每个孩子都优秀[J].山东教育,2024(Z6).

[96]孙鹏飞.践行荣格人格理论 加强小学生人格教育[J].教书育人,2021(7).

后记

为了儿童主动而美好的学习

我常常回想起和那一批批已经毕业的小学生在语文王国中幸福学习生活的场景:课堂上的书声琅琅和会心交流多么美好动人;课余时间的说笑逗乐、竞技游戏那么和谐融洽;挑战最难语文任务,共克作文表达难关;默默努力的眼神里闪耀着向上的光芒……因此,我始终怀着喜悦的心接纳每一位学生。也正是这份"悦"感,使我在曲折向前的教学之路上坚定而欢喜地走着。我认为:对于每位儿童而言,教育都应该是一种愉悦的、正能量满满的呵护、欣赏以及激发、引导。如此,每位学生才能获得于自己而言最大可能的发展。从教27年来,以悦促学、悦学悦用不仅成为我提升学生学习兴趣和语文素养的法宝,也成为我的学生们一种高效的语文学习方法。这几乎成了他们的特质。

然而,当下小学语文教育的现状令人难安!

小学生语文学习的场域被严重压缩。小学生的语文学习和他们在自然环境中的成长,以及家庭、社区的生活质量密不可分。而当下学校教育占据的时间之长令人咋舌,一个小学生在学校停留的时长可能达到十个小时甚至更多!这意味着小学生几乎整个白天的活动都在校园里,几乎丧失了与自然、与社会接触交流的机会,甚至也丧失了和家庭成员深度交融的机会。这对于语文学习而言就是一场灾难!

小学语文教育的目标正在发生转移和异化。小学语文,"小"字当头。"小"在何处呢？在一笔一画的汉字书写里,在一字一句的课文朗读里,在一词一境的品析鉴赏里,在一段一意的归纳概括里,在一人一事的感动里,在一家一国的情怀里……小学语文教育,育的是"心",一颗好奇而乐观、敏锐而坚定、勇敢而细腻的良善之心、喜悦之心。而如今呢？书写工整的目的被导向确保卷面分不失;朗读课文为的是在选择情感基调时不要出错;词句赏析是为了在阅读鉴赏题中全面覆盖答题要点;归纳概括训练是为了便于快速完成对文本大意的把握,以利于留出足够时间来完成相关答题……很多关于语文学习的美好经历、体验、收获正在异化,都在指向功利化的量化测试结果——分数!

学习场域的压缩,教学目标和教学过程的异化,直接推动了当下语文教学目标功利化、手段繁复化、收效片面化,而学生语文学习动机缺失、过程敷衍、收获惨淡的局面。因此,当下小学语文课上,林立的小手渐渐消失,发光的眼睛渐渐呆滞,朗朗的书声渐渐沉落……

分数是衡量学科教学质量的一个重要指标,但绝不是唯一指标。特别是对于小学生而言,保护好他们的好奇心、求知欲和乐观向上的心对于他们的后续学习乃至一生而言尤为重要。提升分数当然重要,但一味地把学生"圈"在课堂上,"泡"在题海里,是否是提分的唯一选择?当下学生中愈加泛滥的"四无"现象(对世界无知,对生命无感,社交无能,学习无力)不就是对教育质量的一种威胁和挑战么?!

兴趣和习惯的培育是小学教学的重中之重,这是不容置疑的基本规律,更是必须尊重的基本规律。

对此,悦语文在思考,在探索,在实践!我们努力地想将它打造成改变这一局势的多种选项之一,让"悦"成为小学生美好学习生活的底色。作为语文教师,在每一节语文课上,我们应该如何来改变或者减少上述现象对小学生语文学习的冲击和伤害?《论语》中提出的"知之者不如好之者,好之者不如乐之者"始终是我们的法宝。面对当今时代教育发展的困境,语文教师必须倡导"悦"教育,必须推行"悦"语文教学,鼓励学生"悦"学语文,营造一个愉悦的、向上的、自主的语文学习"小"环境,让每一节语文课都成为小学生连接生活、品味文字、体验情感、提升思维、放飞心灵的"悦世界"。

"悦"的内涵是丰厚的:一是学生"悦服"语文,在学习语文的过程中感知并折服于语文之博大精深;二是学生"悦学"语文,在学习语文的过程中获得素养提升的满足感和幸福感;三是学生"悦用"语文,获得和自然、和他人、和自己联结沟通的能力,精神上获得愉悦。为实现以上目标,我们采用文献综述研究方法梳理古今中外有关悦语文教学的理论,在人本主义思想的指导下提出了基于小学生身心健康发展并指向终身幸福的"身悦(安全感)—心悦(舒适感)—灵悦(幸福感)"一体化育人目标建构设想;在建构主义思想的引领下,悦语文教学提出了"情境愉悦、实践丰悦、质量和悦"的教学实践策略;基于积极心理学的指导,悦语文教学提出了"三全"策略——全程激趣、全面鼓励和全人悦纳的课堂实施策略。

为了验证构想,完善策略,我们以课堂为试验田,大力推行悦语文教学。我们通过精心设计引导,创设健康友好的学习生态环境,运用愉悦情绪情感发生和持续的规律,开展以学为主、互动积极的教学活动,实施增值性、差异化评价,充分调动学生内在学习潜能,塑造学生"悦"学"悦"用语文的精神品质,精心培养"主体愉悦,经历欢悦,素养丰悦,为人悦达"的新时代人才,取得了良好的教学效果。

在多年来的实证研究基础之上,我们结合教学案例进行分析,获得了经验和启发,总结为如下几句话:

第一句是:儿童都应该以各自的方式长大。我们要构建包含师、生、家长因素在内的悦语文友好学习环境。家庭和学校都必须具有着眼儿童全人发展、终身发展的定力和勇气,从"成人"的高度出发,重新定义"人的发展"。这是悦语文教学得以持续开展并获得良好教育效果的前提。悦语文教学在优化语文学习评价的同时,大力倡导家校社同频共振,共同形成基于儿童"全人发展"的成长评价机制(含学习评价在内),从评价角度多元化、评价主体多重化、评价形式多样化等做起,全程接纳小学生的语文学习过程,全面接纳小学生语文学习的各方面成果,以终身发展的目光接纳全体小学生。

第二句是:儿童在以鼓励为主的氛围中会获得更好的成长。《礼记·学记》提出"教也者,长善而救其失者也"。教育最根本的职责,不就是长善救失吗？在悦语文教学的时空里,除了成绩、分数,我们更看重并肯定孩子们参与的热情和相对的进步。我们要建设具有开放性、包容性、激励性的小学语文新课堂,教师应当努力保有童心,放低姿态,在语文学科实践中努力发现每位儿童各个方面的闪光点。悦语文教学强调教师要肯定并欣赏每一位学生独有的创造价值,包容每一位学生并保持对他的学习期待。因此,教师要善于唤醒儿童的学习期待,驱除其过往学习中的不良认知体验,帮助小学生建立起对学习活动的良性情感。

第三句是:在明确了学习的意义之后儿童才可能真正开始学习。北宋张载谓读书人的使命为:"为天地立心,为生民立命,为往圣继绝学,为万世开太平";周恩来的"为中华之崛起而读书"振奋了几代人的精神;改革开放初期,人们为了把失去的时间夺回来,发愤图强,刻苦学习……这些无不说明了学习意义的确立对于"真实学习""主动学习"的影响之大。在新的历史条件下,小学生可以理解和接受的学习意义是什么呢？悦语文教学认为,那就是将个人价值的实现融入民族复兴的伟大征程之中去！为此,我们要努力搭建语文学习与现实生活图景及未来世界格局相关联的桥梁,积极培育愿意担当民族复兴责任的社会主义事业建设者和接班人。

第四句是:丰富儿童学习语言的经历和体验是提升其核心素养的重要基础和途径。语文学科尤其应该重视充分展开学科实践。教师应该让课堂上丰盈立体的学习活动成为小学生获得初学兴趣、感受过程乐趣、体验学习情趣、形成为学志趣的有效载体。在此方面,悦语文教学开展了以教学内容调整的"三化"(情境化、活动化、生活化)和教学过程调控的"三步"(激趣生疑、入文体悟、合作增智)为主要内容的课堂教学改革,一次次验证了丰富儿童学习语言的经历和体验是提升其核心素养的重要基础,更是十分重要的途径。

感谢厦门市教育局、教科院及西南大学教育学部、西南大学出版社众多领导、专家的拳拳关爱！在本书撰写过程中,西南大学教育学部艾兴教授高屋建瓴,不厌其烦指导帮助,在此郑重致谢！谨此向一直以来给予巨大关怀和鼓励的任勇先生、肖俊宇先生表示感谢！向给予大力支持和帮助的厦门五缘实验学校小学语文组教师团队及"厦门市钟振裕名师工作室"成员们表示感谢！

受个人水平及时间精力的限制,本书仍有许多不足之处尚待完善。诸如,以悦语文教学评价机制促进小学生的主动学习卓有成效,如何更好地发挥其在当下教学评价改革中的作用？再如,在科技飞速发展的今天,如何运用当前脑科学研究的前沿成果,借助信息技术和人工智能更快更好地实现悦语文教学？我们将不懈努力,朝着悦语文教学更加美好的未来不断前进。